ASPI-RANTES A FASCISTAS

ASPI-RANTES A FASCISTAS

Federico Finchelstein

(*The Wannabe Fascists*)

Um **GUIA** para entender a
MAIOR AMEAÇA à **DEMOCRACIA**

TRADUÇÃO Rodrigo Seabra

VESTÍGIO

Copyright © 2024 Federico Finchelstein
Publicado mediante acordo com a University of California Press.

Título original: *The Wannabe Fascists: A Guide to Understanding the Greatest Threat to Democracy*

Todos os direitos reservados pela Editora Vestígio. Nenhuma parte desta publicação poderá ser reproduzida, seja por meios mecânicos, eletrônicos, seja via cópia xerográfica, sem a autorização prévia da Editora.

EDITOR RESPONSÁVEL
Arnaud Vin

EDIÇÃO E PREPARAÇÃO DE TEXTO
Eduardo Soares

REVISÃO
Anna Izabella Miranda

CAPA
Diogo Droschi (sobre imagem da Adobe Stock)

DIAGRAMAÇÃO
Waldênia Alvarenga

Dados Internacionais de Catalogação na Publicação (CIP)
Câmara Brasileira do Livro, SP, Brasil

Finchelstein, Federico, 1975-
  Aspirantes a fascistas : um guia para entender a maior ameaça à democracia / Federico Finchelstein ; tradução Rodrigo Seabra. -- São Paulo : Vestígio, 2024. -- (Espírito do tempo ; 9)

  Título original: The wannabe fascists: a guide to understanding the greatest threat to democracy
  Bibliografia.
  ISBN 978-65-6002-065-8

  1. Autoritarismo 2. Ciência política 3. Crises - Aspectos sociais 4. Democracia 5. Fascismo 6. Populismo 7. Repressão política - Brasil I. Seabra, Rodrigo. II. Título. III. Série.

24-227677   CDD-320.533

Índices para catálogo sistemático:
1. Fascismo : Ciências políticas 320.533

Eliane de Freitas Leite - Bibliotecária - CRB 8/8415

A **VESTÍGIO** É UMA EDITORA DO **GRUPO AUTÊNTICA**

São Paulo
Av. Paulista, 2.073 . Conjunto Nacional
Horsa I . Salas 404-406 . Bela Vista
01311-940 . São Paulo . SP
Tel.: (55 11) 3034 4468

Belo Horizonte
Rua Carlos Turner, 420
Silveira . 31140-520
Belo Horizonte . MG
Tel.: (55 31) 3465 4500

www.editoravestigio.com.br
SAC: atendimentoleitor@grupoautentica.com.br

Para Lauri, Lulu e Gabi

■ SUMÁRIO

Introdução
*Como o populismo está se transformando
em uma forma aspirante de fascismo*   9

1. A violência e a militarização da política   33
2. As mentiras e a propaganda fascista   71
3. A política da xenofobia   111
4. Ditadura   159

Epílogo   195
Agradecimentos   205
Notas   209

▪ INTRODUÇÃO
COMO O POPULISMO ESTÁ SE TRANSFORMANDO EM UMA FORMA ASPIRANTE DE FASCISMO

Poucos dias depois de Donald J. Trump perder sua tentativa de reeleição em novembro de 2020, escrevi um artigo opinativo no jornal *Washington Post* alertando sobre a possibilidade de uma tentativa de golpe se o presidente derrotado continuasse a negar os resultados daquela eleição.[1] Argumentei que Trump estava deixando de ser um típico populista de direita e se tornando um fascista – uma grave ameaça à nossa democracia. Embora alguns tenham considerado alarmista a minha afirmação, a invasão do Capitólio em 6 de janeiro de 2021 provou o contrário. E aquele meu artigo não tinha sido a primeira vez que publiquei um aviso desse tipo. Antes de Jair Bolsonaro ser eleito presidente do Brasil em 2018, descrevi os paralelos entre as táticas de Bolsonaro e as dos nazistas em um artigo para a revista *Foreign Policy*. Esses artigos, entre outros, apontam para meu principal assunto de interesse, e minha preocupação, como historiador e como cidadão: o populismo global está se transformando em fascismo, e essa tendência representa uma grande ameaça ao futuro da democracia.[2]

O tema deste livro é bem pessoal para mim. Nasci na Argentina um ano antes de uma ditadura sangrenta se instalar por lá.[3] Como muitos outros argentinos, ainda hoje tento me conformar com os crimes fascistas contra a humanidade cometidos na terra da minha infância – os desaparecimentos, os campos de concentração, os cidadãos torturados, dopados e jogados de aviões militares no Atlântico. As estimativas oficiais variam entre dez mil e quinze mil vítimas de assassinato. Grupos de direitos humanos estimam que trinta mil tenham desaparecido. Houve ainda o roubo de bebês nascidos de mães que estavam detidas ilegalmente. Uma das razões pelas quais me tornei historiador foi porque queria entender como a assim chamada "Guerra Suja"* e sua ideologia fascista se tornaram realidade em uma nação moderna, que tinha uma sociedade civil forte e progressista. Migrei para os Estados Unidos em 2001, e mesmo aqui a presença do fascismo continua a moldar meu foco como escritor e cidadão. Assim como aconteceu na Argentina e em outras partes do mundo, a "longa sombra do fascismo" ainda é um perigo claro e atual nos Estados Unidos, mas agora aparece sob o disfarce de uma nova espécie de político, que chamarei deste ponto em diante de "aspirante a fascista". Assim como os fascistas e ditadores da minha juventude, esse novo arquétipo político também pretende destruir as instituições democráticas – mas até o momento não conseguiu. Vejo este livro como uma contribuição para a compreensão histórica e atual desse perigo para a democracia. Trump pode não ser mais presidente nos Estados Unidos, mas ele e seus seguidores ainda pairam em proximidade ao fascismo de forma alarmante. Quanto mais sabemos sobre as tentativas fascistas do passado de impedir o funcionamento da democracia, mais alarmantes nos parecem esses aspirantes a fascistas.

Essa aspiração ao fascismo é uma versão incompleta do fascismo e é característica de líderes que buscam destruir a democracia

---

* "Guerra Suja" foi o nome dado (pelo próprio regime) às práticas de perseguição, violência e assassinato utilizadas pela ditadura militar argentina, ocorrida entre 1966 e 1973. O autor às vezes se refere a outras ditaduras latino-americanas como "guerras sujas" por extensão. [Nota do tradutor, doravante "N.T.". As notas do autor, numeradas, estão reunidas ao final do volume.]

para obter ganhos pessoais em curto prazo, mas que não estão totalmente comprometidos com a causa fascista. Em 1924, o primeiro ditador fascista, o italiano Benito Mussolini, explicou a diferença entre verdadeiros e falsos fascistas: "Farei uma distinção entre aqueles que são fascistas por vontade, por paixão e por fé e, por outro lado, aqueles que de certa forma perambulam sem direção e que sempre levantam as orelhas para ouvir a voz da opinião pública".[4] Para Mussolini, os primeiros eram os verdadeiros fascistas, aqueles que não davam tropeços no caminho rumo ao poder, enquanto os últimos apenas aspiravam ao fascismo, mas não tinham a determinação adequada e acabavam vacilando, provando ser fracos e ineficazes.

Embora Mussolini possa ter se decepcionado com esses aspirantes a fascistas, eu os vejo como uma perigosa ameaça à democracia, como extremistas que (ainda) não atingiram os níveis de fervor ideológico, violência e mentiras alcançados pelos fascistas históricos. Os aspirantes a fascistas não defendem abertamente o fascismo, mas gravitam em torno de estilos e comportamentos políticos fascistas. Os fascistas históricos, os aspirantes a fascistas e muitos populistas percorrem caminhos diferentes, sim, mas são caminhos que têm pontos de interconexão.

A hesitação de Trump em adotar abertamente o fascismo em 2021 o colocou nessa categoria de aspirante a fascista, um aspirante a ditador semifascista ou pseudofascista que não tinha o mesmo compromisso ideológico e o extremismo de um Adolf Hitler ou de um Mussolini. O mesmo, é claro, se aplica a uma longa lista de "mini-Trumps": Jair Bolsonaro, Nayib Bukele, Narendra Modi, Viktor Orbán e outros. Eles conseguiram turvar, mas não apagaram totalmente a separação entre os poderes. Não conseguiram unificar o Estado e a sociedade civil. Não conseguiram destruir por completo o sistema jurídico. Em termos de violência e militarização, não se igualaram ao extremismo do fascismo clássico. Em termos de ódio, não liberaram todo o seu potencial genocida. Empregaram propaganda enganosa e mentiras, mas não desenvolveram por inteiro uma máquina estatal orwelliana.[*] Em algum ponto no caminho que levava à criação de ditaduras totalitárias, eles vacilaram. Seu fascismo, então, é apenas uma aspiração.[5] Os aspirantes a fascistas de hoje são mais fracos e mais incompetentes do que os fascistas clássicos – mas isso não deve ser suficiente para nos tranquilizar.

Como todos percorrem os mesmos caminhos e têm a política fascista por vocação, não é necessário tomarmos nenhum cuidado ao fazermos uso da palavra exata, "fascismo", para denunciar a violência, a xenofobia, as mentiras e o comportamento ditatorial dos aspirantes a fascistas. Líderes como Trump, Bolsonaro, Modi e Orbán estão ajudando a levar o populismo de extrema direita contemporâneo de volta às suas raízes fascistas. Seu estilo e seu comportamento exibem as características principais de um governo fascista: a glorificação da violência e a militarização da política; o racismo e a discriminação; e as técnicas de propaganda cujo pioneiro foi ninguém menos que o ministro da Propaganda nazista Joseph Goebbels.

Este livro define e se organiza em torno dos quatro principais elementos do fascismo: a violência política, a propaganda e a desinformação, a xenofobia e a ditadura. Para enfatizar o risco que o fascismo representa no presente, explicarei como esses novos desafios à democracia podem ser combatidos quando aprendemos algumas lições da História. A radicalização antidemocrática de movimentos populistas como o trumpismo ecoa a era fascista de meados do século XX, quando os regimes ditatoriais adotaram

---

[*] O adjetivo "orwelliana" deriva do nome do autor inglês George Orwell (1903-1950) e designa situações como as tipicamente observadas nas distopias totalitárias retratadas nas obras do autor (como *1984* ou *A revolução dos bichos*). O termo inclui práticas como a vigilância estatal (o "Grande Irmão" que tudo vê), o absoluto controle estatal sobre as atitudes dos cidadãos (com consequentes violações de direitos), a censura, a manipulação da informação e tudo mais que privilegie o Estado totalitário à custa da liberdade de agir e de pensar dos cidadãos. [N.T.]

a xenofobia, a violência, os golpes e a anticiência para tomar e manter o poder. Parafraseando o filósofo Walter Benjamin, minha ideia é escovar o trumpismo e seus aliados globais a contrapelo da História que veio antes deles. Para ser mais preciso, pretendo considerá-los como representantes de um capítulo todo diferente na longa história da política antidemocrática. Em outras palavras, eles representam diferentes "documentações da barbárie" nas quais devemos pensar no presente.[6] Aprender acerca das histórias interligadas do fascismo e do populismo, assim como também a respeito de suas distinções contextuais, é algo que nos lembra de por que a democracia é importante e por que os aspirantes a fascistas precisam ser detidos.

Além disso, este livro pretende contestar duas suposições atualmente predominantes no senso comum e que são tidas como mutuamente exclusivas: ou estamos testemunhando casos extremos de populismo, ou então o fascismo – e não o populismo – é a chave para analisar o presente. Enquanto o populismo leva à deterioração da democracia, o fascismo a destrói. Sob essa óptica, enxergar algo como o trumpismo apenas sob uma abordagem populista não nos permitiria considerar plenamente que a democracia está correndo um sério perigo, ao passo que vê-lo sob uma abordagem unicamente fascista nem sempre nos permitiria reconhecer que a democracia ainda pode ser defendida e salva do fascismo. Não acredito que esses pontos de vista sejam incompatíveis, e pretendo localizar a fonte do atual risco do fascismo nos históricos tanto do fascismo quanto do populismo, além de explicar como tudo isso levou ao resultado atual: os líderes aspirantes a fascistas.

Os recentes debates empreendidos pelos acadêmicos a respeito do uso da temida "palavra com f" em relação a Trump, a meu ver, só geraram mais confusão. Muitos deles se viram centrados em misteriosas questões epistemológicas, em ideias simplistas acerca de uma ausência de correlações e em ignorância sobre a historiografia do fascismo. De fato, é bastante peculiar que, ainda que muitos desses acadêmicos não sejam especialistas em fascismo, eles geralmente enfatizem uma leitura um tanto essencialista do que é e do que não é fascismo.[7] Também discordo desses pesquisadores em questões importantes, como na relevância de fontes não europeias e não americanas; praticamente todas as abordagens que vão nessa direção falham em considerar uma visão mais ampla e global da questão. Na verdade, como especialista tanto em história latino-americana quanto em história europeia, com interesse também em fontes primárias e secundárias que tratem da Índia, do Egito, da China, do Japão e das Filipinas, entre outros, tenho uma perspectiva bem mais global do fascismo e do populismo. Neste livro, assim como no meu trabalho como um todo, deixo que essas fontes falem por si mesmas, dando ao leitor uma visão clara dos problemas.

Como historiador do fascismo e do populismo, frequentemente recebo questões acerca da recente ascensão dos populistas de direita e se isso realmente representa uma ameaça à democracia em todo o mundo. Será que estamos vivendo à beira de uma nova era sombria do fascismo? As pessoas me perguntam se Trump e outros, como os líderes da Índia, do Brasil, da Hungria e de El Salvador, são na verdade apenas demagogos populistas, e me perguntam o que de fato é o fascismo. Tomando por base minhas três décadas de pesquisa a respeito das histórias do fascismo e do populismo na América Latina e na Europa, pretendo responder a essas perguntas neste livro e explicar claramente o estado atual da autocracia mundial. Meu objetivo é ajudar a estabelecer uma melhor compreensão dessa perigosa e assustadora virada política para aqueles que queiram se opor a essas ameaças antidemocráticas. Este livro tem a intenção de examinar as ideologias e as ações dos líderes autocráticos tanto do passado quanto do presente, assim como oferecer lições sobre como acabar com eles no futuro.

O que é o fascismo? Em termos históricos, o fascismo pode ser definido como uma ideologia que é global, mas com movimentos e regimes nacionais separados. Uma construção contrarrevolucionária de extrema direita, ultranacionalista e xenófoba, os fascistas eram essencialmente anti-igualitários e desprezavam o liberalismo* e o socialismo.[8] O objetivo principal do fascismo era destruir a democracia por dentro a fim de criar uma ditadura moderna de cima para baixo. Os fascistas propunham um Estado totalitário no qual a pluralidade e a sociedade civil seriam silenciadas e haveria poucas distinções entre o público e o privado, ou entre o Estado e seus cidadãos. Os regimes fascistas fecharam a imprensa independente e destruíram o Estado de Direito.

O fascismo defendia uma forma de liderança que se pretendia divina, messiânica e carismática e que concebia o líder como organicamente ligado ao povo e à nação. Considerava que a soberania popular estava totalmente delegada à figura do ditador, que agia em nome da comunidade e inclusive sabia, melhor do que ela própria, o que a comunidade realmente queria. Os fascistas substituíam a História e as verdades de base empírica por mitos políticos. Tinham uma concepção extremista do "inimigo", considerado como uma ameaça existencial à nação e ao seu povo. Esse inimigo primeiro tinha de ser perseguido e depois deportado ou eliminado. O fascismo almejava criar uma nova ordem mundial historicamente marcante por meio de um contínuo cada vez mais intenso de violência política extrema e guerras. A unidade global viria por meio da conquista e da dominação. Apesar de ser uma

---

* É necessário especificar ao que o autor se refere quando usa as palavras "liberalismo" ou "liberal" ao longo de todo o livro. Isso porque "liberal" pode ter acepções diferentes dependendo da época e do lugar. Por exemplo, no Brasil atual, alas da direita moderada são por vezes chamadas de "liberais", enquanto, nos Estados Unidos atuais, os chamados "*liberals*" são os Democratas, que representam a esquerda do espectro político daquele país. Neste livro, o autor quer se referir a "liberalismo" como a ampla ideologia política prevalecente no Ocidente pós-Segunda Guerra (1945), abarcando democracia, constitucionalismo, pluralismo e garantia de liberdades e direitos individuais dentro de uma estrutura capitalista não protecionista. Não se deve confundir com o que se convencionou chamar de "neoliberalismo". [N.T.]

ideologia global, o fascismo constantemente se reformulava em diferentes contextos domésticos e passava por constantes permutações nacionais.

O fascismo foi oficialmente fundado na Itália em 1919, mas a política antiliberal e antimarxista que ele representava surgiu simultaneamente em todo o mundo. Do Japão ao Brasil e à Alemanha, e da Argentina à Índia, à Nicarágua e à França, a revolução antidemocrática, violenta e racista da direita que o fascismo simbolizava foi adotada em outros países com nomes diferentes: nazismo na Alemanha, *nacionalismo* na Argentina, integralismo no Brasil e assim por diante. O fascismo já era transnacional antes mesmo de Mussolini usar a palavra italiana *fascismo* – mas quando o fascismo se tornou um regime na Itália em 1922, o termo recebeu atenção mundial e adquiriu diferentes significados em contextos locais.

E o que é populismo? O populismo é uma forma autoritária de democracia. Chegou ao poder pela primeira vez depois de 1945 como uma reformulação histórica original do fascismo. Historicamente, o populismo foi prosperar posteriormente durante crises políticas, quando se oferecia como antídoto para o cenário político de determinado momento.[9]

Enquanto o fascismo envolve crenças ideológicas fanáticas de direita, os líderes e seguidores populistas se mostram mais pragmáticos em suas crenças antidemocráticas do que os fascistas. Diferentemente do fascismo, que é sempre uma ideologia, um movimento e um regime de extrema direita, os populistas podem se identificar tanto com a direita quanto com a esquerda do espectro ideológico. E, assim como os fascistas clássicos, os aspirantes a fascistas de hoje são sempre populistas de direita.

Os líderes populistas alegam que fazem o trabalho da política enquanto se mantêm alheios à própria política. Eles aumentam a participação política de seus próprios seguidores ao mesmo tempo em que excluem outros, limitando principalmente os direitos de minorias políticas, sexuais, étnicas e religiosas.

O populismo concebe o povo como algo uno, uma entidade única composta por líder, seguidores e nação. Essa trindade tem suas raízes no fascismo, mas, no populismo, será confirmada por votos e eleições, algo que os líderes populistas aceitam. Embora o populismo se oponha ao liberalismo, ele respeita as urnas. A visão homogeneizadora que o populismo tem a respeito do povo leva à concepção dos oponentes políticos como o "antipovo". Os oponentes se tornam verdadeiramente inimigos – nêmeses que, consciente ou inconscientemente, representam elites oligárquicas e traidores da nação. O populismo defende um líder nacionalista iluminado que fala e decide pelo povo. Ele minimiza a separação de poderes, a independência e a legitimidade de uma imprensa livre e o Estado de Direito.

A recaída do populismo rumo ao fascismo ou ao semifascismo não é um fenômeno novo. Alguns exemplos históricos significativos dessa recaída surgiram no século passado, desde o peronismo neofascista na década de 1970 até o partido Aurora Dourada na Grécia e outros movimentos europeus de extrema direita. Mesmo que não renuncie aos procedimentos eleitorais democráticos, o populismo como movimento pode se tornar neofascismo quando, depois de ver sua população como homogênea, passa a basear sua identidade nacional em uma comunidade étnica específica, ao mesmo tempo em que aprimora sua retórica sobre os inimigos da nação, passando de termos gerais (como elites, traidores, forasteiros etc.) para um inimigo racial ou religioso específico que é alvo de violência política. Como regime, o populismo se torna uma ditadura (fascista, neofascista ou não fascista) quando anula sua associação com as características democráticas que definem o regime então vigente. Em outras palavras, quando as eleições são finalmente proibidas ou deixam de ser livres, quando a intimidação da imprensa independente leva à sua supressão, quando a dissidência não só passa a ser considerada ilegítima pelos detentores do poder, mas também proibida e punida, quando a separação dos poderes se transforma em unificação sob o líder e quando a lógica populista da polarização é traduzida em perseguição política real, o populismo deixa de ser populista. Nesses casos, a tendência populista de corromper a democracia constitucional leva à eliminação violenta dessa democracia.

O populismo e o fascismo são formas de liderança autocrática conectadas, porém distintas. Os líderes fascistas e populistas são autocratas no sentido de que suas políticas almejam a imposição de sua autoridade incontestável. Entretanto, somente os fascistas buscam se tornar ditadores completos, desejando impor totalmente sua vontade com poder permanente. Por outro lado, os líderes populistas desafiam a democracia, mas não a destroem.

Depois de 1945, acreditava-se que o fascismo havia sido erradicado para sempre. Mas não foi. O pensamento fascista e os movimentos fascistas mantiveram parte de sua força e seu apelo, embora não controlassem mais Estados e tivessem sido significativamente reduzidos em número e legitimidade. Mas o fato de o trumpismo ter chegado ao centro do poder mundial deve agora nos fazer parar e pensar. Este livro examinará as implicações nacionais e internacionais desse novo tipo de política pós-fascista que reformulou o populismo e o fascismo de direita e se materializou nos Estados Unidos em plena escada rolante de uma torre dourada de Manhattan, em 16 de junho de 2015, quando Trump lançou sua candidatura à presidência. Quando ele foi eleito presidente norte-americano no ano seguinte, os Estados Unidos se tornaram o verdadeiro epítome do que aparentava ser aquela nova ameaça à democracia do século XXI, uma versão mais recente do fascismo e do semifascismo misturada com tradições populistas anteriores.

Ao reconectar o fascismo e o populismo de maneiras inesperadas, Trump representa bem o aspirante a fascista. Esse novo tipo de político populista e de governante autocrático global é normalmente um líder legalmente eleito que, ao contrário dos populistas anteriores – que ansiavam por se distanciar do fascismo –, recorre a mentiras totalitárias, ao racismo e a meios ilegais para destruir a democracia por dentro. A vontade de ser fascista continua a ser uma vocação. Não é um fascismo em sua forma completa porque ainda não se transformou em ditadura e não se baseou totalmente no terror para monopolizar a violência e usá-la sem restrições.[10]

Para entender o aspirante a fascista, precisamos voltar ao momento histórico em que o populismo se manifestou pela primeira vez advindo do fascismo, após a Segunda Guerra Mundial, inicialmente com Juan Perón na Argentina e depois com outros líderes latino-americanos, como Getúlio Vargas, no Brasil; Rómulo Betancourt, na Venezuela, e Víctor Paz Estenssoro, na Bolívia. Esses líderes populistas criaram uma nova forma de regime político que combinava democracia e iliberalismo. Os populistas invocavam o nome do povo com a intenção de enfatizar uma forma de liderança altamente hierarquizada, de minimizar o diálogo político e de resolver algo que era percebido como uma crise de representação, atacando cada vez mais o sistema democrático de pesos e contrapesos institucionais. Eles garantiam haver um vínculo direto entre o povo e o líder, confiando em uma forma de liderança que poderia ser mais fielmente descrita como religiosa, ou seja, algo como uma "teologia política". Os populistas reforçaram a polarização social e política. Em sua óptica, menos espaços públicos deveriam ser destinados à expressão de opiniões das minorias políticas. Os direitos políticos dessas minorias não foram eliminados, mas sua legitimidade democrática ficou abalada. Os populistas concebiam essas minorias como sendo inimigas do povo e da nação. Em resumo, o populismo é uma forma autoritária de democracia.

No entanto, os populistas rejeitavam aspectos-chave do fascismo, inclusive as formas extremas de repressão e racismo, e, embora fossem intolerantes com a diversidade política, reconheceram que, de 1945 em diante, uma continuação do fascismo precisaria renunciar a algumas de suas dimensões ditatoriais, reformando seu legado de forma democrática.

Considere o caso de Juan Perón e do peronismo, o movimento que ele criou na Argentina. Perón foi o homem-forte de uma ditadura de junta militar que governou de 1943 a 1946. Como jovem oficial, havia participado do golpe pró-fascista de 1930 e, posteriormente, foi destacado como observador militar na Alemanha nazista e na Itália fascista. Apesar de ter chegado ao poder pela força em 1943, Perón incentivou e participou de eleições democráticas livres em 1946. O populismo moderno foi proposto inicialmente como uma terceira via, com o objetivo de superar o dilema da Guerra Fria, que propunha ao mundo escolher entre o comunismo e o liberalismo. Em vez de adotar uma versão pré-formatada do neofascismo, o peronismo foi o primeiro movimento que tentou adaptar o legado do fascismo a uma nova estrutura democrática e se tornou o primeiro exemplo de regime populista moderno.

Após a derrota global do fascismo no final da Segunda Guerra Mundial, tanto o fascismo em si quanto eventuais golpes e ditaduras militares se tornaram noções tóxicas para a maioria das sociedades. Sendo assim, ex-fascistas e ativistas em prol de ditaduras tentaram recuperar o poder por meios democráticos. Políticos como Perón entenderam que as eleições representavam uma fonte essencial de legitimidade política. Valendo-se do carisma, da celebridade e das habilidades políticas de sua segunda esposa, a atriz Evita Perón, o coronel Juan Perón venceu a eleição presidencial de 1946, tornando-se o primeiro líder populista da história a ser eleito democraticamente chefe de Estado.

Aquele novo modo de governar, o populismo, tomava emprestados alguns elementos do fascismo. Assim como Mussolini e Hitler, líderes como Perón e Vargas transformaram discussões políticas em lutas de vale-tudo em busca de uma nova ordem moral. Eles alegavam ser a solução para um cataclismo iminente. Denunciavam as elites governantes, impediam o jornalismo independente e promoviam uma profunda aversão ao pluralismo e à tolerância política. No entanto, pelo fato de terem sido eleitos pelo povo, Perón e Vargas se destacavam quando comparados aos fascistas, aos quais estavam ligados de diversas outras formas. O peronismo e o varguismo também abriam mão do racismo, da glorificação da violência, da militarização da política e da propaganda totalitária.

Assim como Perón e Vargas, outros populistas latino-americanos no Equador, na Venezuela e na Bolívia chegaram ao poder defendendo a legitimidade dos resultados eleitorais no final da década de 1940 e no início da década de 1950. A manutenção do poder dependia de vencer eleições reais e deixar de lado a política fascista da xenofobia, das intermináveis mentiras e dos métodos extremos de repressão. Verdade seja dita: Perón e seus colegas populistas latino-americanos *realmente* eram populares. Quando acontecia de serem derrubados do poder, isso geralmente se dava por meio de golpes, não por eleições – eleições que seus movimentos continuavam vencendo.

Líderes populistas mais recentes, como Silvio Berlusconi na Itália e Hugo Chávez na Venezuela, seguiram um padrão semelhante. Em vez de levantar acusações infundadas de fraude eleitoral, eles baseavam suas reivindicações grandiosas na noção democrática de que as eleições representam a verdadeira vontade do povo. Berlusconi perdeu as eleições em 1996 e 2006, enquanto Chávez saiu derrotado do referendo constitucional venezuelano de 2007, que tentava abolir os limites do mandato presidencial. Ambos aceitaram aqueles resultados, embora tenham perdido por margens extremamente pequenas. O populismo representa a afirmação da ideia autoritária de que uma pessoa pode personificar totalmente o povo e a nação, mas também a aceitação de que isso precisa ser confirmado por meio de procedimentos democráticos. Só que, muito embora o populismo tenha tradicionalmente respeitado as urnas, ele nem sempre se prestou a promover a democracia; na verdade, ele frequentemente a manipula. Mas é uma forma de governar que ainda extrai seu poder da integridade do sistema eleitoral e depende inteiramente disso.

Os aspirantes a fascistas, por outro lado, seguem a velha cartilha fascista e mentem para escapar da derrota eleitoral. Os fascistas italianos e os nazistas alemães da década de 1930 não viam valor no sistema eleitoral e só o usavam para reivindicar legitimidade e liderança quando isso os beneficiava. Feito isso, passavam a trabalhar no intuito de destruir a democracia por dentro. O fascismo nega a própria natureza da democracia, a legitimidade dos procedimentos democráticos e de seus resultados eleitorais. Proponentes do fascismo afirmam que votações só são legítimas quando confirmam, por referendo, a vontade autocrática de seu líder.

Existe, portanto, uma clara divisão conceitual entre os populistas históricos, que respeitam a verdade expressa pelas urnas, e os fascistas e aspirantes a fascistas, que mentem sobre os resultados eleitorais e subvertem a democracia. Para os populistas tradicionais, os resultados de eleições são, de fato, importantes.

Mas essa distinção está começando a desaparecer. Donald Trump abriu caminho para outros aspirantes a autocratas. Ao negar os resultados das eleições de 2020 e fomentar sua "grande mentira"* sobre fraude eleitoral, Trump representa um ponto de virada na política populista, encorajando e inspirando outros a negar a legitimidade eleitoral de seus oponentes. Líderes como Bolsonaro, no Brasil, Benjamin Netanyahu, em Israel, e Keiko Fujimori, no Peru, se utilizaram de falsidades a respeito de "ilegalidades" e "fraudes eleitorais" com o intuito de criar uma

---

* Apesar de parecer uma expressão casual, "grande mentira" (*"Big Lie"*, com iniciais maiúsculas, no original) é uma expressão que vem do alemão (*"große Lüge"*) e carrega um significado político particular. Foi cunhada por Adolf Hitler no livro *Minha luta (Mein Kampf)*. Em seu sentido original, uma "grande mentira" é uma intencional e severa distorção da realidade envolvendo informações de qualquer área de conhecimento ou assunto que seja de interesse do líder ou aspirante a líder, de modo que tal distorção o leve a angariar simpatia e votos do público iludido por aquela mentira. Essa foi uma das técnicas de propaganda política utilizadas pelo ministro Joseph Goebbels durante a implantação do nazismo na Alemanha. No caso abordado no livro, o autor afirma que as declarações de Donald Trump a respeito de as eleições norte-americanas de 2020 terem sido fraudadas constituem uma dessas "grandes mentiras", ou seja, teriam sido inventadas e utilizadas propositalmente por Trump, que perdeu a eleição, para enganar parte do eleitorado. [N.T.]

realidade alternativa na qual eles podem governar, no presente ou no futuro, sem as responsabilidades e as limitações dos procedimentos democráticos.

Trump é um dos principais influenciadores dessa atual aspiração de alguns ao fascismo, mas não é o único. Assim como os fascistas e populistas clássicos que os precederam, os aspirantes a fascistas representam um fenômeno global que tem sido geralmente ignorado pelos pontos de vista americanos ou europeus que predominam no debate político mundial. Ao discorrer contrariamente a essas narrativas tradicionais redutivas e paternalistas, este livro contribui para descentralizar essas visões.

As experiências observadas no hemisfério sul do planeta não são um mero subproduto ou um reflexo mimético da história do fascismo e da política de extrema direita ocorrida no hemisfério norte. Este livro mostrará a disseminação de ideologias, práticas e discursos convergentes do norte para o sul e do sul para o norte, ao mesmo tempo em que dedica atenção às peculiaridades e às diferenças dos líderes e ideólogos fascistas, populistas e aspirantes a fascistas em seus contextos particulares.

Das muitas explicações já oferecidas para os ataques de Trump à democracia, as mais erráticas são aquelas que invertem o nacionalismo do ex-presidente, alegando que ele representa uma anomalia situada fora das tradições e da história americanas. Afirma-se que Trump não poderia ser fascista, ou fascistoide, porque "não existiria fascismo nos Estados Unidos". Ou seja, Trump pertenceria a um cenário histórico "especial", que o separaria do fascismo global e do pós-fascismo.[11]

De acordo com esses argumentos, ou os Estados Unidos seriam "bons demais" para abrigar o fascismo, ou então seus extremo-direitistas seriam mal-articulados e estúpidos demais para se envolverem com o fascismo, ao passo que as instituições americanas seriam fortes o suficiente para resistir à grosseira ameaça que Trump representaria à democracia. Em vez de ser um subproduto das tradições racistas, populistas e fascistas globais e norte-americanas, o trumpismo seria, então, um fenômeno vazio, que pode ser historicamente colocado entre parênteses e sumariamente descartado. Este livro sustentará que quanto mais aprendemos acerca de tentativas fascistas do passado de negar o funcionamento da democracia, mais preocupados devemos ficar com as atuais formas pós-fascistas e populistas de governar.

No papel de estudantes, cidadãos e leitores, precisamos esclarecer essas conexões entre o passado e o presente, porque estamos vivendo em uma época em que os direitos humanos, o secularismo e a democracia estão sob ataque. O objetivo deste livro é reconhecer o perigo fascista do trumpismo e dos futuros trumpistas e seus aliados populistas mundo afora. Precisamos conhecê-los melhor antes que seja tarde demais.

Os diferentes capítulos deste livro abordam as seguintes questões: por que o populismo atual está se transformando de volta em fascismo? E por que, e de que forma, a resposta a essa questão está conectada por meio de histórias transnacionais e experiências nacionais coletivas?

O fascismo é uma ideologia nacionalista global com movimentos distintos a cada nação, mas sempre inclui quatro características essenciais. Definir esses quatro pilares nos permite entender claramente a história do fascismo e como ele funciona. Esta introdução apresenta o atual ponto de inflexão nas histórias do fascismo e do populismo, enquanto os quatro capítulos que se seguem abordarão cada um desses pilares do fascismo. Por fim, o epílogo aborda brevemente o impacto dessa nova virada fascista dos autocratas globais e como a história oferece lições à tentativa de detê-los.

Este livro explica como a atual reconfiguração do populismo aponta para uma terceira onda autocrática de ataques contra a democracia após a primeira onda de fascismo (1919-1945) e a segunda onda com o populismo no poder (1945-2000). A primeira onda de fascismo foi exemplificada por líderes como Mussolini, Hitler e Plínio Salgado no Brasil. O modelo fascista foi extremamente influente, inspirando líderes que se estendiam ao longo de todo o espectro político nos anos entreguerras, de Georges Valois, na França, a Ahmad Husayn, no Egito. Como resposta ao liberalismo e ao comunismo, eles enfatizaram a necessidade de ditaduras totalitárias racistas e nativistas. A segunda onda, que trouxe o populismo moderno, surgiu de uma desfiguração do fascismo durante a Guerra Fria. Depois de 1945, primeiro na América Latina e depois em outros lugares, os regimes populistas reformularam a democracia de uma forma mais autoritária, que, no entanto, rejeitava os principais ingredientes do fascismo.

Os primeiros populistas deixaram de lado os quatro pilares fascistas e, no lugar deles, se envolveram com mentiras mais convencionais, bem como com níveis relativamente mais baixos de demonização, violência e repressão. Essa é essencialmente a principal diferença entre fascistas históricos e populistas históricos. O populismo do século XX foi uma tentativa de trazer a experiência fascista de volta ao rumo do caminho democrático, criando um regime também autoritário, mas que operava dentro da democracia, enfatizando a participação social combinada com a intolerância e a rejeição da pluralidade. Nos regimes populistas, os direitos políticos sempre vieram sendo altamente restringidos, mas nunca foram erradicados, como ocorreu no fascismo.

Nos últimos anos, houve um ressurgimento do interesse pelo fascismo, que se tornou uma ameaça à democracia em todo o mundo. Para simplificar, podemos dizer que o fascismo não está mais relegado ao passado.

O objetivo deste livro não é discutir a singularidade do trumpismo, seu lugar na história americana, sua função na política americana ou os eventos da presidência de Trump. Diversos livros já abordaram esses tópicos em detalhes. Em vez disso, pretendo oferecer uma explicação histórica precisa de por que o trumpismo e seus asseclas pertencem a uma nova raça política, um movimento e, às vezes, um regime com um novo tipo de autocrata, que é o resultado final das histórias combinadas do fascismo e do populismo:

o aspirante a fascista. É intrigante o fato de que, embora o fascismo e o populismo sejam duas formações históricas contextualmente conectadas, raramente sejam analisadas em conjunto. Meu trabalho vem preencher essa lacuna e oferecer uma nova maneira de entender um novo fenômeno histórico: a transformação do populismo de direita em algo mais próximo do fascismo.[12]

O fascismo está aí, batendo à nossa porta, e este livro apresenta um guia para identificar os quatro pilares do fascismo aqui mesmo, no nosso mundo atual. Cada capítulo aborda um pilar. O capítulo 1 trata de um componente-chave do fascismo: a violência e a militarização da política. Os fascistas veem a política como uma forma de guerra envolvendo inimigos que devem ser tratados com violência, muitas vezes de maneira fatal. Essa noção fascista da política conduzida por formações paramilitares é primeiro concebida internamente como uma guerra civil, por meio de punição física e violência nas ruas, e, em um segundo momento, externamente como guerra total.[*] Os métodos do fascismo contra o inimigo incluem a perseguição, a prisão, a tortura e, então, a eliminação. Na ideologia fascista, a violência e a agressão são consideradas as melhores expressões de poder, personificadas no líder. Os fascistas atacam minorias políticas e étnicas em nome do líder, da nação e do sagrado. O fascismo, em suas diversas variações transnacionais, não hesita em matar seus próprios cidadãos, bem como seus súditos coloniais. Esses atos horríveis de violência e repressão definem a forma distinta de dominação política do fascismo.

---

[*] A expressão "guerra total" (do inglês *total war*") é consolidada nos meios políticos e historiográficos como sendo "uma guerra sem restrições em termos de armas usadas, território ou combatentes envolvidos, ou objetivos perseguidos, especialmente uma guerra na qual as leis de combate são desconsideradas" (Oxford). Todos os recursos e a infraestrutura militar e civil são orientados à guerra, e toda a sociedade se mobiliza de modo a priorizar o esforço de guerra; do outro lado, o inimigo é considerado em sua totalidade, sem distinção de alvos a serem atingidos ou evitados. [N.T.]

O capítulo 2 aborda o segundo pilar do fascismo: as mentiras, os mitos e a propaganda. Esses três elementos fazem parte de um único processo no qual mitos são fabricados e falsamente apresentados como verdade. A maneira fascista de mentir é diferente de outras formas de mentira política. A questão é que os fascistas realmente acreditam em suas "grandes mentiras" e tentam transformar a realidade para que se pareça mais com elas. Fascistas mentem de maneiras bem específicas, e suas mentiras diferem em termos qualitativos e quantitativos de outras mentiras políticas. O poder político fascista deriva, em grande parte, da cooptação da verdade e da ampla promulgação de mentiras. Os fascistas defendem um culto messiânico das lideranças baseado em mitos e fantasias que são todos fabricados e em nada baseados na realidade. Eles consideram que o líder está ligado ao povo e à nação de alguma maneira "sagrada"; o líder sempre sabe o que o povo "realmente quer".

O capítulo 3 trata do terceiro pilar: a política da xenofobia. Não existe fascismo sem racismo, uma política extremista que demoniza os inimigos e odeia a diversidade. O fascismo nega direitos a pessoas que sejam étnica ou racialmente distintas ou que se comportem, se identifiquem ou pensem de forma diferente. Os fascistas transformam conceitos binários tradicionais, como "nós versus eles" ou "civilização versus barbárie", em uma mentalidade na qual o outro passa a ser um inimigo existencial e completo. O fascismo sempre coloca o ódio e a xenofobia no centro da política.

Por fim, o capítulo 4 aborda o último pilar do fascismo: a ditadura. Nem todas as ditaduras são fascistas, mas não existe fascismo sem ditadura. As ditaduras fascistas eliminam totalmente a discussão política e toda a oposição. Elas também impõem princípios contrarrevolucionários, ultranacionalistas, antiliberais e antissocialistas. Essas ditaduras inicialmente tomaram forma na verdadeira "tempestade perfeita" que se formou nos anos entreguerras, por causa da dupla crise do capitalismo e do liberalismo, ambas alimentadas pela depressão e pelo questionamento e enfraquecimento generalizados das práticas e dos procedimentos democráticos que afetaram todos os níveis de governo, desde os direitos de voto até os direitos religiosos e os direitos econômicos. No fascismo, o poder discricionário do ditador prevalece sobre o Estado de Direito, e isso é viabilizado por facilitadores, conservadores ambiciosos e oficiais de carreira que se tornam amigos de seus novos senhores. Por exemplo, na Alemanha nazista, a maioria dos juristas, promotores, juízes e funcionários públicos do nazismo simplesmente aceitaram a transformação do sistema democrático promovida por Hitler. A distorção da legalidade em prol da legitimidade do líder, portanto, se torna a regra, e os direitos humanos e políticos são deixados de lado. Os fascistas conseguem justificar a mais absoluta das ilegalidades com termos legais. O principal objetivo do fascismo é, então, destruir a democracia por dentro ou por fora – seja por meio de golpe ou autogolpe, seja por guerra civil e/ou invasão estrangeira – e criar uma ditadura totalitária. A destruição da democracia, por sua vez, destruirá a sociedade civil, a tolerância política e o pluralismo, seguida pelo desmantelamento gradual ou rápido da lei e pelo fim da separação dos poderes, dos procedimentos eleitorais e da imprensa independente. O fascismo é formulado com base em uma ideia moderna de poder popular, mas uma na qual a representação política é eliminada e o poder é totalmente delegado ao ditador, que age em nome do povo.

Bem antes dos acontecimentos do 6 de janeiro de 2021, Trump já havia erigido (em escala alarmante) três dos quatro pilares do fascismo: a violência e a militarização da política, o racismo e as mentiras. O elemento que faltava ao trumpismo era a ditadura. E então houve aquela tentativa de golpe de Estado. De que outra forma você poderia definir o governo de um presidente que estava determinado a manter o poder apesar de ter perdido a reeleição por sete milhões de votos? Se sua tentativa tivesse sido bem-sucedida, Trump teria se tornado um ditador. Nesse cenário, seria mais apropriado pensar nele como um fascista. Como ele vacilou e fracassou, eu o chamo de aspirante a fascista. Trump se comportou como um fascista até o momento em que, seja lá por qual motivo, voltou atrás e decidiu não se juntar à sua multidão de apoiadores no Capitólio. Talvez ele tenha temido que a adesão à insurreição fosse levar a sérias implicações pessoais ou legais; mas o mais importante é que ele viu que seu vice-presidente, os principais atores do Partido Republicano, as forças armadas e a Suprema Corte não estavam apoiando suas ações. Um fascista clássico do período entreguerras não teria recuado, mas Trump o fez. É claro que ainda não é possível prever como isso vai terminar, e este livro se encerra com perguntas sem respostas sobre a história e o futuro dos autocratas globais.

Este livro dedica atenção a como os fascistas e os populistas enxergam a si mesmos quando o assunto é violência, xenofobia, propaganda e ditadura – mas essa não é a única dimensão a ser considerada. Afinal, as ações deles são igualmente importantes. Às vezes, as palavras de um líder podem significar o oposto do que elas afirmam. Hitler, por exemplo, sempre acusou os judeus de serem o que ele próprio era na verdade, ou seja, um mestre na arte de mentir. Da mesma forma, Trump projetou em seus inimigos o fascismo e os desejos ditatoriais, ao mesmo tempo em que se envolvia ativamente em comportamentos fascistas. Com relação ao populismo, Trump parecia ver a si mesmo como um líder desse tipo, como fica demonstrado, por exemplo, em uma conversa sobre populismo com seu então guru, Steve Bannon:

> – Adorei. É exatamente isso que eu sou – diz Trump. –
> Um *popularista* – completa, arruinando a palavra original.
> – Não, não – intervém Bannon. – É "populista".
> – Isso, isso – insiste Trump. – Um *popularista*.

Talvez, ironicamente, Trump estivesse certo ao se autoproclamar erroneamente como um "popularista". É muito provável que seu ato falho já apontasse para o fato de que sua atuação política não se encaixava no tipo clássico de populismo.[13]

Líderes como Trump e Bolsonaro ainda estão brincando de experimentar formas de destruir a democracia de maneira mais eficaz. Trump vem continuamente tentando uma combinação de estratégias populistas e fascistas, e então usa novamente aquelas que parecem atrair mais os apoiadores de sua base. Seu instinto natural é o de sempre aumentar o perigo para a democracia ao mesmo tempo em que reafirma seu poder pessoal e o culto em torno de si mesmo. São essas tendências básicas que o tornam quase fascista.

Apesar dos elogios de Trump a Hitler e do fato de que redatores de discursos e demais indivíduos que sussurram ao pé do ouvido do poder, como Steve Bannon e Stephen Miller, podem ser considerados intelectuais fascistas, é altamente improvável que Trump tenha lido a história do fascismo (ou do populismo) e tenha planejado aderir intencionalmente à cartilha dos fascistas de maneira tão fiel.[14] Assim como Hitler, outros líderes aspirantes a fascistas, como Trump e Bolsonaro, não são teóricos fascistas e nem mesmo capazes de ter pensamentos autônomos mais profundos. São suas tendências comportamentais naturais que os colocam tão próximos do fascismo. Afinal de contas, o fascismo nunca foi algum tipo de profunda realização intelectual, e sim apenas uma forma radical de subordinação e repressão do outro, assim como uma forma bem consciente de colocar em prática racismo, propaganda, violência e poder ditatorial. A ideologia fascista não é um *corpus* de pensamento fechado e bem-definido, mas, sim, a glorificação de ideias muito básicas e muito destrutivas.

Fascistas não precisam entender sua história e sua teoria, mas sempre agem com base na premissa de que seu líder está sempre certo e de que a igualdade é essencialmente ruim. Foi Hitler quem disse: "Só se pode morrer por uma ideia que não se entende".[15] De maneira bem parecida, Trump disse aos seus seguidores: "Isso que vocês estão vendo e lendo não é o que está acontecendo".[16] Sem ter a menor consciência disso, e mesmo sem nem pensar a respeito, Trump está dando continuidade a uma longa tradição política de líderes fascistas que impõem a ideologia acima da realidade. E, no entanto, líderes populistas como Trump não podem ser totalmente tidos como fascistas porque (ainda) não destruíram a democracia. Mas eles também não são populistas típicos, no sentido de que suas ameaças contra a democracia vão além da retórica populista padrão de minimização da democracia. Estamos vivendo o momento do que poderia ser uma possível nova transformação histórica do populismo para o fascismo. Está claro que Trump, Bolsonaro e muitos outros têm profunda admiração por ditadores e autocratas, além de um conhecimento bastante limitado das histórias desses líderes. Em contraste aos seus mitos de origem, prefiro encaixar os aspirantes a fascistas em um contexto histórico. Meu objetivo é destacar como eles constituem uma terrível ameaça à democracia.

Já houve muitos livros que tentaram explicar as razões da ascensão de Trump e do trumpismo. Este aqui não é um deles. Em vez disso, este livro procura explicar por que e como Trump e outros como ele estão se comportando como fascistas em formação.

1

A VIOLÊNCIA E A MILITARIZAÇÃO DA POLÍTICA

Em 3 de julho de 2020, no Monte Rushmore, o então presidente dos Estados Unidos, Donald Trump, alertou sobre a ameaça de um novo tipo de fascismo: "Em nossas escolas, nossas redações de jornais e até mesmo em nossas diretorias corporativas, há um novo fascismo de extrema esquerda que exige fidelidade absoluta. Se você não falar a língua deles, realizar seus rituais, recitar seus mantras e seguir seus mandamentos, você será censurado, banido, colocado na lista negra, perseguido e punido. Isso não vai acontecer conosco".[1]

Estamos vivendo tempos confusos, nos quais aspirantes a fascistas se apresentam como democráticos e, ao mesmo tempo, denunciam falsamente o fascismo como sendo uma ideologia de esquerda, como Trump fez no Monte Rushmore e como o ex-presidente de extrema direita do Brasil, Jair Bolsonaro, fez durante anos.

Assim como aconteceu com os líderes fascistas do passado, a denúncia de Trump envolvendo forças invisíveis tirânicas é contradita por suas próprias tendências fascistas violentas. De fato, Trump repetiu uma técnica clássica: fascistas tendem a negar o que são e atribuem suas próprias características e sua própria política totalitária aos seus inimigos. A primeira e mais importante dessas características é a ameaça de violência.

Junto com as mentiras radicais, a política da xenofobia e a ditadura, a violência é um dos quatro pilares principais do fascismo. O fascismo apresenta a violência como uma força bela e moral – fonte de grandeza, pureza e poder – e pratica a violência por meio da militarização da política, cujas consequências finais são a guerra e o genocídio. A violência do fascismo é extrema tanto em termos de sua execução quanto de seus efeitos e legados de longo prazo.[2] E a violência tem sido desde sempre uma dimensão histórica fundamental do fascismo como ideologia, como movimento e como regime.

Não é coincidência o fato de a violência fascista ser sempre utilizada de maneira preventiva. Conforme retratam Trump e Bolsonaro, essa ameaça de violência é falsamente apresentada como uma resposta necessária a uma ameaça que é apenas imaginada. Esse tipo de violência antecipatória foi o que deu início ao Holocausto e o justificou na mente de seus perpetradores nazistas.

Pense na infame profecia autorrealizada de Adolf Hitler, em seu discurso de 30 de janeiro de 1939, dois anos antes do início do Holocausto: "Hoje serei mais uma vez um profeta: se os financistas judeus internacionais dentro e fora da Europa conseguirem mergulhar as nações mais uma vez em uma guerra mundial, o resultado não será a bolchevização da Terra e, portanto, a vitória dos judeus, mas, sim, a aniquilação da raça judaica na Europa!".[3] Hitler assim invertia os termos da equação, acusando outros de mergulhar o mundo em uma guerra que ele mesmo pretendia iniciar.

No Monte Rushmore, Trump disse que "a ideologia radical que está atacando nosso país avança sob a bandeira da justiça social. Mas, na verdade, ela destruiria tanto a justiça quanto a sociedade. Ela transformaria a justiça em um instrumento de divisão e vingança, e transformaria nossa sociedade livre e inclusiva em um lugar de repressão, dominação e exclusão".[4] O senso de urgência do próprio Trump e suas alegações de uma "ameaça iminente à nação" – como ele a concebeu, de forma um tanto restrita – mostram o quanto ele está próximo de apresentar uma argumentação fascista, em que a violência contra uma ameaça imaginada justificaria sua prática preventiva sob o comando do líder. Ao contrário do proclamado no Monte Rushmore, era o próprio Trump quem estava e está constantemente minando a democracia e a inclusão, promovendo a violência, a repressão e as tentativas de golpe, além de incentivar a ação de terroristas domésticos e de turbas. Seu populismo nativista de direita ecoa o passado fascista.

A centralidade da violência no fascismo

Não existe fascismo sem violência extrema. Historicamente, o fascismo se apresenta como uma revolta violenta e radical contra valores democráticos amplamente aceitos. Benito Mussolini criou o primeiro movimento fascista na Itália em 1919, e esse movimento chegou ao poder em 1922, mas suas ideias políticas eram partilhadas por forças antidemocráticas em todo o mundo.

O fascismo era uma contrarrevolução antiesquerdista e antiliberal, e embora tenha se apropriado do vocabulário da esquerda – vale lembrar que o nome oficial do movimento nazista era Partido Nacional-Socialista dos Trabalhadores Alemães –, usou-o a serviço da dominação e opressão exercidas pela direita. Hitler gostava de contar uma história sobre como, certa vez, perdeu uma discussão com esquerdistas quando eles lhe disseram que, se ele continuasse a falar, eles o jogariam para fora do andaime onde trabalhavam. Na história, Hitler teve de parar de discutir e ir embora. E concluía dizendo que a violência sempre derrotava os argumentos racionais. Nesse contexto, como Hitler explicou em seu livro *Minha luta* (*Mein Kampf*), os vencedores na política são aqueles que recorrem à "arma que mais prontamente conquista a razão: terror e violência".[5]

Hitler primeiro imputou esse terror e violência a seus principais inimigos: os judeus e a esquerda. Mas ele também defendia a violência, porque "não se quebra o terror com a mente, e sim com maior terror". Para Hitler, a violência precisava ir além da autodefesa; ela precisava ser elevada por uma ideologia. Hitler disse que personificava essa "nova doutrina espiritual".[6] O mesmo fizeram inúmeros outros fascistas em todo o mundo. Na Itália, Mussolini declarou grandiosamente: "Tenho feito apologia da violência durante a maior parte da minha vida".[7]

Em todo o mundo, ideólogos antidemocráticos fizeram apologia da violência. A violência não era apenas o objetivo do fascismo; era também o ponto de partida de todo o seu agir político. A violência estava impressa no DNA do movimento. Como declararam os Camisas-Azuis portugueses, "a violência é o início essencial e inteligente de toda boa política, porque, sem violência, e ante a adversidade, a conquista se torna impossível". No fascismo, a violência se tornou o resultado da fé cega no líder. Os fascistas espanhóis falavam da "violência sagrada da ação". Os Camisas-Azuis egípcios também enfatizavam que "obediência e luta" (*al-tcah wa al-jihad*) tinham suas raízes na fé. Eles faziam um juramento: "Juro por Deus Todo-Poderoso, por minha honra e pela pátria que serei um soldado fiel e obediente, lutando pelo bem do Egito". Longe do Oriente Médio, os Camisas-Azuis chineses sustentavam que a violência estava no centro da política: "Deve haver uma determinação de derramar sangue, o que significa que deve haver um tipo de violência sem precedentes no sentido de eliminar todos os inimigos do povo".[8]

Os fascistas encaravam a violência como uma força natural de "limpeza".[9] O líder fascista brasileiro Plínio Salgado explicou que "o sentido subjacente à nossa violência" era totalmente diferente do da esquerda. Os fascistas brasileiros não tinham fins quantificáveis, mas espirituais: "Nossa luta, no Brasil, não está subordinada ao materialismo da 'luta pela vida' aplicada à luta de classes, de acordo com a dialética hegeliana e a concepção marxista da história. Nossa violência deve ter um sentido do Espírito, de sua intervenção no curso dos acontecimentos, da imposição de um novo sentido da vida".[10]

Inayatullah Khan Mashriqi, também conhecido como Allama Mashriqi, o supremo líder fascista do movimento muçulmano Khaksar, no Punjab (Índia), disse: "Nós acreditamos na violência. As pessoas não violentas devem ser eliminadas da face do mundo. A não violência não é natural".[11] Da mesma forma, o fascista nicaraguense Pablo Cuadra sustentava: "Somos fascistas por nosso desejo de organizar nossas terras desorganizadas de acordo com sua verdade e tradição. Usamos a violência contra aqueles que desafiam o avanço de nosso ressurgimento com sua estupidez incompreensível".[12]

Mussolini advertiu que os inimigos do fascismo não tinham o direito de reclamar da "nossa violência" porque ela era uma resposta à violência deles, que para ele era mais extrema do que a violência fascista. O Duce, como Mussolini era conhecido, insistiu na necessidade de que "nossa violência" tivesse "dimensões fascistas específicas". Ele repudiava a violência do "todos contra um". Também condenava "a violência que não é explicada". O líder italiano identificava essas formas de violência com seus inimigos. Disse ainda que, enquanto a violência fascista tinha um poder libertador, a violência socialista restringia o indivíduo: "Há uma violência que liberta e uma violência que acorrenta; há uma violência que é moral e uma violência que é burra e imoral".[13] Mussolini estabelecia uma "distinção profunda" entre as formas de violência: por um lado, havia aquelas que eram inaceitáveis por serem egoístas, individualistas, socialistas ou liberais; por outro, havia a violência fascista, que era absolutamente sagrada e de natureza moral.

Se não houvesse fins bem especificados, então essa violência podia ser ilimitada e autolegitimada. Como argumenta o historiador Paul Corner, "devido ao que se considerava sua função moral, a violência era vista como totalmente legítima, algo essencial para a causa da transformação nacional". A violência era o caminho fascista para o poder.[14]

Desse modo, o fascismo não pode ser definido simplesmente pelo que ele combatia – liberalismo, marxismo e democracia –, mas também como uma teoria da violência com consequências práticas extremas, incluindo, em alguns casos, o genocídio. O fascismo promovia a violência no sentido de debilitar a tendência política que visa à conciliação liberal. Os fascistas consideravam discussões como algo infrutífero. Não viam sentido em se envolver com outras tradições.[15] A violência definia todos os estágios do fascismo.[16] É por essas razões que Norberto Bobbio, cientista político italiano e um dos principais intérpretes do fascismo e da política, afirmou: "A violência era a ideologia do fascismo".[17]

Mas o que se entende por ideologia? Ideologias são sistemas moralistas de opiniões e ideias comuns destinadas a justificar e motivar ações políticas. Elas enfatizam questões retóricas em vez de argumentos lógicos e geralmente são refratárias a evidências. São também geralmente circulares – sustentam suas conclusões se utilizando de suas próprias conclusões. As ideologias não precisam ser complexas; na verdade, elas são mais bem-sucedidas quando são simples ou até mesmo simplistas. Como observou Hannah Arendt, as ideologias "são capazes de explicar toda e qualquer ocorrência deduzindo-as de uma única premissa".[18] Esse é um ponto de vista necessário para entender por que e como a violência, e seu apelo e glorificação, não foi uma mera ferramenta, mas o principal fundamento da ideologia e da prática fascistas.

Mas de que tipo de violência estamos falando? A violência fascista era diferente da violência de outros sistemas políticos? Ao passo que a maioria das ideologias políticas considera a violência, mesmo a extrema, como um meio para se atingir um fim, no fascismo a violência se torna um fim em si mesma. Para os fascistas, a violência é transcendental, ligando a humanidade a um mundo mitológico heroico.

Em todo o mundo, os fascistas de todos os países equiparavam a violência política à fonte do poder político. Enquanto os liberais e os comunistas viam o poder como o resultado do monopólio da violência pelo Estado, os fascistas equiparavam o poder à possibilidade de exercício da violência política. Os fascistas viam a restrição da violência pelo Estado como o oposto do poder político. Acreditavam que o emprego efetivo da violência criava e aumentava o próprio poder dos líderes. Visualizavam a violência como sendo a fonte de uma nova sociedade autoritária, na qual o nacionalismo, o racismo e o capitalismo (planejado centralmente) poderiam ser integrados. Por motivos semelhantes, eles também acreditavam que uma imprensa livre e uma esfera pública aberta eram contrárias aos seus próprios interesses. Os fascistas identificavam a pacificação dos espaços nacionais e internacionais com fraqueza política. Ao mesmo tempo, concebiam sua própria violência como "sagrada". Mitos nacionalistas inspiraram e legitimaram a violência como uma dimensão fundamental da religião política fascista. De acordo com a ideologia fascista, esses mitos precediam e transcendiam o tempo histórico. Central a essa concepção era uma contenda sagrada contra inimigos internos e externos. O fascismo imaginava um inimigo existencial, que posteriormente identificava e reprimia. A força bruta era considerada necessária contra aqueles que se opunham à trindade fascista de povo, nação e líder.[19] Mussolini argumentava que a violência fascista era a solução decisiva para a situação política "gangrenosa" que o precedeu. Dizia que "nossa violência" é "extremamente moral, sacrossanta e necessária".[20]

Na Índia, fascistas como M. S. Golwalkar defendiam que "entender nossa história" proporcionaria aos hindus uma imagem de "nós mesmos" não como "os escravos degenerados, oprimidos e incivilizados que nos ensinam a acreditar que somos hoje, mas uma nação, uma nação livre, de heróis ilustres que lutaram contra as forças da destruição nos últimos mil anos". Essa imaginária "história" implicava uma noção de violência mítica que seria necessária novamente no presente. O ardor nacional e o "espírito da raça" conclamavam os indianos a "continuar a luta até seu amargo fim". Essa luta significava a eliminação de todos os inimigos: "A consciência nacional segue inflamada, e nós, hindus, nos unimos ao estandarte hindu, o *Bhagawa Dhwaja*, e nos empenhamos com firme determinação para exterminar as forças oponentes".[21]

Nessa visão, a violência fascista era um mecanismo de defesa contra a violência do inimigo, geralmente apresentada como uma conspiração de comunistas, liberais e judeus. Essa fantasia foi disseminada pelos fascistas em todo o mundo. Um dos mais famosos representantes do fascismo americano, o padre Charles Coughlin – personalidade do rádio que, de acordo com o *New York Times*, conseguia uma audiência semanal de 90 milhões de ouvintes – declarou em 1938 que "o nazismo foi concebido como um mecanismo de defesa política contra o comunismo". Aqueles que lutavam contra os fascistas eram "inimigos de Deus" – e Coughlin incluía o presidente dos Estados Unidos entre esses inimigos. Em um discurso proferido em um comício da União Nacional Pela Justiça Social, houve testemunho de que ele tenha se referido ao presidente Roosevelt como "anti-Deus" e defendido o uso de balas "quando um ditador arrivista nos Estados Unidos conseguir criar um governo de partido único e quando o voto for inútil".[22] Outra personalidade radiofônica clérico-fascista, o padre Virgilio Filippo, da Argentina, também acreditava que os fascistas, voluntária ou involuntariamente, agiam em nome de Deus contra a ameaça existencial representada pelos comunistas, judeus e inimigos seculares da nação. Ele assegurava a seus seguidores que "Deus pune seus inimigos com os métodos que eles usaram para conspurcá-lo".[23]

Os fascistas sustentavam que a violência era boa quando era nobre, sagrada e mítica. Expressões como "banho de sangue" tinham significados particulares para os fascistas na medida em que relacionavam aquela violência a uma ideia de regeneração e purificação por meio da violência. Mas, enquanto Mussolini gostava especialmente da violência do "um contra um", outros fascistas elogiavam a ideia do banho de sangue ilimitado, a purificação advinda de uma violência absoluta e impessoal.[24]

Essa foi a mensagem que Heinrich Himmler, líder da SS, quis transmitir quando falou a um grupo seleto de nazistas em Posen, na Polônia ocupada pelos alemães, em 1943.

Em seu discurso secreto, Himmler explicou que o grande número de vítimas era motivo de orgulho e que o domínio delas era uma oportunidade para sentimentos de redenção e regeneração.[25] Himmler usou uma linguagem explícita: "Estou me referindo aqui à evacuação dos judeus, ao extermínio do povo judeu. Essa é uma das coisas mais fáceis de serem ditas: 'O povo judeu vai ser exterminado'".[26] Com essas observações, Himmler destacou a diferença entre o discurso que prega a eliminação do outro e a experiência real de torná-lo vítima, entre o dizer e o fazer. Para ele, a parte de realmente poder fazer isso era um privilégio reservado a poucos selecionados. Referindo-se ao primeiro grupo, o dos que apenas falam, ele disse: "De todos aqueles que se expressam nesse sentido, nenhum viu isso acontecer de fato, nenhum teve de passar por isso. Mas a maioria de vocês aqui sabe o que é ver cem cadáveres lado a lado, ou quinhentos ou mil. O fato de termos permanecido firmes durante todo esse tempo e, exceto em casos de fraqueza humana, termos permanecido decentes, isso nos tornou mais fortes".[27]

Esse elemento da "decência", aliás, era fundamental na visão que os nazistas tinham de um genocídio essencial e moral. Himmler acreditava que "essa é uma página de glória não escrita e jamais a ser escrita em nossa história, pois sabemos como seria difícil para nós se hoje, sob bombardeios e dificuldades e privações da guerra, tivéssemos ainda os judeus em todas as cidades como sabotadores secretos, agitadores e incitadores. Se os judeus ainda estivessem alojados no corpo da nação alemã, provavelmente já teríamos alcançado o estágio de 1916-17".[28]

Em seu romance *Kaputt* (1944), o audacioso escritor fascista Curzio Malaparte criticou essa forma de violência, chegando a dizer que encontraria mais humanidade em um olho artificial de um assassino alemão do que no olho real. Da mesma forma, Mussolini declarou que "a violência é imoral quando é fria e calculada, mas não mais quando é instintiva e impulsiva".[29] O nazismo apresentava uma forma de violência mais distanciada, que implicava uma desumanização ainda maior e legitimava o Holocausto aos olhos de seus perpetradores. Mas, para a maioria dos fascistas, a violência era totalmente moral quando aplicada à causa. Além disso, "exterminar" os inimigos era uma coisa "boa", como Himmler grotescamente disse em um discurso em 1944.[30]

Resumindo: no fascismo, a violência extrema foi concebida como uma forma de prevenir um desastre nacional e foi justificada como uma defesa da pátria contra uma conspiração, imaginada, de inimigos existenciais. Mas os fascistas também pensavam que a violência era a fonte de todo o poder. Ao contrário de todas as outras tradições políticas, eles acreditavam que o monopólio estatal da violência precisava ser amplamente utilizado, e não restringido. A paz – interna ou externamente – era um anátema para os fascistas. Esse é um dos motivos pelos quais Hitler, depois de ter estabelecido o domínio total em seu país, iniciou a Segunda Guerra Mundial e o Holocausto. Quando se juntou à guerra de Hitler, Mussolini declarou que esse era "o desenvolvimento lógico de nossa revolução". Lutar ao lado do nazismo era uma obrigação que emanava das "leis da moral fascista".[31] A guerra externa era uma consequência direta do término da interna. O fascismo estava enraizado na militarização da política interna, mas sua ideia de "política sempre como guerra" implicava a necessidade de uma guerra total. Assim como a política do fascismo era concebida como o oposto da política usual, a guerra fascista era o oposto da guerra convencional.

A violência e o terror

Hitler declarou que "a coerção é quebrada apenas pela coerção, e o terror, pelo terror". Para Hitler, a violência e o terror eram fundamentos profundos do nazismo: "Partidos políticos estão sempre inclinados a fazer concessões; as filosofias, nunca. Os partidos até contam com oponentes; as filosofias proclamam sua infalibilidade".[32] Essa autoproclamada elevação da violência fascista a um nível tal que ela adquire um status filosófico, estético, moral e até transcendental é o que a define e o que torna esse pilar do fascismo tão particular.

A brutalidade em si – mesmo nas formas mais extremas, como os *gulags* soviéticos ou o uso americano de napalm no Vietná e das bombas atômicas no Japão – não torna seus usuários fascistas.[33]

A violência é intrínseca ao fascismo, mas, claro, não é exclusiva do fascismo. O mesmo se aplica a outros pensadores da esquerda e da direita. Karl Marx, por exemplo, disse que a violência é a parteira da história e, portanto, inevitável, mas, pelo menos da forma como a história é contada, tanto no marxismo quanto no liberalismo e no conservadorismo, essa violência é sempre um meio para se atingir um fim.[34] Bobbio pensava que a renúncia à violência para se alcançar e exercer o poder é uma característica fundamental da política democrática. Se os regimes democráticos, pelo menos em princípio, evitam produzir resultados violentos no intuito de resolver conflitos sociais, o fascismo os promove ativamente. O fascismo não pretende limitar, e sim, na verdade, expandir a violência institucional.[35] Isso se deve, em parte, ao fato de ele basear sua própria legitimidade na violência, e em parte ao fato de que sua ideologia e a prática da violência não são separadas; são a mesma coisa.[36]

Em seu *A doutrina do fascismo*, Mussolini sustentou que o fascismo nasceu de uma necessidade de ação e se transformou em ação.[37] Em outra ocasião, ele argumentou que "a violência é decisiva" e disse que "em 48 horas de violência sistemática e guerreira, conseguimos o que não teríamos conseguido em 48 horas de pregação e propaganda".[38]

O fascismo consistia na materialização da violência. Mas precisamos pensar mais profundamente acerca das razões históricas pelas quais as visões antidemocráticas dessa ideologia foram fundidas com o racismo, a opressão e a mitologia para criar uma forma tão distinta de violência política. O contexto da Primeira Guerra Mundial e a extrema brutalização de suas trincheiras levaram à ideia de que os soldados poderiam formar uma "trincheirocracia", como disseram Mussolini e outros. Depois que a guerra terminou, não foi necessário um grande salto para que os ex-soldados vissem a política como apenas outra instância da guerra que tinham acabado de vivenciar. O colonialismo e o imperialismo também serviram como "laboratórios do fascismo", com sua racialização e opressão extremas nas formas de assassinatos em massa, guerras com mentalidade de "destruição absoluta" e campos de concentração.[39] Pense no extermínio colonial alemão do povo herero, na Namíbia, ou nas palavras do *kaiser* quando pediu a suas tropas na China, em 1900, que vingassem a injustiça por meio do uso da violência total: "Quando encontrarem o inimigo, vocês o espancarão; não darão perdão e não farão prisioneiros. Aqueles que vocês capturarem estarão à sua mercê". O *kaiser* apresentou sua violência, em termos tipicamente racistas, como uma resposta à presumida inferioridade do povo chinês e sua suposta ignorância da lei. Nesse contexto, para ele, a violência extrema era inevitável: "Assim como os hunos, há mil anos, sob o comando do rei Etzel, criaram para si um nome que perdurou poderosamente na memória, que também o nome 'Alemanha' seja conhecido na China, de modo que nenhum chinês jamais ouse olhar de soslaio para um alemão".[40]

Nos poucos casos em que o fascismo se tornou um regime, levou pouco mais de uma década (Itália) ou seis anos (Alemanha) para passar da guerra interna total para a guerra externa absoluta e a tentativa de formação de um império. Os impérios fascistas radicalizavam tradições imperiais anteriores – incluindo a ideia da guerra como uma missão civilizatória e o uso de violência, de repressão e de hierarquias raciais – e as fundiram com suas próprias aspirações de uma regeneração nacional homogênea. Nesse contexto, a obliteração dos colonizados era uma conclusão inevitável.[41]

O que começou nas colônias se expandiu para a Europa. Como Hannah Arendt explicou, os administradores coloniais da violência logo formaram uma nova burocracia pronta para influenciar a política nacional com a ideia de que a violência e o poder estavam intimamente ligados e representavam a essência de todos os sistemas políticos. Outra grande influência no desenvolvimento da filosofia de violência do fascismo foi, novamente, a Primeira Guerra Mundial. Alguns membros da geração que estivera no fronte exibiam uma combinação de "instintos anti-humanistas, antiliberais, anti-individualistas e anticulturais". Eles elogiavam a violência, o poder e a crueldade, relacionando-os à lógica imperialista. Equiparavam o terror à política cotidiana.[42] Esses precedentes abriram caminho para uma transformação total da linguagem política; o mito clássico do guerreiro foi combinado com um "novo homem forjado pela guerra total".[43]

A violência do fascismo foi concebida a partir da violência traumatizante da situação de vida ou morte vivida nas trincheiras. Em resumo, os fascistas enraizaram sua política nos princípios mitológicos do sacrifício violento e da morte violenta. Eles rapidamente traduziram o mundo da guerra externa para o mundo da política interna.[44] Depois que essa internalização foi concluída, o fascismo mais uma vez externalizou a guerra.

A militarização fascista da violência

O pensador antifascista judeu alemão Walter Benjamin disse que o fascismo considerava a política como um espetáculo – ou, em suas palavras, "o resultado lógico do fascismo é uma estetização da vida política".[45]

A violência, assim como o exercício da violência, estava no centro de todos os fascismos. Mas a violência fascista não era apenas uma performance. As brigas de rua, o ataque às instituições estatais e as marchas com fantasias eram vistos como os primeiros passos para a militarização da vida política.[46]

Os uniformes e outros trajes pseudomilitares eram importantes para fins ideológicos, mas não necessariamente em termos militares.[47] Em todo o mundo, do Brasil à Índia, os fascistas desfilavam com trajes militares ou uniformes pseudomilitares, exibindo armas como o elemento central de sua política. No Punjab, o líder fascista Mashriqi afirmava que "o objetivo do soldado Khaksar é estabelecer a soberania sobre o mundo inteiro e garantir supremacia social e política por meio de sua conduta digna". Sua organização era totalmente militarizada, com uma clara cadeia de comando, uniformes e títulos pseudomilitares.[48]

Em 1935, Mashriqi definiu sua organização fascista como "um movimento para homens, leões, soldados e beligerantes, e nunca um movimento para mulheres, esposas, eunucos e meninos". A violência era vista como a única resposta natural à sua situação, porque a nação estava "à beira da morte e do declínio".[49] Da mesma forma, fundindo política e violência sagrada, Eugenia Silveyra de Oyuela, uma das intelectuais fascistas argentinas mais radicais, afirmava que a violência era legítima como resultado da guerra de Deus contra os inimigos internos. Para ela, essa era a situação na Argentina: "hordas vermelhas" haviam invadido o país, e "temos os invasores em nosso meio, e estamos, de fato, em um estado de guerra defensiva. Esta é uma guerra lícita para o argentino que precisa 'defender os direitos da pátria ameaçada'".[50] Para os fascistas, a guerra era a maneira normal de funcionar da política, e a militarização era sua consequência lógica.

Como Mashriqi também escreveu, "todos os princípios e todas as ações do movimento Khaksar são baseados em padrões militares [...] O soldado Khaksar não é apenas uma aparência, como um soldado de brinquedo".[51] A brutalização era intuitiva e algo a se aspirar.[52]

Uma preocupação acerca da fraqueza das massas era compartilhada em todo o mundo; era por isso que as massas precisavam ser arregimentadas. Para atingir esse objetivo, a violência fascista projetava um senso de "supermasculinidade". Pistolas e outras armas, excessiva regulamentação, uniformes e rituais militaristas funcionavam como atributos de gênero que ajudavam a reforçar a ideia de que os homens fascistas deveriam ser respeitados, seguidos e potencialmente temidos como "homens *qua*[*] homens".[53]

---

[*] Expressão filosófica que quer dizer algo como "um homem que realmente corresponde àquilo que a vida exige que um ser humano racional seja" –

A virilidade e a violência eram concebidas como parte de um senso fascista de "hierarquia suprema de valores morais". Como perguntou retoricamente o líder fascista espanhol José Antonio Primo de Rivera, "quem disse que, quando insultam nossos sentimentos, em vez de reagirmos como homens, somos obrigados a ser bonzinhos?". Ele respondeu à sua própria pergunta afirmando que ser respeitoso era "muito bonitinho", mas que os homens de verdade reagiam contra as ofensas adotando "a dialética dos punhos e das pistolas".[54]

O fascismo precisava de corpos masculinos em perfeita aptidão física para a formação de milícias. Como disse Mashriqi, de forma eloquente, a vida de soldado servia bem para corrigir muitas das "tribulações" democráticas que seus soldados Khaksar fascistas tinham de superar.[55] Se essas "tribulações" eram o resultado do pluralismo, da não violência e da resolução pacífica de conflitos, então o fascismo fornecia forças homogeneizadoras que reafirmavam uma masculinidade agressiva, ativa e disposta à guerra. O fascista espanhol Ernesto Giménez Caballero afirmou que as massas eram inúteis quando deixadas à própria sorte e que precisavam de hierarquia e regulamentação. Ele disse que a vida "precisa" ser militarizada e que "a milícia é o organismo que precisa ser liberado em nosso movimento".[56]

Violência e legalidade

O filósofo conservador espanhol José Ortega y Gasset observou, em 1925, que uma diferença fundamental entre a violência comunista e a violência fascista era que, no fascismo, ela era mais importante do que a própria lei. Ele observou que o governo soviético usava a violência para garantir seu direito, mas não a tornava "um direito dele". O fascismo, por outro lado, não pretendia

---

em outras palavras, no contexto fornecido pelo autor, um homem "forte" que "atenda às necessidades reais da vida", ou o que quer que seja percebido por aquele homem como "necessidades reais". [N.T.]

estabelecer nenhuma "nova lei" porque "não se importava em dar qualquer base legal ao seu poder".[57] Em resumo, enquanto os comunistas usavam violência extrema apenas quando lhes convinha, os fascistas elevavam a violência a um status superior ao da lei. Para os fascistas, a violência era mais legítima do que a própria legalidade, porque, enquanto a primeira era o resultado de um culto ao heroísmo e ao princípio da liderança, a segunda estava enraizada na hipocrisia, na traição e na intelectualidade artificial. Os inimigos precisavam ser confrontados abertamente. A violência fascista era "santa e justificável".[58]

Mussolini explicou que uma hierarquia era necessária para organizar as massas, enquanto a legalidade era uma questão em aberto que dependia das necessidades do momento. Contra uma democracia "imbecil" que governava em termos administrativos e parlamentares, o fascismo propunha uma organização militar. O fascismo tinha de ser "ágil e inflexível. Onde houver uma situação doente, ela deve ser curada a ferro e fogo. E, quando dizemos 'a ferro e fogo', não se trata de amplificação retórica. Pretendemos falar de 'ferro' no sentido de uma arma que fere e de 'fogo' no sentido mais específico da palavra, o de cauterização".[59]

Da forma como entendia o líder fascista brasileiro Plínio Salgado, a violência fascista era o resultado de uma luta pela alma da civilização. Ela salvaria a nação da extinção, destruindo aqueles que ela considerava diferentes. Para ele, não era possível ser imparcial na batalha entre "o bem e o mal". Apoiar a marcha violenta do fascismo rumo ao poder era a "única atitude digna daqueles que amam sinceramente o Brasil e se alistaram para a luta contra os inimigos do país". O fascismo não era organizado para "se exibir em desfiles", mas para destruir a democracia. O fascismo era contra "degenerados e criminosos". Salgado sustentava que essa violência não deveria tratar essas pessoas como indivíduos, mas como uma doença viva, da mesma forma como alguém "lida com o câncer o cauterizando".[60]

Do mesmo modo, Jorge González von Marées, o *jefe* dos *nacis* chilenos (como eram chamados os integrantes do Movimiento

Nacional Socialista de Chile, de natureza nazi-fascista), defendeu que o que estava em jogo era o futuro da cultura: "A violência é necessária quando a razão se torna impotente para impor a sanidade". Tratava-se de um "contra-ataque" àqueles "que pretendem destruir tudo com sangue e fogo". Era uma tarefa importante, um chamado às armas para "nossas jovens legiões, cujos passos marciais vibrarão novamente". Em outras palavras, a violência era o caminho para o poder.[61]

Reformulando a violência fascista: do populismo ao fascismo aspirante

Em resumo, o fascismo identificava a pacificação de espaços nacionais e internacionais com fraqueza política e legitimidade duvidosa. Ao mesmo tempo, os fascistas imaginavam que sua própria violência era "sagrada", uma fonte de poder e purificação. A força bruta era considerada uma tática fundamental para se opor àqueles que eram vistos como contrários à trindade fascista: povo, nação e líder. Em escala global, essa brutalização fascista da política criou e legitimou as condições para formas extremas de repressão política, guerra e genocídio. O fascismo teorizou um inimigo existencial que ele então identificaria, reprimiria e eliminaria.

A violência vem geralmente como resultado de uma ideia de eliminação de inimigos. Nesse contexto, são os atores violentos e os opressores que se apresentam como sendo as vítimas desses inimigos. No populismo, essa violência permaneceu retórica, ao passo que o fascismo a colocava constantemente em prática.

Os fascistas relacionavam a glorificação da violência e a necessidade de "conquistar o mundo" com uma noção de vitimização (própria) que eles ligavam diretamente ao divino. No Punjab, Mashriqi combinava o fascismo e o Islã.[62] Embora Mashriqi não tenha tido influência no Paquistão depois de 1945, a ideologia fascista indiana se tornou uma fonte importante para o ideário do Bharatiya Janata (BJP, ou Partido do Povo Indiano) de Narendra Modi.[63] Assim, os fascistas hindus foram muito mais bem-sucedidos em provocar histórias de violência genocida que teriam um impacto no presente.

Conforme formulada por Savarkar e Golwalkar, a ideologia hindutva* reinventou o nacionalismo hindu de uma forma que reutilizou as ideias ocidentais de fascismo, racismo e modernização. Mahatma Gandhi, "reconhecido como o patriarca simbólico da Índia moderna, personificou uma relação de oposição tanto à modernidade ocidental quanto ao nacionalismo hindu [...] Embora se considerasse um hindu ortodoxo, Gandhi rejeitava essa forma de nacionalismo porque ela transformava a subjugação colonial em uma forma de inocência piegas que parecia autorizar a expressão violenta, à qual ele se opunha veementemente". Gandhi foi assassinado em 1948 por um membro do Rashtriya Swayamsevak Sangh (RSS, uma enorme organização nacionalista hindu), que seria incorporado ao panteão** do atual partido populista BJP na Índia.[64]

O caso indiano nos oferece uma das continuidades mais marcantes entre o fascismo e o populismo. O RSS, fundado em 1924, teve um desdobramento político posterior no Jana Sangh,

---

* Vinayak Damodar Savarkar foi um nacionalista hindu (seguidor da religião hinduísta) do começo do século XX que se utilizou da palavra preexistente "*hindutva*" (algo como "a hinduidade" de um indivíduo ou de uma característica cultural, ou seja, a peculiaridade que faz ou torna uma coisa essencialmente hindu, inclusive para além da fé hinduísta) e de conceitos do fascismo europeu para elaborar uma ideologia política ultraconservadora, muitas vezes considerada ela própria fascista ou aparentada do fascismo. Madhav Sadashivrao Golwalkar, conhecido como Guruji, foi mais tarde o líder responsável por traduzir os escritos de Savarkar para a consolidação ideológica da organização paramilitar fascista RSS. A palavra aqui é grafada com minúscula da mesma maneira como ideologia fascista, comunista, nazista ou democrática. [N.T.]

** Em alguns contextos históricos, especialmente em regimes fascistas como os da Itália de Mussolini ou da Espanha de Franco, o termo "panteão" era usado para se referir a um lugar metafórico onde líderes falecidos, heróis caídos ou ideólogos do regime eram honrados e reverenciados. Não se trata do significado original da palavra "panteão" da mitologia grega, "o lar de todos os deuses", mas de uma apropriação desse conceito. [N.T.]

que foi lançado em 1950 e posteriormente renomeado como BJP. O BJP se reformulou sem nunca deixar de lado os principais elementos do fascismo, especialmente a xenofobia e o papel da violência na política. Mas a propaganda radical e as aspirações ditatoriais só retornaram mais plenamente nos últimos anos, com o primeiro-ministro e aspirante a fascista Narendra Modi.

Em contrapartida, a maioria dos populistas "clássicos" mudou seu comportamento fascista ou pró-ditatorial após 1945. Como resultado da derrota do fascismo, os populistas tentaram reformar e mudar o legado fascista. De maneira consistente, renunciaram aos seus fundamentos fascistas, mas não deixaram o fascismo totalmente para trás. O populismo tomou o lugar do fascismo como uma nova "terceira via" entre o liberalismo e o comunismo. Entretanto, ao contrário do fascismo, o populismo pelo menos tentava ser uma escolha democrática. Essa intenção populista de criar uma nova tradição política, distinta do fascismo, explica a natureza histórica complexa do populismo como um conjunto variado de experimentos autoritários dentro da democracia. Sem dúvida, o populismo moderno acabou por incorporar elementos de outras tradições, mas suas origens autoritárias moldaram sua tensão característica entre democracia e ditadura.

O fascismo idealiza e pratica formas brutas de violência política que o populismo rejeita na teoria e, na maioria das vezes, na prática. Falar em populismo e fascismo como se fossem a mesma coisa é, portanto, problemático. Após a queda das potências fascistas na Segunda Guerra Mundial, os primeiros populistas rejeitaram não apenas o fascismo ditatorial, mas também os altos níveis de violência política, o racismo e o antissemitismo, juntamente com a guerra total e o militarismo. É verdade que o primeiro populista a chegar ao poder, Juan Perón, recebeu muitos nazistas e outros fascistas. No entanto, Perón também permitiu que os judeus argentinos fossem membros plenos da nação, desde que se declarassem judeus peronistas. Enquanto isso, as campanhas de Vargas no Brasil contra as minorias se assemelhavam mais às tendências iliberais, então contemporâneas, da democracia americana (por exemplo, as atitudes de Franklin Delano Roosevelt contra os nipo-americanos) do que às leis racistas de estilo nazi-fascista. O populismo implicava a rejeição da violência fascista. Os populistas polarizaram suas sociedades, mas não se envolveram em altos níveis de repressão e violência política.[65]

O populismo exemplificava os dois primeiros elementos do lema fascista de "acreditar, obedecer e lutar", mas rejeitava claramente o terceiro. Como Perón disse em 1945 antes de ser eleito, "não se vence com violência".[66] Para Perón, um líder político não precisava ser temido: "Felizmente, sempre fui obedecido e respeitado. Para ser obedecido, nunca ordenei nada que não pudesse ser feito". O líder nunca pediu coisas que não pudessem ser facilmente aceitas. Queria que seus seguidores acreditassem em "coisas lógicas" e agissem "com prazer e não com violência".[67] Da mesma forma, Getúlio Vargas declarou: "Não preciso incitar o povo à reação nem açular à violência porque o povo sempre sabe quando deve reagir e contra quem deve fazê-lo".[68] Para os populistas, diferentemente dos fascistas, a violência não era uma fonte de poder e sabedoria para o povo e o líder. Como explicou o líder populista equatoriano José María Velasco Ibarra, "se não houver entendimento, haverá ódio, e a prática da violência será defendida. A prática da violência corrompe os governos, corrompe os jovens, corrompe o povo".[69]

A violência como prática era um anátema para a política populista. Como Eva Perón disse em 1949, a violência era "um fantasma" que pairava sobre o mundo então, um resquício deixado pela Segunda Guerra Mundial, e ela se propunha a identificá-la com a nova ordem geopolítica dos "princípios fracassados do liberalismo" e com aqueles que "se apegam à violência como o único meio de dominação".[70] Como esposa de Perón e uma das principais líderes do movimento peronista, Eva Perón tinha um papel singular como mediadora entre homens e mulheres, tendo sido testemunha da igualmente singular reformulação peronista das relações tradicionais de gênero. Nesse aspecto, como em muitos outros, o peronismo *transcendeu o fascismo*. Foi um movimento de trabalhadores organizados, não de formações paramilitares. Em vez de se identificarem com o comunismo ou com a democracia liberal, os populistas propuseram uma terceira posição além do comunismo e do que o líder populista venezuelano Rómulo Betancourt chamou de "decadentes democracias ocidentais".[71]

Enquanto o fascismo promovia a guerra por si só, os populistas se diferenciavam fortemente da militarização fascista da política. Como explicou o populista colombiano Jorge Eliécer Gaitán, os fascistas "não apenas não repudiam a guerra, mas a amam". O fascismo consagrou a guerra e a viu como um "elemento constitutivo da sociedade". Em um famoso discurso em 1947, Gaitán afirmou que a violência era um sinal de fraqueza: "Ninguém pode conceber a violência como uma forma de criar a lei".[72] Como disse Perón, "a violência geralmente encarna a violência. A violência é cega. A violência – tal como diz Sartre – é analfabeta. Ela não sabe nada".[73] Da mesma forma, o populista brasileiro Vargas defendeu o Estado de Direito em vez da violência. A violência, sua concepção e, mais importante, suas práticas são os verdadeiros divisores de águas entre o fascismo e o populismo. Para os fascistas, a violência gerava poder – embora, na realidade, como disse Vargas, a violência apenas gerasse mais violência, e não era isso que o povo queria.[74] A violência e seu legado de repressão e extermínio definem as experiências globais contrastantes do fascismo e do populismo como ideologias, movimentos e regimes, bem como suas reformulações subsequentes em nosso novo século.[75]

Para os populistas, a força e a violência não se prestavam a resolver problemas políticos. Por mais autoritários que fossem os líderes populistas, a militarização não era fundamental para o populismo. Assim como os fascistas, Perón se posicionou como um líder amante da "política de lei e ordem",* que poderia unir um

---

* A expressão em inglês *"law and order"*, quando utilizada em contexto político, não quer dizer simplesmente "lei e ordem" como comumente entenderíamos

público dividido que se equilibrava em uma paz frágil. Ao fazer isso, ele valorizou a polícia e as forças armadas contra inimigos imaginários do povo, tanto dentro quanto fora da Argentina, que comprometiam não apenas a segurança do país, mas sua identidade. Referindo-se a si mesmo em um discurso de 1945, Perón disse: "Que o Coronel Perón seja o elo que tornaria indestrutível a irmandade entre o povo, o exército e a polícia. Que essa união seja eterna e infinita, para que este povo cresça na unidade espiritual das verdadeiras e autênticas forças da nacionalidade e da ordem".[76] No entanto, essa união não levou a uma unificação total do movimento, do Estado e das forças de segurança. Perón disse que a vitória não seria conquistada com violência, mas com "inteligência e organização". Mas, como ex-homem-forte fascista de uma ditadura militar e um líder que havia recorrido a procedimentos democráticos para se tornar o presidente eleito do país, Perón acreditava que uma mistura de autoritarismo e consenso era melhor do que o terror.[77]

É certo que Perón frequentemente ameaçava a oposição com violência radical. A nação tinha de ser defendida dos "inimigos visíveis e invisíveis da pátria".[78] Ele advertia que, se os inimigos quisessem guerra, os peronistas os enforcariam com uma corda.[79] Seu antagonismo era tão extremo que, quando Perón se envolvia

---

os termos. Há uma dimensão política na expressão. Trata-se de uma abordagem ideológica de governos que pretendem reforçar o poder da polícia na tentativa de redução da criminalidade e do restabelecimento da ordem como prioridade máxima. Políticos norte-americanos adotaram essa política a partir dos anos 1980, como Ronald Reagan e Rudolph Giuliani. A política consiste de mais abrangente e mais livre atuação policial – tudo se torna "caso de polícia" – com um entendimento de que todo erro social menor também constitui crime (como no famoso exemplo que diz: "jogar uma pedra e quebrar o vidro de um prédio abandonado também é um crime"). Implica o cumprimento estrito da lei e penas mais severas e mais longas para aqueles que forem considerados criminosos. Uma abordagem dentro da "política de lei e ordem" significa uma abordagem de atuação policial irrestrita contra tudo o que puder ser marginalmente considerado crime, diferentemente do combate cotidiano à criminalidade. [N.T.]

em lutas verbais com os inimigos absolutos (internos e externos) que ele nunca identificava, ou pelo menos jamais de maneira clara, dizia: "Eles devem saber que pagarão um preço alto se esquecerem que, nesta terra, quando era necessário impor o que o povo queria, não importava quantos argentinos morressem".[80]

A guerra estava ligada a esses inimigos imaginários do populismo e da nação. Perón delineou cuidadosamente a noção de um "inimigo absoluto", mas nunca a colocou em prática. Em determinado momento, advertiu que adversários políticos haviam se transformado em "inimigos da nação". E, no entanto, aquele inimigo teórico do líder populista permaneceu distante da prática real do governo. Os populistas deslocaram seu cenário de guerra total de grande destruição para um futuro que era apenas imaginário. E seus posicionamentos também eram respostas imaginárias à violência do inimigo, mas os líderes nunca chegaram perto de adotar a guerra como uma ideologia. Como disse Perón, "se eles quiserem guerra, terão guerra. E, acima de tudo, eles devem saber que, se escolherem a guerra, o resultado será que eles ou nós desapareceremos".[81]

Na verdade, a prática da violência era mais típica dos inimigos antipopulistas. Na Colômbia, por exemplo, foi o líder populista Gaitán que foi assassinado em 1948. Perón foi para o exílio em 1955, em vez de enfrentar a perspectiva de uma guerra interna. Os populistas rejeitavam a possibilidade da guerra civil fascista. A violência interna era totalmente evitável.

Perón declarou: "Sofremos e suportamos a violência, mas não a exercemos, porque somos contra esses métodos. Porque quem tem a verdade não precisa de violência, e quem tem violência nunca terá a verdade".[82] Na figura de um ex-ditador que se tornou populista, Perón dependia dos votos das massas peronistas para se manter no poder (desde a primeira vez que foi eleito em 1946 até o golpe que o derrubou em 1955). Por sua vez, ele realmente atendia às vontades das massas, incluindo o direito a férias remuneradas, mais direitos para camponeses e trabalhadores rurais e urbanos, financiamento total de aposentadoria estatal, basicamente nenhum desemprego e aumentos substanciais no apoio estatal à saúde pública e à educação pública. Devido a esses ganhos, Perón nunca precisou reprimir os críticos de seu regime. Sua popularidade, juntamente a esses ganhos materiais, criaram um consenso que neutralizou os críticos sem a necessidade de recorrer à violência ou à militarização do Estado e da sociedade. Embora Perón tenha dito, de forma que ficou até célebre, que em certo momento os adversários políticos haviam se tornado "inimigos da nação" e, portanto, "cobras que podem ser mortas de qualquer maneira", esse tipo de declaração não veio acompanhado do tipo de repressão ditatorial que constituía o fascismo.[83]

São claras, portanto, as distinções dos usos e das concepções da violência política entre o fascismo e o populismo. Se o fascismo entendia que o poder tinha raízes profundas na violência, o populismo compartilhava com o liberalismo uma noção de violência mais weberiana* e restrita, ou seja, a noção de que, uma vez que o poder seja alcançado, a violência diminui. De fato, quando as formas populistas de democracia foram substituídas por ditaduras em países como a Argentina na década de 1970, as formas fascistas de violência retornaram. Essa renovada ideologia fascista era visível nas características pós-fascistas e neofascistas das "Guerras Sujas" latino-americanas e em outros contextos de guerra "quente" em meio à Guerra Fria global, do Oriente Médio à África e ao sudeste asiático. Muitas dessas ditaduras radicais representavam uma forma de ideologia antipopulista na qual a violência reinava suprema. Elas apresentavam uma continuidade das antigas práticas fascistas e, em alguns casos – como na Argentina e, em menor escala, no Chile de Pinochet –, até mesmo com ideário fascista.

---

* O adjetivo é relativo ao sociólogo alemão Max Weber (1864-1920), um dos fundadores da sociologia. Especificamente, o autor se refere à visão que Weber formulou acerca da relação entre violência e poder estatal: é apenas o Estado que detém o monopólio do uso legítimo da força (ou seja, o monopólio da violência) para a resolução de conflitos, e essa seria uma característica definidora do próprio Estado. [N.T.]

Em contraste, o populismo apresentava uma versão autoritária da democracia, que tinha um pé na democracia e outro na ditadura, mas deixando para trás a violência fascista.[84]

A fabricação da violência

A concepção fascista de política como constante guerra total tem consequências não apenas em termos conceituais, mas também na vida real. Podemos ver isso na prática por meio do culto ao líder e à sua retórica violenta e de suas ações que, às vezes, se assemelham a atos de guerra. O culto ao líder e sua busca pelo poder é o que justifica a violência extrema. Embora fosse apresentada como espontânea, essa violência era, na verdade, planejada. Os líderes fascistas criavam as condições certas para a eclosão da guerra civil. Eles "usavam de chantagem para chegar ao poder", criando um medo de mais terror e mais violência que eles constantemente alimentavam com mais terror e mais violência cada vez mais intensos. Essa combinação de teoria e prática da violência, junto com a cumplicidade no cometimento de atos ilegais que esses líderes geravam, criava uma falsa sensação de segurança entre os membros das nações fascistas. Somente a violência fascista protegia os membros do "mundo exterior".[85]

Como veremos no próximo capítulo, mentiras e propaganda são elementos fundamentais para a promoção e a disseminação da violência. Em 1936, o ditador fascista espanhol Francisco Franco, um general absolutamente banal, deflagrou um golpe e uma sangrenta guerra civil com o intuito de destruir a democracia espanhola, ao mesmo tempo em que negava abertamente os assassinatos cometidos. O terror e a militarização total foram a base de seu golpe e de seu regime. Essa guerra fascista contra a democracia constitucional prosseguiu com o apoio de Hitler e Mussolini. O destino da república espanhola foi deixado largamente à própria sorte pelas democracias ocidentais. Na verdade, a guerra se deu eminentemente em âmbito interno. Franco se rebelou contra a democracia e acabou voltando o Estado contra seus próprios cidadãos. Ele considerava sua guerra como uma batalha contra a "antipátria". Considerava seus inimigos como ferramentas de uma "conspiração judaico-maçônica-bolchevique". O terror e a militarização da sociedade foram fundamentais para a campanha de Franco no sentido de "purificar" seu país. Sua ideia era a de que o terror levaria à "redenção". Assassinatos em massa, estupros e desapropriações econômicas generalizadas foram os efeitos claros da violência sacrifical de Franco. No total, duzentas mil pessoas foram assassinadas, enquanto quatrocentas mil foram presas em duzentos campos de concentração. A guerra sagrada de Franco contra a democracia foi letal.[86]

Os fascistas italianos, por sua vez, são culpados pela morte prematura de cerca de um milhão de pessoas, incluindo milhares de assassinatos políticos e vítimas inocentes da guerra, jamais provocada, da Itália contra a Etiópia e da guerra colonial na Líbia, onde os fascistas usaram armas químicas, bem como durante a Segunda Guerra Mundial e o Holocausto.[87] Assim como Franco, os fascistas italianos negaram sistematicamente seus múltiplos crimes.

Os nazistas também negaram as atrocidades cometidas no Holocausto, afirmando que os fatos a respeito delas eram parte de uma campanha de desinformação de seus inimigos. Neofascistas no mundo de hoje continuam a negar o Holocausto e até mesmo a negar seu próprio comportamento fascista enquanto promovem a violência. Na verdade, os nazistas herdaram uma tradição de violência que era enraizada no racismo e na discriminação e a levaram adiante. Como o historiador Raul Hilberg disse brilhantemente: "Observamos essa tendência nos objetivos dos três administradores antijudaicos que vieram em sucessão. O que os missionários do cristianismo disseram, no fundo, foi 'vocês não têm o direito de viver entre nós como judeus'. Depois, os governantes seculares que se seguiram proclamaram: 'Vocês não têm o direito de viver entre nós'. Então, os nazistas alemães finalmente decretaram: 'Vocês não têm o direito de viver'".[88] A mesma lógica foi aplicada com frequência por outros fascistas em relação a seus inimigos imaginários e/ou reais – por exemplo, pelos fascistas romenos, italianos, húngaros e ucranianos em relação aos judeus, ou na destruição total que Franco promoveu contra seus inimigos. Sem dúvida, esse nível de violência extrema não foi alcançado pelos novos aspirantes a fascistas do século XXI. Mas vale a pena analisar brevemente os quatro estágios do Holocausto para avaliar se essas formas clássicas de violência fascista se relacionam com as formas atuais de violência entre populistas e pós-fascistas.

Nesse sentido, o Holocausto, que os nazistas justificaram como sendo uma "violência preventiva", continua sendo o caso mais extremo de violência fascista. Hilberg distingue quatro estágios fundamentais que foram passos cronológicos em direção ao objetivo final:

1. Um momento inicial de definição das futuras vítimas, composto em termos nominais pela promulgação de uma legislação específica que definia quem era judeu.
2. Uma segunda fase de desapropriação, caracterizada pela "arianização" de propriedades, demissão de empregos, impostos especiais e políticas de racionamento de alimentos.
3. Uma terceira fase de deportação e concentração em guetos e/ou campos de concentração.
4. Uma fase final de extermínio em operações móveis de matança em massa ou em campos de extermínio.[89]

É claro que o populismo e o fascismo aspirante não estão nem perto desse nível de violência sistemática, mas a maioria dos outros casos de fascismo entre as décadas de 1920 e 1945 também não estavam. Enquanto os populistas negavam qualquer valor prático nesse nível de violência, mesmo depois de terem "construído" claramente seus inimigos, os aspirantes a fascistas muitas vezes apenas idealizaram essa violência. É importante lembrar que o fascismo é uma forma específica de política em que a violência desempenha um papel central, ou seja, a questão é até que ponto podemos ver continuidades entre as formas passadas e presentes de violência da extrema direita.[90] Apesar de os aspirantes a fascistas serem mais sutis ou incompetentes quando se trata de glorificar a violência e a militarização, as conexões são importantes e não devem ser ignoradas.

Mesmo em países onde o populismo predominou, muitos grupos neofascistas existiram e continuam existindo. Os movimentos neofascistas, que visam trazer à tona e reproduzir o legado fascista, estão em ascensão na Europa e no Brasil. Os Estados Unidos, com suas milícias paramilitares organizadas e seus pistoleiros racistas, proporcionaram à sociedade americana boas doses de violência política fascista e de mortes que tão bem definem o que o neofascismo representa. Os neofascistas são os parceiros naturais dos governantes populistas que hoje aspiram ao fascismo.

Em 2020, um dia depois de ter sido noticiado que as forças policiais usaram de força, inclusive balas de borracha e gás lacrimogêneo, para remover manifestantes pacíficos dos arredores da Casa Branca, o escritório de campanha para a reeleição de Donald Trump divulgou uma declaração afirmando que "isso nunca aconteceu", apesar dos inúmeros relatos de testemunhas oculares e dos vídeos gravados naquele momento.[91] A resposta do então presidente às revoltas em todos os Estados Unidos após o assassinato de George Floyd apresentou várias falsidades e distorções, inclusive culpando os antifa* pelos protestos generalizados. O mesmo padrão de desinformação foi bastante adotado para descrever o golpe pró-Trump de 6 de janeiro de 2021, cujo resultado foi a violência. A demonização do antifascismo, do movimento Black Lives Matter e da teoria crítica da raça (modelo teórico que busca explicar desigualdades raciais e que estabeleceu o conceito de "racismo estrutural") por Trump serviram de motivo para validar a violência contra aqueles que lutam contra o fascismo e o racismo.

---

* Movimento nos Estados Unidos que reúne grupos de extrema esquerda que se opõem ao fascismo, utilizando-se de quaisquer meios necessários (inclusive violência) para impedir avanços da extrema direita. [N.T.]

A desinformação ou a informação incorreta (*misinformation*) têm sido uma ferramenta central das tentativas atuais de transformar a história da tentativa de golpe de 6 de janeiro em seu oposto: um mito fabricado. De acordo com esse mito, "os acusados de tumulto são prisioneiros políticos patriotas, e a presidente da Câmara dos Deputados, Nancy Pelosi [do Partido Democrata], foi a culpada pela violência". Como o *New York Times* informou ao público, essas mentiras foram proferidas nos níveis mais altos do Partido Republicano.[92]

Trump usou uma crise de saúde de grandes proporções (a pandemia da covid-19) e um golpe fracassado para promover sua marca própria de autoritarismo violento, posicionando-se não como um representante eleito, mas como um líder que detém permanentemente a verdade e cuja autoridade é total. Uma vez fora do poder, Trump aumentou os padrões fascistas de seu comportamento, chegando a alertar que as pessoas seriam exterminadas e que o país seria destruído se ninguém partisse para a ação. Ele disse: "Esse novo New Deal Verde,* isso vai destruir nosso país, isso aí de New Deal Verde. É uma nova idiotice verde. É isso que essa coisa é. Uma idiotice". Como ele declarou no Arizona em julho de 2021, "essas pessoas são todas loucas. O que aconteceu com as vacas – lembra que eles iam se livrar de todas as vacas? Eles pararam com isso, as pessoas não gostaram. Lembra? Sabe por que eles iam se livrar de todas as vacas? As pessoas serão as próximas".[93]

Jair Bolsonaro, também conhecido como o Trump brasileiro, foi assessorado pelo mesmo Steve Bannon de Trump em sua

---

* O New Deal foi um programa de recuperação econômico-social elaborado pelo presidente norte-americano Franklin D. Roosevelt entre 1933 e 1938 como uma resposta à Grande Depressão. Incluiu reformas financeiras, novas regulamentações e políticas econômicas, investimento em obras públicas, diminuição da jornada de trabalho e outras reformas. Trump se refere a um "New Deal Verde" porque, por volta de 2019, reformas de recuperação semelhantes foram propostas por políticos do Partido Democrata no sentido de combater a crise climática, com ênfase em sustentabilidade, energia renovável e, ao mesmo tempo, no combate à desigualdade econômica. [N.T.]

campanha eleitoral em 2018. O populista brasileiro combinou promessas de medidas de austeridade com profecias de violência e com uma literal militarização de seu governo (com um número recorde de militares em posições-chave da administração). Além de militares, o governo de Bolsonaro era formado por discípulos do escritor Olavo de Carvalho, tido por eles como "filósofo", cuja ideia de violência era claramente fascista. Para Carvalho, a violência não era um substantivo, mas um "adjetivo" que se tornava legítimo quando colocado em prática contra criminosos e "predadores".[94] A campanha de Bolsonaro e seu período no poder (2019-2022) foram marcados por racismo, misoginia, posições extremas relacionadas à política de "lei e ordem" e uma gestão péssima e criminosa da pandemia de covid-19.

Para Bolsonaro, a esquerda representa a antítese da democracia – o que ele chama de "venezuelização" da política. Mas os populistas de esquerda da América Latina não costumam se envolver com racismo ou xenofobia. Eles não buscam destruir a democracia com violência, mentiras e racismo. Na verdade, líderes populistas de esquerda, como os governos de Néstor e Cristina Fernández de Kirchner na Argentina (2003-2015), o governo de Rafael Correa no Equador (2007-2017) e Hugo Chávez na Venezuela (1999-2012), corromperam as instituições democráticas, mas ainda assim aceitaram os resultados das eleições quando perderam. Mesmo na direita, houve muitos populistas tradicionais, incluindo Carlos Menem na Argentina, Fernando Collor de Mello no Brasil e Silvio Berlusconi na Itália, que não se mostraram antidemocráticos por meio da glorificação da violência.

Mas não é isso que Bolsonaro defende. Diferentemente das formas anteriores de populismo (à esquerda e à direita) que abraçaram a democracia e rejeitaram a violência e o racismo, o populismo de Bolsonaro remete à época de Hitler. Bolsonaro endossou, por exemplo, a militarização da educação.[95] Ex-capitão do exército brasileiro, ele enxerga a política e a história em termos militares.

"Se for preciso", Bolsonaro disse em um comício eleitoral em junho de 2022, "iremos à guerra".[96]

A América Latina já experimentou essas políticas de inspiração fascista antes, principalmente durante a "Guerra Suja" da Argentina na década de 1970, quando o governo matou dezenas de milhares de cidadãos, e durante o regime de Pinochet no Chile (1973-1990). Bolsonaro declarou notoriamente em 1999 que a ditadura brasileira, "demasiado branda", também "deveria ter matado trinta mil pessoas, começando pelo presidente Fernando Henrique Cardoso".[97] Como seus antecessores fascistas, Bolsonaro defendeu que aquele tipo de regime ditatorial é que seria uma verdadeira democracia – apenas sem eleições. Algo que é novo na figura de Bolsonaro é que, ao contrário daquelas ditaduras militares, ele quer empurrar ao público o fascismo como democracia.

Alguns observadores brasileiros argumentam que a forte oposição de mulheres e minorias, na verdade, aumentou o poder do presidente. Uma dinâmica semelhante ocorreu na Alemanha da década de 1930. Quanto mais repressivo o extremismo nazista se tornava, mais apoio público Hitler ganhava.

O mesmo pode ser dito da Índia, um país que oferece um exemplo notável de forte continuidade entre fascismo, populismo e a atual aspiração ao fascismo. Inspirado pelas ambições sanguinárias das tradições políticas fascistas da Índia, Modi tem um longo histórico de promoção e estímulo à violência. Os apelos genocidas para transformar a Índia em uma nação hindu estavam no centro do fascismo indiano nos anos entreguerras, e esse padrão foi mudando progressivamente do discurso para a ação.

Não é coincidência que Modi fosse o ministro-chefe de Gujarat quando seus seguidores lançaram um *pogrom** que começou em

---

* "*Pogrom*" é uma palavra russa que significa "causar estragos, destruir violentamente" (Enciclopédia do Holocausto). O termo se refere a uma permissão tácita ou explícita de governo e polícia para que a população em geral ataque

28 de fevereiro de 2002, matou mil pessoas e expulsou cento e cinquenta mil de suas casas. Esse *pogrom* expandiu e solidificou a influência de Modi entre seus seguidores nacionalistas fanáticos e em amplos segmentos da sociedade.[98] Na verdade, os nacionalistas indianos reproduziram o roteiro da Kristallnacht,* que usou um ataque contra um oficial nazista em Paris como desculpa para atacar e destruir os judeus alemães: depois de um incidente sangrento na estação ferroviária de Godhra, quando dois vagões de trem se incendiaram, matando 49 passageiros hindus, os nacionalistas indianos lançaram seu *pogrom* de proporções avassaladoras.[99] O propagandista nazista Joseph Goebbels relembrou a reação de Hitler em 1938: "Ele decidiu: deve-se permitir que as manifestações continuem. A polícia deve se retirar de cena. Pelo menos uma vez, os judeus deveriam sentir a raiva popular". Da mesma forma, Modi declarou que "toda ação tem uma reação oposta", e a violência então era uma "reação natural". Assim como Hitler, Modi deu ordens explícitas às forças de segurança durante o *pogrom* indiano para que as pessoas "pudessem descarregar sua raiva".[100]

---

violentamente um grupo particular. Historicamente, os judeus foram os principais alvos, primeiro na Rússia e depois em outros países. No entanto, no contexto apresentado pelo autor, o *pogrom* indiano de 28 de fevereiro de 2002 se deu contra os muçulmanos da Índia e durou aproximadamente 72 horas. A violência aberta e declarada contra os muçulmanos, permitida e cometida primariamente pelos hindus, foi justificada pelas autoridades como sendo "uma reação a agressões". [N.T.]

* A expressão em alemão significa "Noite dos Cristais", como veio a ser conhecida em português a noite de 9 de novembro de 1938 (e também o dia seguinte) na Alemanha. Líderes nazistas organizaram um *pogrom* contra os judeus depois do assassinato de um diplomata nazista em Paris por um judeu polonês. Esse nome pelo qual ficou conhecido o *pogrom* se deve à grande quantidade de estilhaços de vidro que ficaram espalhados pelas ruas, depois que a população atacou e depredou sinagogas, edifícios, casas, escolas, hospitais e comércios pertencentes a judeus. Apesar da natureza oficial da perseguição, os líderes alegaram que as ações da população contra os judeus haviam sido "espontâneas" e "justificáveis". Foi a primeira vez em que o regime nazista conduziu prisões em massa de judeus pelo simples fato de eles serem judeus. [N.T.]

Trump também abraçou a ideia de validar certos tipos de violência coletiva. Em resposta aos protestos contra o assassinato de George Floyd pela polícia em 2020, Trump postou no Twitter que a violência militar indiscriminada era a única resposta possível: "Esses BANDIDOS estão desonrando a memória de George Floyd, e eu não vou deixar isso acontecer. Acabei de falar com o governador Tim Walz e disse a ele que o exército está com ele até o fim. Qualquer dificuldade e nós assumiremos o controle, mas, quando os saques começarem, os tiros também vão começar. Obrigado!". Os críticos acusaram esse tuíte de glorificar a violência, mas a Casa Branca disse que, na verdade, era o contrário disso. Essa noção de conferir legitimidade a uma turba de homens raivosos portando armas foi enfatizada quando seguidores paramilitares do presidente invadiram a capital do estado de Michigan. Trump tuitou: "LIBERTEM MICHIGAN!; LIBERTEM MINNESOTA!; LIBERTEM VIRGÍNIA, e salvem sua grande 2ª Emenda. Ela está sitiada!". Esse foi um ensaio geral, um prenúncio da maneira como Trump encerraria simbolicamente seu governo naquele 6 de janeiro do ano seguinte. Essa política de paranoia que leva à violência fascista sempre começa com uma justificação da raiva. De fato, Trump defendeu os homens armados no estado de Michigan de uma forma semelhante à sua infame defesa dos manifestantes neonazistas na Virgínia: "São pessoas muito boas, mas estão com raiva".[101]

A forte conexão entre a ideologia e a prática da violência no fascismo e no populismo dos aspirantes a fascistas vai contra uma tendência mais geral de baixos níveis de violência no populismo. No caso do BJP da Índia, depois de chegar ao poder nacional em 2014 e, antes disso, mesmo em nível regional, a glorificação da violência acelerou a jornada de Modi em direção às aspirações claras ao fascismo. A paramilitarização do Estado serviu como elo íntimo entre a violência sacrificial e o culto ao líder. Na internet, exércitos de *trolls* se dedicaram a incitar e justificar a violência.[102] Tal como no fascismo, e em contraposição à violência apenas retórica da maior parte do populismo do século XX, a conquista do poder na Índia aumentou a violência prática e explícita.[103]

Embora a ascensão de Narendra Modi ao poder em 2014 tenha sido um ponto de virada na história do nacionalismo populista indiano, as principais políticas de violência de inspiração fascista e a militarização da política não mudaram em nada. Uma vez no poder, a demonização de longa data conduzida pelo BJP contra os muçulmanos indianos e os assim chamados "liberais" e a promoção da violência contra eles se tornaram políticas governamentais. Modi adotou para si um apelido que trazia uma inferência de servidão e promovia a ideia de altruísmo: "Chowkidar" (vigia ou sentinela). Além disso, descreveu seus seguidores em termos paramilitares, exatamente como haviam feito os fascistas indianos históricos. As semelhanças com o fascismo muçulmano no Punjab de Mashriqi são impressionantes, mesmo que a tradição de Modi esteja mais alinhada com a de Golwalkar. A política de Modi incentivou um culto à personalidade no qual a emulação do comportamento vinha acima da reflexão.[104]

Assim como aconteceu com Bolsonaro e Trump, cujos simpatizantes incluíam grupos de extrema direita e neonazistas (as milícias de Michigan, os Proud Boys e os Oath Keepers nos Estados Unidos; grupos de justiceiros e integralistas no Brasil), também os vínculos de Modi com "elementos marginais" (terroristas, pogromistas e grupos de justiceiros) eram extremamente estreitos.[105] A glorificação da violência e da militarização de Modi tem mais em comum com o fascismo do que com o populismo, e isso levou a altos níveis de ilegalidade em um regime que supostamente deveria se comportar dentro da "política de lei e ordem". Como disse um dos fiéis de Modi, "a força é a única lei que eu entendo. Nada mais importa para mim. Na Índia, a situação é semelhante a uma guerra entre Rama e Ravana".[106] Essa ideia de política como uma guerra do tipo "tudo ou nada" entre "o bem e o mal" define a teoria e a prática dos pretendentes a fascistas que estão afetando o populismo.

A liderança de Rodrigo Duterte nas Filipinas (2016-2022) é um exemplo claro da nova aproximação populista à lógica violenta do fascismo clássico. Diferentemente da maioria dos líderes populistas, Duterte colocou a violência no centro de sua política desde o início de sua carreira como prefeito da cidade de Davao. Encarnando de maneira mais literal a noção política de "lei e ordem", ele prometeu morte aos criminosos, dizendo a eles em 2009: "Enquanto eu for prefeito, vocês serão alvos legítimos de assassinato". Assim como Trump, Bolsonaro e outros, Duterte vinculou suas ações à masculinidade tóxica, ao falo, às fantasias de violência e à defesa de ditadores do passado e do presente.[107] A homofobia, a misoginia e a apologia ao estupro foram elementos-chave de seu "machopopulismo", tal como no comentário de Trump que dizia "agarre-as pela boceta".[108] No contexto da insatisfação pública com as dimensões elitistas e tecnocráticas da democracia filipina, Duterte combinou a glorificação da violência com sua duvidosa alegação de ser um *outsider* político (ele está na política desde a década de 1970) e com a intimidação de seus críticos. Uma vez no poder em 2016, Duterte desencadeou campanhas antidrogas que resultaram em pelo menos 29 mil mortes, incluindo milhares de execuções extrajudiciais de supostos usuários e traficantes de drogas.[109] Ele fez comparações explícitas de seu regime com o fascismo e o Holocausto: "Hitler massacrou três milhões de judeus [...] Há três milhões de viciados em drogas [...] Eu ficaria feliz em massacrá-los". Embora tenha se desviado do fato de que o nazismo foi na verdade responsável pela morte de seis milhões de judeus, Duterte naquele momento vinculou suas ações ao precedente da violência fascista e às suas conotações apocalípticas. Em 2016, ele disse aos repórteres que seus críticos o apresentavam como "um primo de Hitler". Duterte respondeu que "se a Alemanha teve Hitler, então as Filipinas o teriam". E acrescentou: "Vocês conhecem minhas vítimas. Gostaria que [elas] fossem todos criminosos para acabar com o problema do meu país e salvar a próxima geração da perdição".[110]

Os reais fascistas

Os novos aspirantes a fascistas não demonstraram essa disposição em atingir o estágio de matança em massa do fascismo tradicional. Mas eles também não são populistas típicos. Pense no Holocausto, nas campanhas genocidas na África, na Guerra Civil Espanhola ou, mais recentemente, no genocídio perpetrado na Guatemala e nos milhares de mortos pelos ditadores latino-americanos nas décadas de 1970 e 1980.

Duterte e Modi foram mais adiante dentro desses padrões de violência, mas sem chegar perto. O problema é que os novos aspirantes a fascistas elevam a violência ideológica do Estado a um novo patamar, como explicou o acadêmico brasileiro Conrado Hübner Mendes a respeito da mudança de Bolsonaro da letalidade policial para uma massiva "violação dos direitos humanos nas prisões, sob aprovação judicial, política e social".[111]

Um impulso semelhante está por trás das "políticas de lei e ordem" de Trump, do encarceramento em massa, da luta contra o aborto, da legitimação de grupos supremacistas brancos, da radicalização da "máquina de deportação" e da repressão e da concentração de imigrantes. E não podemos, claro, nos esquecer da sua péssima gestão da pandemia da covid-19, que teve consequências mortais, assim como salientamos no caso do Brasil.[112] Essa mistura de violência simbólica com possíveis resultados práticos também poderia descrever aspirantes a fascistas como o partido Vox na Espanha, José Antonio Kast no Chile, Keiko Fujimori no Peru, Marine Le Pen na França, Javier Milei na Argentina e inúmeros outros. O que torna essa "vocação para a violência" desses populistas diferente da violência de longo prazo, estrutural, na sociedade é o fato de ela agora vir reconfigurada dentro de um contexto de glorificação ideológica da violência e de militarização da política. As dimensões letais do fascismo aspirante não são mais típicas daquele populismo clássico e, ao mesmo tempo, ainda não chegam a ser fascistas.

Portanto, apesar de se mostrar com diferenças fundamentais, o primeiro pilar do fascismo – a glorificação da violência e da militarização – ainda pode ser identificado com os aspirantes a fascistas. A violência dos aspirantes a fascistas representa uma ameaça duradoura aos cidadãos e está intimamente ligada às técnicas fascistas de persuasão. Vamos nos voltar agora para essas técnicas: mentiras e propaganda.

2

AS MENTIRAS E A PROPAGANDA FASCISTA

"SERÁ QUE É A INFLUÊNCIA da tremenda propaganda – dos filmes, das transmissões, dos jornais, das bandeiras, das celebrações cada vez maiores (hoje é Dia da Nação, o aniversário de Adolf, o Líder)? Ou será apenas resultado do medo atordoante e escravizante que existe por toda parte?"[1] Essa é a pergunta que o professor judeu alemão Victor Klemperer fez a si mesmo em seu diário particular em 20 de abril de 1933, menos de dois meses depois de Adolf Hitler chegar ao poder na Alemanha nazista. Klemperer estava testemunhando a rápida desintegração da democracia alemã e ainda não conseguia entender como a propaganda e as mentiras trabalhavam em sinergia com a violência, o medo e o terror. De fato, foi a combinação de mentiras e medo que embasou as ações dos criminosos nazistas e causou golpes profundos e entorpecentes tanto nas vítimas quanto nos espectadores.

Como muitos outros, Klemperer se resignou: "Quase acredito agora que não verei o fim dessa tirania. E já estou quase que acostumado à condição de não ter direitos. Simplesmente não sou alemão nem ariano, mas judeu, e devo ser grato se me permitirem continuar vivo".[2] Mas Klemperer nunca perdeu completamente a esperança de que o Estado de "tirania e mentiras sem limites" do fascismo alemão entraria em colapso em algum momento. O próprio Klemperer sobreviveu ao nazismo e conseguiu escrever uma obra de grande importância, *The Language of the Third Reich* (no Brasil, *LTI: a Linguagem do Terceiro Reich*), que apresentava o fascismo alemão como transformando "tudo o que tocava em uma inverdade, como um Midas das mentiras".[3] Essa transformação da realidade em inverdade marca um elemento-chave do fascismo.

Não existe fascismo sem "grandes mentiras" (vide o conceito político da expressão). Os fascistas não apenas acreditam em suas mentiras como também querem transformá-las em realidade. Somente se o universo se assemelhar às suas mentiras ele fará sentido para eles. Esse senso invertido de realidade define a lógica da propaganda fascista – uma lógica que determina o que é verdade e o que não é, uma lógica que insiste que o imperador não está nu. As mentiras são um pilar fundamental do fascismo. Não apenas elas são diferentes de outros tipos de propaganda, são também distintas em termos quantitativos e qualitativos. As mentiras fascistas são informações políticas falsas que têm a intenção de virar o mundo de cabeça para baixo. Os políticos fascistas mentem, acreditam em suas mentiras e querem impô-las aos outros.

Projeções e repetições

A repetição de mentiras foi uma ferramenta poderosa para os líderes fascistas do passado, assim como é para os aspirantes a fascistas no presente – e ambos os tipos de líderes atribuem a fabricação de mentiras a seus inimigos. "Há uma palavra [chamada] 'desinformação' [...] Se você disser uma coisa o suficiente, e continuar dizendo, continuar dizendo, eles [as pessoas] começarão a acreditar." Donald Trump compartilhou com o mundo essa observação reveladora na Flórida em 3 de julho de 2021. Trump afirmou que eram seus inimigos que "diziam as coisas outra vez, e outra, e outra, e, depois de meses e meses ouvindo, as pessoas começam a acreditar na alegação dos Democratas".[4] Isso não poderia estar mais longe da verdade.

Quando Trump mentia repetidamente a respeito da eleição, de seu golpe fracassado ou da pandemia da covid-19, ele ia criando uma falsa sensação de "verdade" em torno de si, acerca de sua própria grandiosidade e invencibilidade. Em 2018, Trump disse a seus seguidores que "o que vocês estão vendo e o que estão lendo não é o que está acontecendo".[5] Segundo essa mentalidade, o que o líder diz e faz é mais importante do que os fatos, a ciência e até mesmo as percepções dos próprios seguidores acerca do mundo.

As mentiras fascistas geralmente projetam nos outros aquilo que os próprios fascistas fazem. De fato, o mais famoso propagandista fascista, o líder nazista Joseph Goebbels, é frequentemente citado, de modo errado, como tendo afirmado que a repetição de mentiras era fundamental para o nazismo. Ele nunca disse isso. Essa citação errônea levou à percepção de que os líderes fascistas estavam plenamente cientes da extensão de suas falsidades deliberadas. Mas a relação entre verdade e mentira no nazismo é mais complicada do que isso. Quando Goebbels disse que Hitler sabia de tudo e que ele era "o instrumento naturalmente criativo do destino divino", não se tratava de mera bajulação ou de uma distorção da verdade.[6] Goebbels realmente acreditava nisso. Da mesma forma, Hitler acreditava profundamente que poderia mesmo vencer guerras em diversos frontes simplesmente porque se considerava invencível. Goebbels e outros a serviço do regime também passaram a acreditar nisso.

Goebbels era um mestre na criação de uma realidade alternativa que justificasse o domínio e a violência nazistas. Como observou o historiador Peter Longerich, seu biógrafo, Goebbels em dado momento forjou e depois publicou notícias falsas a respeito de uma tentativa de assassinato contra si mesmo, e então escreveu isso como fato em seus diários.[7] Nesses diários – que não haviam sido escritos para consumo público, mas foram publicados muitos anos após sua morte –, ele também observou o "sucesso" de seus discursos depois de eles serem elogiados pela mídia que ele próprio controlava.

Estaria Goebbels mentindo para si mesmo ou ele acreditava em uma forma de verdade que transcendia a demonstração empírica? As duas coisas. Para fascistas como ele, o conhecimento era uma questão de fé, e em particular de uma fé profunda no mito do líder fascista. Os fascistas acreditavam em uma verdade que transcendia os fatos. Eles não viam contradição entre verdade e propaganda.

Como explica o filósofo Jason Stanley, é possível acreditar sinceramente na propaganda quando ela parece plenamente justificada pela ideologia. Os crentes excessivamente comprometidos a levarão a sério mesmo quando ela for evidentemente falsa e revoltante.[8]

Nas décadas de 1930 e 1940, os fascistas de todo o mundo viram verdade no que era expresso pelos mitos antissemitas, bem como em mitos de um passado "dourado" que seria então restabelecido e expandido pela glória nazista – algo que o filósofo judeu alemão Ernst Cassirer chamou de "mito de acordo com o planejamento". Os fascistas fantasiavam uma realidade alternativa – para Hitler, era um mundo no qual os judeus haviam prosperado em cima de mentiras e assim provocado o colapso econômico do povo alemão – e depois mudavam a realidade em torno deles para refletir suas ideias.

As políticas concretas visavam remodelar o mundo de acordo com essas mentiras fascistas. Por exemplo, se as mentiras antissemitas afirmavam que os judeus eram inerentemente sujos e contagiosos e, portanto, deveriam ser mortos, então os nazistas criaram condições nos guetos e campos de concentração em que a sujeira e a doença generalizada se tornaram realidade. Famintos, torturados e radicalmente desumanizados, os prisioneiros judeus se tornaram o que os nazistas haviam planejado que eles se tornassem – e, assim, eles foram consequentemente mortos.

Em sua busca por uma verdade que não coincidia com o mundo e com a experiência reais, os fascistas criam uma concepção de que aquilo que eles viam e não gostavam era *inverdade*. Eles acreditavam em uma forma de "verdade" que transcendia o senso comum e a observação.

O ditador italiano Benito Mussolini declarou: "Em determinado momento da minha vida, arrisquei-me a ser impopular entre as massas para anunciar a elas aquilo que eu acreditava ser a nova verdade, uma verdade sagrada (*la verità santa*)".[9] Essa ideia de uma "verdade sagrada" que substituía a verdade empírica é fundamental para entendermos como a mentira funcionava no fascismo.

Hitler e também Goebbels insistiam que a propaganda precisava de repetição constante – mas nunca disseram que estavam contando mentiras. De fato, eles acreditavam que o que diziam era verdade. Em 1942, Goebbels escreveu em seu diário particular que "a essência da propaganda é a simplicidade e a repetição".[10]

O plano de propaganda era, muitas vezes, mais importante até do que seu conteúdo repleto de mentiras. Klemperer sustentou que a forma, e não o conteúdo, era "a mais poderosa ferramenta de propaganda hitleriana". Enfatizou que "a influência mais poderosa não era exercida nem por discursos particulares, nem por artigos ou panfletos, pôsteres ou bandeiras; não era alcançada por coisas que precisavam ser absorvidas por pensamentos ou emoções conscientes. Em vez disso, o nazismo permeava a carne e o sangue das pessoas por meio de palavras isoladas, expressões de efeito e estruturas de frases que eram impostas a elas em um milhão de repetições e absorvidas de forma mecânica e inconsciente".[11] É por isso que a simples repetição de mensagens pode ser incrivelmente perigosa, principalmente quando elas não se baseiam em fatos, mas em ideologia antidemocrática.

A apuração jornalística de falas de Trump e de outros líderes como ele se tornou um trabalho de tempo integral, porque seus comentários estavam sempre repletos de imprecisões e mentiras. Como vimos, essas mentiras têm consequências mortais. Mas há um problema mais profundo do que simplesmente mentir: é acreditar que tais mentiras estão a serviço da verdade.

Isso ficou particularmente perigoso quando se tratou da resposta dos Estados Unidos à pandemia da covid-19 sob o regime de Trump. O presidente se alternava entre minimizar a natureza mortal da doença e repetir promessas de um "milagre", que ele usava no intuito de defender a suspensão das restrições que tentavam retardar a propagação do vírus. Sua retórica colocava "pessoas reais" contra especialistas, cientistas e especialmente a mídia, em uma tentativa de culpar algum outro ente pela catástrofe econômica resultante.[12]

Trump acreditava que sua opinião era superior à de médicos, cientistas e autoridades locais. No início, ele não utilizou máscara para proteger a si mesmo e a outras pessoas da covid-19, promoveu curas fantasiosas e exigiu que governadores e prefeitos seguissem seu "plano presidencial" para lidar com surtos. De forma ainda mais perigosa, ele contrapôs as precauções de saúde pública à reabertura econômica, como se uma economia pudesse ser ligada como que por um interruptor de luz enquanto milhares de pessoas morriam diariamente devido ao coronavírus. E disse ainda que milhões de pessoas estavam desempregadas não por causa de uma real e legítima crise de saúde, mas porque seus inimigos políticos o estavam punindo ao insistir em fechamentos, ordens de permanência em casa e outros esforços de mitigação da doença.

Uma vez fora do poder, Trump repetia constantemente que os Estados Unidos estavam prestes a enfrentar a destruição. Disse que era perseguido por "maníacos", "pervertidos" e "lunáticos".[13] Trump fantasiava a respeito de uma destruição econômica que estava em curso e do fim da segurança nas fronteiras. Mas, acima de tudo, Trump fingiu que os Estados Unidos viviam em uma realidade totalitária onde os extremistas governavam.

Nesse sentido, sua mensagem no Dia das Mães de 2023 foi altamente sintomática. Trump escreveu: "Feliz Dia das Mães para TODOS, em especial para as mães, esposas e amantes dos fascistas, marxistas e comunistas da esquerda radical, que estão fazendo tudo ao seu alcance para destruir e obliterar nosso outrora grande país. Por favor, tornem esses completos lunáticos e maníacos mais amáveis, mais gentis, mais delicados e, o mais importante, mais inteligentes, para que possamos, rapidamente,

TORNAR A AMÉRICA GRANDE OUTRA VEZ!!!". Foi dessa forma que ele propôs que todos os problemas poderiam ser corrigidos se ele e seu movimento MAGA* fossem seguidos.

Antes disso, na Páscoa, ele havia celebrado a ressurreição de Jesus com a seguinte mensagem: "FELIZ PÁSCOA PARA TODOS, INCLUINDO AQUELES QUE SONHAM SEM PARAR EM DESTRUIR NOSSO PAÍS POR SEREM INCAPAZES DE SONHAR COM QUALQUER OUTRA COISA".[14] O significado de "salvação" para Trump estava relacionado a uma realidade que simplesmente não existia. E, no entanto, muitos de seus seguidores enxergaram naquilo seu próprio líder sofrendo o mesmo destino de Jesus. Como declarou a congressista Marjorie Taylor Greene, representante trumpista do estado da Geórgia, em abril de 2023, quando Trump foi preso em um dos muitos julgamentos que enfrentou, "Jesus foi preso e assassinado pelo governo romano [...] Houve muitas pessoas ao longo da história que foram presas e perseguidas por governos corruptos radicais, e isso está começando hoje na cidade de Nova York".[15] Somente crentes ideológicos cegos poderiam acreditar em uma alegação desse tipo, que confundia de forma perturbadora o sagrado com o que há de mais profano, em vez de vê-la como um definitivo distanciamento do mundo como o conhecemos.

Como explicou Hannah Arendt, a propaganda fascista apresenta um *corpus* fechado de pensamento e argumentação que perfaz uma explicação completa. Seu objetivo é a "emancipação do pensamento advindo da experiência por meio de certos métodos de demonstração. O pensamento ideológico ordena os fatos em um procedimento absolutamente lógico que parte de uma premissa axiomaticamente aceita, deduzindo todo o resto a partir

---

* A frase dita por Trump em maiúsculas era seu lema durante o governo e suas campanhas. No original, "MAKE AMERICA GREAT AGAIN", ou "torne a América grande outra vez", em tradução livre. É desse lema que deriva o acrônimo MAGA, que passou a designar às vezes também seus apoiadores e sua política. [N.T.]

dela; ou seja, ele procede com uma consistência que não existe em nenhum lugar no reino da realidade".[16]

"Grandes mentiras"

As mentiras fascistas não são todas iguais e mudam com o tempo. Seu alcance e conteúdo não têm limites, mas sua simplicidade e os simplismos que elas criam permanecem os mesmos. A propaganda fascista se baseia na ideia de um público crédulo. Como explicou Goebbels, "nossa propaganda é primitiva [porque] as pessoas pensam de maneira primitiva. Falamos a linguagem que as pessoas entendem".[17] As tentativas fascistas de fazer propaganda do tipo mais "primitivo" resultam em palavras que hipnotizam os crentes, mas que são repulsivas, irreais e até mesmo idiotas para os críticos.

Por que as pessoas acreditam nas mentiras dos fascistas? Klemperer observou que "o extraordinário nisso era a transparência descarada das mentiras desveladas por aquelas figuras; um dos fundamentos da doutrina nazista é a convicção de que as massas não pensam e que suas mentes podem ser completamente entorpecidas".[18] Mas esse próprio entorpecimento das mentes exigia técnicas de propaganda fascista. Arendt explicou que as mentiras e a propaganda eram "autogeradas", mas que também se utilizavam de alguns elementos da realidade, transformando-os em argumentos circulares exagerados que acabavam por torná-los praticamente irreconhecíveis. As mentiras em si podem até conter um fiapo de verdade, mas a propaganda as afasta totalmente da realidade. O inacreditável se torna uma questão de apenas crer. Quando isso aconteceu no fascismo, as evidências do mundo real e o pensamento crítico perderam sua razão de ser. Os fascistas usaram essas mentiras como armas que destruíram a razão. É por isso que Klemperer afirmou que era "inegável que a propaganda, mesmo depois de desmascarada como sendo só bravatas e mentiras, ainda funciona se você tiver a audácia de a continuar reafirmando como se nada tivesse acontecido; a maldição da propaganda superlativa é que nem sempre ela é autodestrutiva, mas com muita frequência ela acaba por destruir o intelecto daqueles que a desafiam; e Goebbels tinha muito mais talento do que eu acreditei no princípio, e toda a tolice ineficaz não era assim tão tola nem tão ineficaz".[19]

As "grandes mentiras" sempre incluem a acusação de que é o inimigo quem está mentindo. A "grande mentira" vira o mundo de cabeça para baixo e se apresenta como uma "grande verdade".

Quando Hitler falou sobre "grandes mentiras" e "grandes verdades", ele queria inverter os mundos do verdadeiro e do falso. Sua visão fascista da realidade se baseava em uma noção de "verdade" que não precisava de comprovação empírica. Em outras palavras, o que é verdadeiro para a maioria de nós (o resultado de causas e efeitos demonstráveis) era potencialmente falso para ele. O que a maioria de nós veria como mentiras ou fatos inventados eram, para ele, formas superiores de verdade. Bem da mesma maneira como acontecem as alegações da mídia populista de hoje, Hitler inverteu a realidade, projetando em seus inimigos sua própria desonestidade com relação à verdade, afirmando falsamente que eram os judeus os mentirosos, e não ele. O mentiroso fascista agia como se ele próprio representasse a verdade e acusava os judeus de se envolverem em uma "distorção colossal da verdade". Mas Hitler identificava essa "verdade real" com os mitos antissemitas em que ele acreditava e que propagava.[20] Ele disse:

> Os maiores conhecedores dessa verdade, com relação às possibilidades do uso da falsidade e da calúnia, sempre foram os judeus, pois, afinal, toda a sua existência se baseia na grande mentira, qual seja, que eles são uma comunidade religiosa, quando na verdade são uma raça – e que raça! Uma das maiores mentes da humanidade os definiu para sempre como tal em uma frase eternamente correta e de verdade fundamental: ele os chamou de "os grandes mestres da mentira". E qualquer um que não reconheça isso ou que não queira acreditar não será, nunca neste mundo, capaz de ajudar a verdade a vencer.[21]

Em seu discurso no Arizona, no verão de 2021, Trump também transformou suas "grandes mentiras" em uma verdade alternativa – bastante imbecilizada e fabricada para ele e seus seguidores: "A grande mentira, é como eles chamam isso. Você sabe o que é a grande mentira? O contrário é que foi a grande mentira. A eleição foi a grande mentira".[22] Esse discurso deixou claro mais uma vez que Trump tem uma vocação para o fascismo. Ele representa um retorno aos principais elementos do fascismo: um estilo e uma substância impregnados de violência política, um culto ao líder, objetivos e práticas ditatoriais (lembre-se da tentativa de golpe), uma política de ódio, fanatismo religioso, militarização da política, negação da ciência e propaganda totalitária.

Os fascistas acreditam em suas mentiras e tentam transformar a realidade para que se pareça com suas mentiras. Isso é o que Trump esperava de seu público no Arizona; é também o que ele esperava de seus colegas aspirantes a fascistas em todo o mundo. Bolsonaro foi o mentiroso mais relevante dentro desse grupo. Quando perguntado sobre a invasão do Capitólio dos Estados Unidos, Bolsonaro declarou: "Eu acompanhei tudo hoje. Vocês sabem que eu sou ligado ao Trump, né? Então vocês já sabem qual é a minha resposta [...] Agora, teve muita denúncia de fraude, muita denúncia de fraude". Bolsonaro até mesmo acreditava que teria havido fraude contra ele próprio quando venceu a eleição em 2018; ele achava que deveria ter vencido sem necessidade de um segundo turno.[23]

Após sua própria derrota eleitoral em 2022, em uma tentativa fracassada de reeleição, Bolsonaro permaneceu em silêncio enquanto seus apoiadores (incluindo muitos membros das forças policiais) tentavam criar as condições para um golpe. Durante a eleição, a Polícia Rodoviária Federal do Brasil se envolveu ativamente em esforços de supressão de eleitores, criando bloqueios de estradas, especialmente em estados que haviam votado na oposição no primeiro turno. Assim como Trump, Bolsonaro criou o que o *New York Times* chamou de "mito das eleições roubadas". Em um comício em 2022, enquanto seus seguidores entoavam seu apelido – "mito" –, "ele disse ao público que não havia como seu oponente vencer".[24] Essa afirmação era reforçada pela ideia em torno de sua própria infalibilidade como um "guerreiro heroico", com a implicação de que ele não poderia realmente ser rejeitado pela maioria do povo. Nessa fantasia, a morte mítica do guerreiro era a alternativa à derrota ou à prisão. Em 2021, Bolsonaro disse: "Eu tenho três alternativas para o meu futuro: ser preso, ser morto ou a vitória".[25] Isso acabou se revelando apenas mais uma mentira.

Durante sua ascensão meteórica ao poder, Bolsonaro normalizou mentiras como "*fake news** faz parte da nossa vida. Quem nunca contou uma mentirinha para a namorada? Se não contasse, a noite não iria acabar bem". Mas ele fazia uma distinção entre suas próprias mentiras, que estavam enraizadas em uma forma de masculinidade repressiva, e as mentiras de seus inimigos (especialmente os jornalistas independentes), que basicamente

---

* Muito se tem falado e escrito usando a expressão "*fake news*", mas ela não significa simplesmente "mentira" nem exatamente "notícia falsa". É necessário um melhor entendimento do que, de fato, são "*fake news*" – uma expressão a ser usada no original em inglês por causa de seu significado particular (lembrando que "*news*" quer dizer "notícia", não necessariamente no plural). O termo é utilizado para descrever um texto que se disfarça como uma notícia comum de jornal ou website noticioso (ou o que o valha) e que traz informações deliberadamente fabricadas e não condizentes com fatos reais, contendo inverdades, erros e/ou distorções. Essa "falsa notícia" é disseminada como se fosse notícia verdadeira com o objetivo de distorcer a realidade e influenciar a opinião pública, a fim de promover agendas políticas, ideológicas ou outros interesses específicos. As informações fabricadas contidas na falsa notícia são apresentadas de forma a parecerem declarações ou fatos legítimos, e a própria falsa notícia geralmente terá a aparência formal de outras notícias comuns, como aspecto gráfico, diagramação, posicionamento na página, tom de voz de um locutor, presença em um veículo de renome etc. Ou seja, "*fake news*" é algo muito maior do que apenas uma mentira. Ela se passa, acima de tudo, por notícia (e não opinião, fofoca ou um conto aleatório), e as pessoas tendem a acreditar naquilo pela percepção equivocada de que se trata de notícia séria como outras que elas recebem ou receberiam dos meios de comunicação. [N.T.]

representavam "o mal". Chegou a defender que ele próprio era a maior vítima de *fake news* e que tinha "sofrido" mais com isso.[26]

Ao culpar os outros pelas dores que resultaram de suas próprias políticas destrutivas, Trump, Bolsonaro e outros aspirantes a fascistas repetiam a atuação de Goebbels. E, tal como ele, os mais recentes também acreditaram em suas próprias mentiras. Os resultados já fazem parte dos registros históricos mundo afora e são catastróficos.

Os fascistas identificavam a verdade com o sagrado e, por sua vez, mesclavam as mentiras do líder com a vontade de Deus. Aqueles que não aceitassem essas crenças sagradas eram os verdadeiros mentirosos. Como declarou o fascista nicaraguense Pablo Cuadra em 1940, "as mentiras são sempre imitadoras vis da verdade", e, no contexto das mentiras dos inimigos, "negou-se a Deus a adoração digna", e o que restou foi "a covardia e a efeminação".[27]

Essa fixação em "verdade como sendo a emanação de uma ideologia" – que, por outro lado, também definia a realidade empírica na qual os outros se baseiam como sendo "inverdade" – foi fundamental para o surgimento do fascismo e de desenvolvimentos mais recentes, inclusive as mentiras sobre doenças, eleições e a "teoria da substituição branca".*

---

* A "teoria da substituição branca" (no original em inglês WRT, "*white replacement theory*") é uma teoria conspiratória racista cujas origens desconhecidas remontam ao começo do século XX, mas que foi consolidada e formulada sob esse nome somente em 2011 pelo autor ultranacionalista francês Renaud Camus, no livro *Le Grand Remplacement*. A teoria afirma que os europeus (e, por extensão, demais homens brancos) estariam sofrendo um suposto "genocídio branco" e sendo substituídos por imigrantes de culturas diferentes, "inferiores e perigosas", com a cumplicidade e cooperação de "elites esquerdistas" de cada país e em particular dos judeus. Com a publicação do livro, esse pensamento conspiratório tomou enorme vulto entre grupos supremacistas brancos americanos e europeus a partir de 2011 e foi inclusive apoiado publicamente pelo húngaro Viktor Orbán e de forma menos declarada pela francesa Marine Le Pen. A teoria embasou recentes ataques terroristas na Nova Zelândia e nos Estados Unidos (nas cidades de Buffalo e El Paso). Camus passou a condenar publicamente qualquer violência cometida em nome de

Mentiras e manipulação da mídia

Como uma sociedade democrática e sua mídia independente deveriam reagir à propaganda fascista? Como demonstra a história do fascismo, as organizações noticiosas há muito tempo lutam contra os líderes fascistas pelo controle das informações, equilibrando a demanda de apresentar perspectivas diferentes com a necessidade de informar com base em fatos, não em falsidades.

Os líderes totalitários manipularam a mídia independente no intuito de ganhar poder, para então, logo que conseguiam, destruir as operações daqueles meios. Por quê? Porque ditadores e autoritários apenas lidam com a repetição e a amplificação de "grandes mentiras". Para eles, a mídia é uma ferramenta de manipulação e também uma ameaça em potencial aos seus esforços de propaganda.

Há uma importante lição a ser aprendida com a história das mentiras fascistas. Os jornalistas independentes e os cidadãos como um todo não podem presumir que propagandistas sejam agentes honestos. Precisam identificar de antemão que propagandistas são desonestos e querem apenas promover suas mentiras em vez de informar o público.

Adolf Hitler compreendeu a importância da propaganda – e, portanto, do controle da imprensa – a fim de alcançar e depois manter o poder político. Em seu livro *Minha luta*, ele escreveu: "A propaganda deve ser ajustada às grandes massas no conteúdo e na forma, e sua eficiência deve ser medida exclusivamente por seu resultado efetivo". É por isso que ele também argumentou que o Estado "deve exercer um controle rigoroso sobre a imprensa [...] Não deve se deixar confundir por bobagens sobre a chamada 'liberdade de imprensa'".[28]

Uma vez alcançado o poder, os nazistas destruíram a mídia independente, fechando mais de duzentos jornais, que coletivamente

---

sua obra. A *Encyclopaedia Britannica* diz que a teoria "tem sido amplamente ridicularizada pelo seu gritante absurdo". [N.T.]

tinham uma circulação de 1,3 milhão de leitores. Além disso, colocaram milhares de jornalistas na cadeia. Como explica o historiador Richard Evans, "a Lei dos Editores de 4 de outubro de 1933 deu aos nazistas controle total sobre a imprensa". Uma vez no poder, "Goebbels emitia instruções para os jornais todos os dias, delineando o que eles poderiam ou não publicar".[29] Os fascistas odiavam particularmente os jornalistas porque seu ofício representava o oposto do que o fascismo defendia: a verdade, a transparência e a liberdade de pensamento.

Em 1932, Hans Kaltenborn, um dos poucos jornalistas americanos a entrevistar Hitler, explicou que "Adolf Hitler tem uma intensa aversão instintiva a entrevistas. Esse homem, cujos 'palpites' sobre o que fazer e cujo senso de oportunidade surpreende o mundo, pensa melhor e decide com mais astúcia quando está sozinho. Ele não gosta de conversar com estranhos porque eles o intimidam. Ele compensa sua timidez com ruidosa autoafirmação na presença deles. Em vez de responder às perguntas de um entrevistador, ele faz discursos empolgados, buscando assim criar para si mesmo a atmosfera de uma reunião pública na qual ele se sente em casa".[30]

Kaltenborn esperava que a entrevista esclarecesse o funcionamento das operações nazistas, especialmente a mentalidade racista e antidemocrática de seus líderes. Mas suas perguntas sobre o antissemitismo de Hitler e suas opiniões sobre a ditadura conflitavam com um elemento central da cartilha fascista, o *Führerprinzip*, ou seja, a ideia de que os líderes estão corretos o tempo todo, e os outros, inclusive os jornalistas, devem aceitar suas explicações sem questionamentos.

É por isso que, como explicou Kaltenborn, "desde o início de sua carreira pública, Hitler evitou o contato pessoal com homens que discordavam dele. Ele é tão consciente de sua incapacidade de persuadir um indivíduo quanto é seguro de sua habilidade em falar às massas. Não mais do que uma dúzia de jornalistas estrangeiros tiveram acesso individual a ele em todos esses anos".[31]

Kaltenborn sentiu que poderia fazer naquela ocasião algumas perguntas críticas. Mas, quando o líder ficava insatisfeito com a linha de questionamento, ele simplesmente reforçava seu antissemitismo, sua aliança fascista com Mussolini e sua visão ditatorial. Em outras palavras, ele repetia suas "grandes mentiras".

É por isso que ditadores como Hitler preferiam dar entrevistas àqueles que os idolatravam – e não a jornalistas profissionais independentes –, para que pudessem evitar perguntas críticas e aumentar o número de seguidores de seu culto. O primeiro ditador argentino, José Félix Uriburu, foi "entrevistado" no intuito de legitimar o golpe de 1930, retratando-o como uma "revolução heroica".[32] A entrevista ajudou a reforçar seu mito como líder, cristalizando uma narrativa fictícia que se tornou parte da história do autoritarismo na Argentina.

Em 1931, o escritor judeu alemão Emil Ludwig entrevistou Benito Mussolini no auge de sua ditadura. Inicialmente, Mussolini viu essa entrevista como uma oportunidade de disseminar suas mentiras no exterior, enquanto Ludwig a viu como uma oportunidade de distanciar Mussolini de Hitler e criticar o racismo e o antissemitismo nazistas. Talvez tenha sido o tom que Ludwig adotou, de felicitação e até de admiração, que levou Mussolini a baixar a guarda e ridicularizar abertamente as teorias germânicas de antissemitismo.[33]

Entretanto, logo em seguida, Mussolini mudou de ideia, acabando por interromper a disseminação da entrevista e permitindo que ela somente fosse republicada depois que importantes mudanças fossem feitas, por medo de parecer fraco junto aos jornalistas e para evitar prejudicar suas relações com Hitler. Só que a entrevista publicada apareceu em todo o mundo em vários idiomas, ajudando a normalizar a imagem de Mussolini no exterior, embora tenha sido silenciada na própria Itália. Por fim, Mussolini aprovou suas próprias leis racistas no outono de 1938 e, como demonstrou o historiador Simon Levis Sullam, os fascistas se tornaram os principais perpetradores do Holocausto na Itália alguns anos depois.[34]

O ex-presidente Donald Trump encerrou abruptamente uma entrevista com a NPR depois de ser questionado sobre sua "grande mentira" de que a eleição de 2020 teria sido "fraudada" contra ele.[35] Mas aquela própria entrevista também proporcionou mais uma oportunidade para que ele amplificasse sua propaganda sem fundamento – e nos lembrou de por que é perigoso para os jornalistas, e especialmente para as emissoras, continuar a entrevistar esses aspirantes a fascistas.

Historicamente, os fascistas e populistas têm desprezado debates e acesso aberto a ideias, ao mesmo tempo em que procuram minimizar a relevância de instituições democráticas importantes, como a imprensa livre. Os líderes aspirantes a fascistas muitas vezes culpam a existência de uma imprensa livre pelas críticas que recebem – mas muitas vezes fazem essas reclamações por meio da imprensa livre. É por isso que Trump, Bolsonaro, Orbán, Milei e outros passaram a ver a imprensa independente como um adversário fundamental de sua política, mas também como uma ferramenta de manipulação. A política que a mídia independente sustenta no sentido de "ouvir os dois lados" a deixa vulnerável para ser usada na amplificação de mentiras perigosas. Como a história nos mostra, os ditadores fascistas há muito entenderam que o papel da mídia livre é incompatível com sua propaganda antidemocrática. Mas se puderem explorá-la, eles o farão.

Mártires fascistas hoje e no passado

Uma das mentiras mais centrais ao fascismo é a de que as pessoas que decidem se sacrificar pela ideologia de seus líderes não são seguidores cegos e imprudentes, mas, sim, "mártires".

Os fascistas fundamentaram sua violência em mitos que falam de líderes guerreiros do passado e de suas batalhas de tudo ou nada contra invasores estrangeiros. De imperadores romanos a invasores espanhóis e a guerreiros hindus, os fascistas sempre imaginaram uma "história de violência" como a fundação mítica de seu presente. Eles acreditavam que o passado ressoava no presente e então distorciam a história devido a uma necessidade, assim percebida, de corrigir a "distorção da história" praticada por seus inimigos. Essas alterações daquilo que de fato ocorreu no passado se tornavam uma justificativa para a violência absoluta no presente: "Levante-se pela causa da Nação Hindu no norte e eu também, com meus bravos lanceiros, descerei do meu trono nas montanhas, como uma torrente, varrendo o inimigo desta terra e me juntarei a vocês nas planícies, onde uniremos nossas forças e criaremos uma explosão de poder tão grande que destruiremos completamente e erradicaremos o menor vestígio do inimigo e restabeleceremos o Império Hindu no Hindustão".[36]

Os atos de violência foram incorporados ao *corpus* mitológico do fascismo. Os perpetradores que morreram por terem se envolvido em total brutalização fascista eram bem-vindos ao panteão – embora nenhuma menção fosse feita ao seu estupor induzido por drogas. Como explicou Ruth Ben-Ghiat, havia uma ligação entre a violência interna dos esquadrões fascistas e suas "práticas de violência iniciadas vinte anos antes – a ingestão forçada de óleo, espancamentos com porretes, a queima e o saque de prédios públicos e privados – na intenção de recriar o êxtase coletivo e a transgressão que marcavam os *squadristi* [esquadrões dos Camisas-Pretas da Itália] em suas expedições de saques e estupros que duravam vários dias, alimentadas por cocaína e álcool".[37] O que fazia esse comportamento divergir de outras práticas de guerra era o fato de estar conscientemente enraizado em mitos de origem fascista. As guerras coloniais e a Segunda Guerra Mundial proporcionaram ao fascismo novas oportunidades de retornar ao seu passado mítico inventado.[38] Essas invenções justificaram as ações dos fascistas indianos contra os muçulmanos e a perseguição dos fascistas birmaneses aos seus inimigos raciais.[39] A repressão interna e a dominação foram integradas na glorificação da violência e na militarização da política.

Foi isso que aconteceu com Ashli Babbitt, morta pela polícia no Congresso dos Estados Unidos enquanto participava da tentativa anticonstitucional de tomar o Capitólio em janeiro de 2021. Os fascistas se comportam como se estivessem tentando prever o que o líder pode ordenar que façam ou o que ele espera deles, mesmo quando suas palavras não são claras. Dentro de suas cabeças, eles estão o tempo inteiro tendo "conversas com o líder". Babbitt pode ter pensado que estava defendendo a lei, mas na verdade a estava subvertendo.

O chamado "MAGA bomber" (sobre MAGA, vide nota anterior; "*bomber*" é um terrorista que se utiliza de bombas) – um morador da Flórida de 57 anos, cujos próprios advogados o chamaram de "superfã de Donald Trump" – seguiu a mesma lógica. Em 2018, ele enviou ilegalmente pelo correio pacotes-bomba destinados a matar os inimigos de Trump. Os promotores disseram que os crimes desse homem, Cesar Sayoc, representavam um "ataque terrorista interno". O MAGA bomber vivia sozinho em condições bastante precárias, afastado de sua família. Sofria de ansiedade e paranoia. Seus advogados escreveram que, "em meio à sua escuridão, o Sr. Sayoc encontrou a luz em Donald J. Trump". Ele seguia Trump "religiosamente" nas mídias sociais e em comícios. "Ele ficou obcecado com os 'ataques' daqueles que ele considerava inimigos de Trump. Acreditou em postagens do Facebook que diziam que os apoiadores de Trump estavam sendo espancados nas ruas. Passou a acreditar que estava sendo pessoalmente visado como alvo por apoiar Trump".[40] No nazismo, o que aconteceu com Babbitt e com o MAGA bomber seria o já mencionado *Führerprinzip*, que significava que tudo o que Hitler queria era legítimo e estava além do Estado de Direito. Foi essa também a justificativa por trás das tentativas fracassadas de golpe de Trump e Bolsonaro. Os seguidores de cultos fascistas agem como bodes expiatórios de seu líder, ao mesmo tempo fornecendo a ele apoio e a possibilidade de uma negação plausível de qualquer envolvimento.

Os mitos nacionalistas inspiraram e legitimaram a violência como um elemento-chave da religião política fascista. De acordo com a ideologia fascista, esses mitos precediam e transcendiam o tempo histórico. O ponto central desses mitos era a ideia de um guerreiro messiânico que levaria o povo a disputas sagradas contra inimigos internos e externos.[41] Como disse Hans Frank, teórico nazista e criminoso governador da Polônia ocupada, "eis o imperativo categórico do Terceiro Reich: aja de tal forma que, se o Führer soubesse de sua ação, a aprovaria".[42] O culto funciona como um imperativo categórico para os seguidores fascistas e, tempos depois, para os populistas e aspirantes a fascistas. Espera-se que os seguidores ajam da maneira como o líder gostaria se estivesse ciente de cada ação. Então, eles fingem prever tudo o que o líder quer que seja feito.

Os fascistas geralmente relacionavam seu culto político com a religião institucional. Na Argentina, os fascistas compararam o sofrimento de Cristo com o sofrimento de seus mártires e de seu ditador, o general Uriburu.

Os fascistas sempre acreditaram que a violência e a morte estavam indissociavelmente ligadas à sua política autocrática. Enquanto os fascistas espanhóis se voltaram para o passado mítico para defender seu culto à "violência sagrada legítima" (*la santa violencia legítima*), o aspirante a líder fascista espanhol do partido Vox, Santiago Abascal, afirmou, com semelhante linguagem sacralizante, que não permitiria que seus seguidores fossem "apedrejados". Prometendo violência preventiva contra ataques imaginários de seus inimigos (antifascistas e filhos de imigrantes que agiam como "cães"), Abascal prometeu que agarraria os "terroristas de rua" pelo "pescoço".[43]

O culto

Não existe fascismo sem o culto ao líder. Os cultos estão enraizados na "grande mentira" de que um líder "não é como as outras pessoas". Todos os governos que trazem um culto ao líder acabam percebendo a necessidade de tomar para si mesmos algum tipo de estrutura doutrinária. Precisam de uma maneira de definir seu movimento e fazê-lo parecer sério. Querem se incluir na grande história das ideologias políticas. Em suma, eles querem como que vestir aquela liderança momentânea do seu líder com trajes de caráter transcendental. Isso se mostra necessário porque, afinal de contas, uma ideologia baseada apenas nas opiniões de uma única pessoa acaba apresentando limites para sua própria legitimidade nacional e internacional. Os grupos fascistas precisam encontrar uma maneira de dar algum grau de seriedade às birras infantis, ao narcisismo e à inconstância de humor do líder.

Para a maioria dos seguidores, esse momento de doutrinação não contradiz o culto ao líder; ao contrário, ele aparece como o momento em que o líder decide que é hora de usar as "armadilhas" da teoria política para disfarçar seu conjunto de noções simples acerca de poder, obediência e violência. Em geral, a ocasião doutrinária nada mais é do que um ornamento decorado com as ideias e os caprichos próprios daquele momento. Mas também pode ser um sinal revelador do mundo ideal que o líder e seus seguidores vislumbram. No passado, isso acontecia quando os líderes se sentiam suficientemente confortáveis no poder para correr o risco de se prender a algumas frases específicas. Esse momento chegou ao fascismo italiano em 1932, quando, auxiliado pelo filósofo Giovanni Gentile, Mussolini escreveu sua "doutrina" do fascismo. O peronismo argentino, a forma original do populismo no poder, que foi tão frequentemente influenciado pelo pensamento do Duce, deu a si mesmo uma doutrina no Congresso de Filosofia de Mendoza, em 1949, com a canonização do *slogan* da "comunidade organizada".[44]

Outros líderes fascistas e populistas usaram livros, rádio e, mais tarde, propagandas de televisão para tentar canonizar suas anedotas e seus pensamentos um tanto banais. Mas, com Mussolini, Perón e Trump, há um desejo de vincular suas ações pessoais a uma série de conquistas transcendentes. Quando isso não fica evidente na realidade, eles apelam para a fantasia.

Quando pensamos na quantidade cada vez maior de mentiras, desde a propaganda "clássica" até o trumpismo, é importante lembrar como a propaganda fascista é recebida de forma diferente pelos fiéis do culto. Os seguidores nunca deixam de acreditar na propaganda, mesmo quando ela se torna chocante ou francamente tola. Isso os diferencia dos seguidores de outras ideologias. Como explicou o antifascista alemão Siegfried Kracauer, "diferentemente de sua contraparte comunista, a propaganda fascista não tem como objetivo o desaparecimento da massa e, com isso, o seu próprio desaparecimento. Ela não tem – e essa é sua característica peculiar – nenhum objetivo". Para ele, a ideia de falsa integração é fundamental: as pessoas alcançam um sentimento de pertencimento a alguma coisa que não se baseia em nenhum ganho real, apenas na pretensão fascista de ser superior aos outros. A propaganda fascista produz uma ilusão. Kracauer explica: "O fascismo tanto não pode continuar a ser sem propaganda quanto não pode existir sem terror. Ele só subsiste por meio da propaganda".[45] É por isso que aspirantes a fascistas como Trump não conseguem parar de contar mentiras. O trumpismo é pura propaganda.

Isso impediu que seus seguidores fizessem oposição real ao governo Biden, que veio em seguida, e oferecessem medidas alternativas que fossem realistas. Em vez disso, eles apenas continuaram apoiando Trump e suas declarações acerca de coisas que não existiam. Por exemplo, Trump insistiu que Biden é anticientífico e antidemocrático, e que é contra o Estado de Direito e contra as mulheres. Todos esses atributos – ou melhor, defeitos – pertencem ao próprio Trump. Mas, ao atribuí-los a Biden, ele seguiu exemplarmente as características da natureza projetiva da personalidade autoritária estudada pelo filósofo Theodor Adorno e seus colaboradores.[46]

Para esse tipo de seguidor, acreditar no líder como um "espírito de luz" era mais importante do que respeitar as vidas dos outros ou até mesmo do que o respeito próprio. Em 2016, quando Trump disse "eu amo aqueles de pouca instrução", ninguém entre seus seguidores sem instrução se sentiu insultado. E em 2019, quando ele insultou um apoiador, que ele confundiu com um manifestante, dizendo que ele estava acima do peso, o apoiador disse mais tarde que não se sentiu insultado: "Está tudo bem. Eu amo esse cara".[47] Essas expressões de amor deveriam ser preocupantes. Elas repetem o amor de cultos políticos que muitas vezes se manifestam de maneiras perigosas.

Historicamente, a idolatria do líder é uma dimensão fundamental do fascismo. Nas décadas de 1930 e 1940, diferentes líderes fascistas inspiraram cultos à personalidade, que se apresentavam com cores diferentes por todo o mundo. Na China, os partidários de Chiang Kai-shek usavam camisas azuis, enquanto os brasileiros integralistas partidários de Plínio Salgado usavam camisas verdes. O ditador da Argentina, José F. Uriburu, o da Romênia, Corneliu Codreanu, e o da Espanha, Francisco Franco, também inspiraram seguidores leais. Os partidários do fascismo acreditavam fervorosamente na natureza heroica e até divina de seus líderes. Joseph Goebbels, o ministro da Propaganda nazista, escreveu em seus diários sobre seus sentimentos em relação a Hitler: "Eu o amo [...] Eu me curvo ao maior dos homens, ao gênio político".[48] Tal devoção, em última análise, permitia que os líderes se isolassem de críticas e de responsabilidades.

Em vez de encarar essa idolatria como uma expressão natural de apoio popular, devemos examinar mais de perto as maneiras pelas quais os líderes cultivaram essa forma particular de devoção amorosa com a intenção de desviar a atenção de suas óbvias limitações e seus óbvios fracassos e de sustentar suas perigosas ideologias.

Como o historiador britânico Ian Kershaw, biógrafo de Hitler, explicou pela primeira vez, Hitler fez das imagens religiosas cristãs e das metáforas de adoração o ponto central de seu culto.[49] Houve um tempo em que o senso de infalibilidade divina pertencia exclusivamente à história da religião institucional. Mas, no fascismo do século XX, a mesma coisa foi aplicada ao líder fascista, com os apoiadores cultivando uma fé sagrada nele. Benito Mussolini equiparou suas ideias fascistas à "sacrossanta verdade" e declarou que, ao refletir acerca do destino histórico da nação, ele era capaz de "enxergar" a intervenção de uma vontade sacrossanta, "a mão infalível da providência, o sinal infalível da divindade" no desenrolar dos acontecimentos. Hitler tornou sua própria ligação com o divino ainda mais explícita, afirmando: "Por meio deste, eu estabeleço para mim e para meus sucessores na liderança do Partido a reivindicação da infalibilidade política. Espero que o mundo se acostume a essa reivindicação tanto quanto se acostumou à reivindicação do Santo Padre".[50]

A aplicação da linguagem de um ritual sagrado à política secular ajudava a criar um culto à liderança que motivava os seguidores, levando-os a perseguir e até mesmo a exterminar outras pessoas a serviço do líder. Para Mussolini, a "soberania do povo" só existia se o povo delegasse todo o poder ao líder, que governava pela força, não por consenso. Hitler levou isso ainda mais longe. Ao afirmar que "estou agindo de acordo com a vontade do Criador Todo-Poderoso; ao me defender contra o judeu, estou lutando pela obra do Senhor", Hitler usou a fé religiosa em sua liderança para fornecer uma justificativa para muitos nazistas que perpetraram o Holocausto.[51] Foi assim que os fascistas torturaram e mataram sempre sob o entendimento de que seus líderes incorporavam de forma sagrada "a vontade do povo".

Outra consequência desse culto era o fato de que ele possibilitava que os seguidores assumissem responsabilidades no lugar de seus líderes. Os acólitos absorviam a culpa pelos fracassos dos líderes, deixando a imagem destes intacta para o restante dos seguidores. O culto à personalidade era tão forte que foram necessárias dificuldades econômicas extremas e derrotas militares óbvias para finalmente romper a crença de que os líderes eram infalíveis e enviados por Deus para renovar o país.

Essa dinâmica pode estar em jogo agora mesmo nos Estados Unidos, na Índia e no Brasil, e em muitos outros lugares com políticos aspirantes a fascistas.

Para os seguidores, o apego ao líder parece tão seguro que transcende as transgressões ou promessas não cumpridas e justifica os atos mais ofensivos e ilegais do líder. O fanatismo e os sentimentos de profundo amor político simplesmente substituem o pensamento crítico. Alguns apoiadores parecem nem mesmo estar convencidos de que seus líderes tenham feito as coisas de que são acusados; quando lhes são apresentadas provas irrefutáveis, eles dizem que o que quer que ele tenha feito não estava errado. Seguidores jamais devem fazer perguntas.[52]

Os líderes fascistas e aspirantes a fascistas exigem a fé de seus seguidores e usam símbolos e linguagem da religião para se apresentarem como salvadores, cruzados e guerreiros modernos. Essa é uma das razões pelas quais as alegações de perseguição os encorajam, alimentando a imagem do "salvador" ou do "guerreiro-mártir" que eles estão construindo. Trump se considerou mais de uma vez "o líder mais perseguido da história" e parece ter prazer em reclamar, em todas as oportunidades possíveis, de que qualquer investigação sobre seus supostos crimes é uma "caça às bruxas". Em 2023, ele revisitou suas antigas afirmações sobre "ser a personificação do povo" e as associou à imagem do vingador militar: "Em 2016, eu declarei: 'Eu sou a sua voz [...] Hoje, acrescento: sou seu guerreiro. Eu sou sua justiça. E, para aqueles que foram injustiçados e traídos, eu sou a sua vingança".[53]

Essas crenças são amplamente compartilhadas por seus seguidores, incluindo a crença em sua conexão única com Deus. Nesse sentido, o trumpismo compartilha características com a história fascista de manipulação de multidões e propaganda, que muitas vezes envolveu fantasias comunitárias e uma expectativa de redenção. Como escreveu o escritor Carl Hoffman, "um comício de Trump é um ataque sensorial que sequestra sua alma".[54] A religião política trumpista funciona de cima para baixo porque envolve uma resposta ou retorno de baixo para cima.

Participar de um evento assim é ter a experiência de pertencer a um grupo de pessoas que têm a mesma cara e que pensam e comem e odeiam da mesma forma. Há danças e cantos eufóricos antes de o líder aparecer. Sucessos do grupo Village People, como

"YMCA" e "Macho Man", tocam antes de Trump chegar ao palco. O entusiasmo se transforma em fúria quando o próprio líder conta à multidão como ele é constantemente perseguido. Ele mostra a todos um mundo alternativo sem complexidade, no qual "todas as suas esperanças, seus sonhos e ressentimentos" são contemplados.[55] Dentro dessa câmara de eco, a combinação de racismo e misoginia, com um profundo *ethos* antidemocrático, se transforma em um momento místico quando a multidão testemunha a paixão do líder. A narrativa é a de que o líder foi vilipendiado por seus inimigos seculares e demoníacos, o que os torna não apenas inimigos do povo, mas também inimigos de Deus.

Manias de perseguição e guerra civil

Vivemos tempos estranhos nos quais os extremistas de direita inimigos da liberdade podem se referir a si mesmos como "conservadores", "liberais" e "pessoas decentes". Até chamam seus inimigos de fascistas. Chegam até a denunciar ditaduras e ditadores quando suas próprias políticas são antidemocráticas. Esse nível de distorção e fantasia tem suas raízes no passado.

Os fascistas denunciam a perseguição enquanto desencadeiam a perseguição. Alertam sobre guerra civil no mesmo ato de quando a iniciam. Atribuem mentiras a seus inimigos enquanto se tornam mestres da mentira.

A ideia de estar sempre sendo perseguido é fundamental tanto para os líderes fascistas messiânicos quanto para os aspirantes a fascistas. Hitler disse em *Minha luta*: "Se uma ideia for robusta por si só e, munida dessa força, se lançar em uma luta neste mundo, ela será invencível, e cada perseguição só virá a somar à sua força interna".[56] Os fascistas associavam sua paranoia à história da religião a fim de justificar um mundo de dor e sofrimento. O líder fascista brasileiro Gustavo Barroso falou sobre uma época de "perseguição" que levou as pessoas a se aproximarem de "Cristo". Para ele, a esquerda estava perseguindo os integralistas brasileiros da mesma forma que "os cristãos haviam sido perseguidos por

Nero".[57] Um sentimento de perseguição quase religiosa permitiu que os fascistas adotassem contra ele as mais fanáticas e intolerantes respostas.

Hitler elogiava explicitamente a intolerância: "O futuro de um movimento é condicionado pelo fanatismo, sim, pela intolerância com a qual seus adeptos o defendem como o único movimento correto e o empurram para além de outras formações de um tipo semelhante". Esse era o "fanatismo religioso" de um movimento zelosamente convencido de "seu próprio direito" e que, por isso, "impõe intolerantemente sua vontade contra a de todos os outros".[58]

Esse fanatismo se combinou à crença nas qualidades purificadoras da guerra civil. Hitler declarou: "Deve-se ter em mente que as guerras civis mais sangrentas muitas vezes deram origem a um povo saudável e forte, enquanto os Estados de paz cultivados artificialmente mais de uma vez produziram uma podridão cujo mau cheiro subia aos céus. Não se altera o destino das nações com luvas de pelica. E assim, no ano de 1923, foi necessário o mais brutal dos golpes para capturar as víboras que estavam devorando nosso povo. Somente se isso fosse bem-sucedido é que a preparação da resistência ativa faria sentido".[59]

A fantasia de uma guerra civil era encarada de forma incongruente como sendo tanto uma realidade existente no presente como um objetivo contínuo do inimigo. Em 1919, ano em que o fascismo foi fundado, Mussolini declarou que sua política era fundamentada por uma guerra civil que havia começado na Itália em 1914.[60]

E, no entanto, a glorificação da guerra civil se baseava na mentira de que qualquer guerra desse tipo seria uma resposta às intenções de inimigos de esquerda ou liberais. Mentiras a respeito de uma guerra civil eram parte fundamental da política fascista. Elas justificavam respostas preventivas contra a esquerda, embora fossem apresentadas como uma realidade inevitável. Mussolini declarou: "A fatalidade iminente da guerra civil paira sobre a guerra eleitoral".[61]

Outros fascistas preferiam a noção de guerra interna em vez de guerra civil. Para eles, a ideia de guerra civil dava muita legitimidade a traidores estrangeiros que, para começar, nem mesmo pertenciam à nação. E isso era, obviamente, mentira. Os judeus alemães eram obviamente alemães, e o mesmo se aplica aos filhos de imigrantes em países como Argentina, Brasil ou Estados Unidos, ou aos muçulmanos na Índia. Mas os fascistas não se importavam com as realidades das diversas nações.

Outros fascistas promoviam a falsidade de que a guerra interna era sinônimo de história nacional. Uma não poderia existir sem a outra. Para os fascistas indianos, sua guerra contra "as forças da destruição" havia durado mil anos. Sua intenção era "exterminar as forças opositoras".[62]

O intelectual fascista argentino Leopoldo Lugones argumentou que, em um país diverso como a Argentina, a guerra interna era obra de estrangeiros (ou seja, imigrantes) que não queriam fazer parte do país. Quando planejada pelo comunismo global, era uma guerra civil, mas, quando travada por patriotas argentinos, ela se tornava uma "guerra nacional".[63] Para Lugones e muitos outros fascistas, as guerras civis eram promovidas pelos "marxistas" e sua "propaganda", enquanto as guerras civis dos fascistas eram uma resposta natural à presença de estrangeiros na nação. Nesse contexto, os fascistas projetavam sua própria intenção de deflagrar guerra civil como sendo o objetivo de seus inimigos, argumentando que seus inimigos estavam mentindo sobre seu suposto "pacifismo".[64] O líder fascista brasileiro Plínio Salgado amplificou essa mentalidade argumentando que o capitalismo e o comunismo eram um único "monstro com duas cabeças". A democracia liberal era um meio de destruição nacional; essa era a razão pela qual "o integralismo, com Deus, a pátria e a família, declara guerra aos escravizadores da humanidade, aos incendiários de templos, aos violadores da consciência, aos falsificadores da história, aos inimigos da ordem, aos apóstolos da desordem, aos propagandistas da imoralidade, aos pregoeiros da anarquia, aos coveiros da civilização, aos destruidores da cultura, aos assassinos da liberdade, aos inimigos da pátria, aos inimigos de Deus".[65]

Como acontecia na maioria das vezes com as mentiras fascistas, uma conspiração secreta era inventada como desculpa para se entrar em ação. Inimigos eram fabricados e responsabilizados pela guerra civil verdadeira que os fascistas promoviam e desejavam iniciar. Na política, sempre que ouvimos palavras como "conspiração" e "substituição", e especialmente quando são apresentadas juntas, o fascismo está ali bem perto. Devemos nos preocupar especialmente quando essas palavras-chave fascistas estão ligadas a fantasias racistas sobre "guerras civis" e a "perseguição" de maiorias nacionais, ou a *slogans* racistas como "White Lives Matter" ("Vidas Brancas Importam").* Os fascistas se apropriam de vocabulários de suas vítimas e se envolvem em fantasias nas quais eles estariam sofrendo as mesmas formas de opressão que estão tão empenhados em gerar e intensificar.

Narendra Modi, na Índia, representou essas afinidades com o fascismo em sua essência. Em 2013, ele propôs uma Índia "livre" da oposição e, em 2017, declarou que "uma eleição é uma guerra, e eu sou o comandante". Como disse Christophe Jafrelot, essa é uma "tática nacionalista hindu clássica: encontrar desculpas para legitimar suas violentas *reações* (nunca *ações*)".[66] Assim, as vítimas são transformadas em culpadas pelas ações genocidas perpetradas contra elas. Essa lógica monstruosa só pode existir por força e por meio de teorias da conspiração.

As mentiras sobre a guerra interna e a necessidade de destruir a oposição geralmente levam a um projeto autocrático de substituição de uma sociedade civil diversificada pelo mundo homogêneo idealizado pelo líder. Nesse universo alternativo, o líder aparece

---

* "Vidas Brancas Importam" ("White Lives Matter") é um *slogan* supremacista branco surgido no início de 2015 como resposta racista ao movimento "Black Lives Matter" ("Vidas Negras Importam"), que surgiu no ano anterior para protestar contra a brutalidade policial contra afro-americanos. [N.T.]

como o redentor de um país que está à beira da destruição. É um mundo que não existe na realidade, mas o líder quer alcançá-lo.

Quando Trump disse a seus seguidores mais fanáticos, em seu discurso antes do ataque ao Capitólio em 6 de janeiro de 2021, "se vocês não lutarem como o diabo, não terão mais um país", não havia qualquer perigo real de que o país pudesse desaparecer – mas os seguidores de Trump agiram como se fosse verdade. De forma ainda mais explícita, Marjorie Taylor Greene disse, em 2022, que "os Democratas querem os Republicanos mortos" e que "Joe Biden declarou que todo americano amante da liberdade é inimigo do Estado". Uma das pessoas mais fascistas da coalizão populista-fascista de Trump, Stewart Rhodes, líder do grupo paramilitar Oath Keepers ("guardiões do juramento"), escreveu o seguinte para seus associados em 2020: "Não vamos passar por isso sem uma guerra civil". Trump frequentemente usava a guerra civil como um resultado iminente do que ele via como a perseguição sem precedentes históricos de sua figura.[67]

Tal como Trump e seus antecessores fascistas, Bolsonaro via a guerra civil como um objetivo político. A ideia da política como o local de uma guerra pseudorreligiosa do tipo tudo ou nada entre a verdade sagrada e as mentiras de um inimigo demoníaco explica por que a violência política é tão fácil para Bolsonaro. Em 1999, ele declarou: "Por meio do voto, você não vai mudar nada neste país, nada, absolutamente nada! Você só vai mudar, infelizmente, no dia em que nós partirmos para uma guerra civil aqui dentro – e fazendo o trabalho que o regime militar não fez. Matando uns trinta mil [...] não deixar ir pra fora não! Matando! Se vão morrer alguns inocentes, tudo bem. Na guerra, pessoas inocentes morrem".[68]

Das mentiras fascistas às mentiras populistas

Os fascistas querem mudar o mundo para que ele se assemelhe às suas mentiras. Sua verdade é baseada no mítico, não no empírico. Para eles, o mito, que não pode ser demonstrado empiricamente, é a verdade real. Não vemos essa forma de mentira na maioria dos populistas do século XX. Nesse aspecto, há uma ruptura entre o fascismo e outras tradições políticas, inclusive o populismo. Os populistas no poder durante todo o século XX, especialmente depois de 1945, mentiram de maneira mais parecida com os políticos mais típicos, ou seja, mentiram sem acreditar em suas mentiras. Juan Perón e Silvio Berlusconi, por exemplo, eram mentirosos como todos ou outros. Prometiam coisas que não podiam e não iriam fazer. Já os aspirantes a fascistas mentirosos, como Trump, Bolsonaro, Orbán, Modi e muitos outros, são diferentes.

O fascismo atribui total legitimidade ao líder, fundindo-o com os conceitos de povo e de nação. Essa lógica é baseada na noção de soberania popular, mas transforma o líder em um totalitário. Por outro lado, no populismo, o panorama é mais complexo. Os líderes populistas combinam a noção ditatorial de soberania popular – a ideia de que uma determinada pessoa pode ser fundida com o povo e a nação – com procedimentos eleitorais. O povo é entendido como duas coisas mutuamente exclusivas ao mesmo tempo: por um lado, são identificados com o líder, como no fascismo; mas, por outro lado, o povo precisa confirmar por meio de eleições que esse líder é a personificação do povo e da nação. Aqui encontramos as dimensões mais democráticas – e também as mais autoritárias – do populismo. Tanto o fascismo quanto o populismo acreditam na personificação como representação: na verdade, a realização da vontade do povo é totalmente delegada ao líder. Esse mito da representação se baseia na fantasia propagandística de que, de alguma forma, o líder único é a mesma entidade que uma nação e seu povo.

No fascismo, essa personificação não exige nenhum tipo de mediação racional ou processual, como a representação eleitoral. Mas, no populismo, as eleições são importantes para confirmar a "verdade da supremacia divina" do líder, e espalhar mentiras a respeito das eleições é uma parte crucial da manutenção da ideia que o líder tem acerca do seu lugar na história. Ao vencer as eleições plebiscitárias, os líderes populistas confirmam a natureza dupla de seu poder: eles são tanto representantes eleitos quanto condutores quase transcendentais da vontade do povo.[69]

Essa noção de encarnação levou, no fascismo, e também leva no populismo, à proclamação da infalibilidade do líder, a tal ponto que a escolha por aquele líder representa a última esperança da nação. Esse senso de urgência e de perigo iminente para a nação e para o povo é resultado da maneira como o líder caracterizou seus oponentes até ali. Como afirmou o então candidato Trump, referindo-se à vindoura eleição presidencial de 2016, "para eles [seus inimigos], é uma guerra, e para eles nada está fora dos limites. Esta é uma luta pela sobrevivência de nossa nação, acreditem em mim. E esta será nossa última chance de salvá-la, em 8 de novembro – lembrem-se disso".[70]

Nesse ponto, o fascismo apresenta diferenças importantes em relação ao populismo e a outros regimes autocráticos. O culto radical do líder o diferencia. Sem dúvida, os populistas também criam um culto em torno do líder, mas ele nunca se torna um culto aos mortos, à violência e à destruição real dos inimigos. A crença *kamikaze* dos fascistas em fazer sacrifícios em nome de seu líder representa o maior contraste entre fascistas e populistas.

O populismo, como movimento, mesmo que não renuncie aos procedimentos eleitorais democráticos, aspira ao fascismo quando muda da retórica genérica sobre o inimigo ("as elites", ou "os traidores", ou "o estado profundo",* ou "os forasteiros" etc.) para a identificação específica de inimigos raciais, políticos e/ou

---

* "Estado profundo", do inglês *deep state*, é o nome que adeptos do conspiracionismo dão a um conjunto de pessoas que não integram diretamente o governo, mas que supostamente controlariam e manipulariam políticas governamentais, por meio de sua influência e de alocações de dinheiro, de forma a atender seus interesses particulares, que seriam diferentes dos interesses públicos e governamentais. Eles representariam um grupo à parte do poder estatal e mais influente que ele, mas que não aparece publicamente. Segundo afirmam os conspiracionistas, esse grupo seria composto de membros obscuros de agências governamentais, representantes de grandes indústrias

sexuais e/ou religiosos, que são então enfrentados com violência política. As pessoas são mortas ou sacrificadas em nome do líder. Também em seu nome, os seguidores morrem pela causa. Somente em um bizarro universo fascista uma ideia como essa poderia ter algum fundamento. É por isso que, quando se é um estudioso do fascismo, é difícil não se preocupar com as aspirações ao fascismo que apresentam o trumpismo e seus aliados globais. Deve-se acrescentar ainda a essa lista de sinais de alerta da vocação de Trump para a política fascista a noção prevalente dos "heróis caídos". A concepção de que aquela tentativa de golpe de 6 de janeiro teve mártires não é nova nem original. E seus precedentes são fascistas.

Isso era bem comum durante a ditadura com que eu mesmo cresci na Argentina. Lá, em 1982, era uma luta dos ditadores contra a realidade. Eles decidiram, por exemplo, entrar em guerra contra o Reino Unido. Lembro-me de, quando criança, ouvir a TV, e eles insistiam em mentiras todos os dias – mentiras que eram típicas de ditaduras totalitárias, não de democracias. Na Argentina, a ditadura que governou entre 1976 e 1983 foi inspirada pela ideologia fascista e se posicionou contra muitos de seus cidadãos. Quando essas vítimas – os cidadãos do país – foram colocadas em campos de concentração e torturadas, as perguntas de caráter conspiratório que lhes foram feitas foram perguntas fascistas. Pedia-se a elas que confirmassem coisas que de fato reforçassem as mentiras e a propaganda da ditadura. É assim que a tortura fascista funciona. Há uma "ideia que precisa ser confirmada", e então as pessoas são submetidas a violências extremas para confirmá-la. Essa é a ideologia da propaganda, não a verdade real. Porque, quando esses ditadores e fascistas mentem, ou eles acreditam que suas mentiras são verdade, ou então acreditam que suas mentiras são servas da verdade, ou ainda – e esta é a pior parte – acreditam que, se a realidade não estiver de

---

e empresas, celebridades e figuras públicas e demais indivíduos com grande poder de influência socioeconômica. [N.T.]

acordo com essa "verdade" ideológica, então é a realidade que precisa ser mudada.

Quando o populismo moderno alcançou o poder depois de 1945, ele transformou o fascismo em algo mais democrático. Agora, os novos populistas da direita contemporânea estão voltando ao sonho fascista da destruição da história e da sua substituição pelo mito do líder infalível e da nação eterna. Os primeiros líderes populistas tinham certa hesitação em mudar radicalmente o registro histórico da forma como os fascistas haviam feito. Agora não é mais o caso.

Assim como a violência, o terror, o racismo e a ditadura, a mentira fascista é diferente da de outras ideologias políticas. Não se trata de uma questão de grau de diferença, mesmo que esse grau seja bem significativo, mas de uma diferença qualitativa entre o fascismo e outras ideologias políticas.

Violência, história e memória

Para defender a democracia, é necessário interromper os ataques à história que tentam redefinir nosso presente com fantasias sobre o passado. Muitos agentes da extrema direita desejam transformar a história em um mito e, em seguida, usá-la como modelo para distorcer o presente. Nos Estados Unidos, Donald Trump dedicou parte de sua presidência à ideia de conduzir o país de volta ao período anterior às reformas civis e democráticas da década de 1960, apresentando a si mesmo como defensor de uma "verdade da história americana", que supostamente havia sido abandonada por uma nova ortodoxia nacional. Com esse objetivo, ele promoveu uma "educação patriótica" que visava minar a importância do Projeto 1619.[*] Ao criticar esse projeto e

---

[*] O Projeto 1619, criado pela jornalista Nikole Hannah-Jones, foi apresentado na *New York Times Magazine* (revista encartada nas edições dominicais do jornal *The New York Times*), em agosto de 2019, "com o objetivo de focar a violência fundacional da escravidão como causa de muitos males do passado e do presente" (Federico Finchelstein). O nome do projeto se baseia no fato histórico de que, em agosto de 1619, pisaram no Porto Comfort, na Virgínia

tentar substituir a história por mitos autocongratulatórios, Trump entrou em conflito com vários historiadores, que ele então acusou de promover o "antiamericanismo".[71] Em outubro de 2020, ele mencionou "ativistas radicais" que queriam descortinar uma "história revisionista" que tentava "apagar Cristóvão Colombo de nosso patrimônio nacional".[72] Essa revisão da história não é um fenômeno limitado aos Estados Unidos; a Europa, a Ásia e a América Latina também a praticaram extensivamente. Em cada um desses casos, esse revisionismo está ligado a alguma política de xenofobia e ódio. Usando esse enfoque, o líder espanhol aspirante a fascista Santiago Abascal buscou transformar antigas mentiras fascistas em novos mitos do passado, alegando falsamente que a conquista das Américas "pôs fim a um genocídio entre os povos indígenas". Numerosos líderes de direita pós-fascistas o aplaudiram com entusiasmo, incluindo Keiko Fujimori (Peru), Eduardo Bolsonaro (Brasil), Javier Milei (Argentina) e o homem-forte húngaro Viktor Orbán. O trumpista americano Ted Cruz enviou

---

(colônia britânica nos Estados Unidos), entre 20 e 30 africanos provenientes de Luanda, Angola, sequestrados para serem escravizados. No dia seguinte, foram trocados por comida. De acordo com a criadora do projeto, aquele momento marcaria "o momento verdadeiro de fundação dos Estados Unidos", porque "os problemas do país em relação à saúde, ao acesso à universidade, às desigualdades, aos altos índices de encarceramento e à pobreza na primeira infância estão todos relacionados à origem escravocrata dos Estados Unidos". (Segundo afirma pesquisa da revista *Time*, tal ocasião costuma ser erroneamente citada como a primeira vez em que africanos teriam posto os pés na América do Norte; mas isso já havia acontecido em outras ocasiões, além do fato de que povos nativos da própria América do Norte já haviam sido escravizados pelos colonizadores europeus, o que não pode ser desconsiderado.) O projeto foi, então, largamente difundido em escolas norte-americanas e deu origem a um *podcast*, uma série de TV, livros, eventos e um website para estudantes e professores. Em razão dele, Hannah-Jones venceu o Prêmio Pulitzer de 2020. O então presidente Donald Trump foi um de seus principais opositores. O projeto foi criticado também por outros grupos políticos como sendo uma "falsificação politicamente motivada da história [...] em torno da premissa central de que toda a história dos Estados Unidos tem sua origem no ódio racial". [N.T.]

uma mensagem que dizia: "Enfrentamos uma esquerda global fortalecida que busca derrubar instituições nacionais e religiosas que nos são caras, em muitos casos, de forma violenta".[73]

Enquanto Olavo de Carvalho, o guru de Bolsonaro, defendia os legados da escravidão e da inquisição, Bolsonaro determinou a legitimidade da violência em um passado mais recente. Endossou o legado das ditaduras latino-americanas e de suas "Guerras Sujas", e se disse um admirador do general chileno Augusto Pinochet e de outros líderes autoritários. Assim como os generais da "Guerra Suja" argentina dos anos 1970 e o próprio Adolf Hitler, Bolsonaro não enxerga legitimidade na oposição, que para ele representa "poderes tirânicos". Em 2018, ele afirmou que sua oposição política, os membros do Partido dos Trabalhadores, deveriam ser executados. Essa noção de violência como solução para a política comum foi articulada pela primeira vez por Mussolini, que a apresentou como um modelo de heroísmo e uma cartilha de ação política.[74]

Essa violência era uma parte fundamental do ideário fascista da política como guerra. Na Argentina, após o golpe fascista do general José Uriburu em 1930, e com sua morte prematura em 1932, os fascistas argentinos fantasiavam acerca do golpe como se houvesse sido um conflito militar convencional. Alguns dos participantes mortos naquele golpe foram reinterpretados como "soldados caídos em uma grande guerra". Perto do Cemitério da Recoleta, em Buenos Aires, um turista curioso poderá ver o monumento aos "heróis caídos" da "revolução" uriburista. Fascistas na Alemanha, no Japão e na Itália apresentavam fantasias semelhantes de guerra e falso martírio. Organizavam uma variedade de rituais (recitais, passeatas, encontros) no intuito de comemorar coisas que nunca haviam acontecido ou que não aconteceram da maneira como eram lembradas. Mas nada disso importava para os fascistas, que acreditavam cegamente no mito de seus líderes.

Essas memórias falsas serviam ao propósito de elevar os líderes acima da política e para além da história. Lembranças de "mártires", "guerras", "perseguições" e "caças às bruxas" são ornamentos da religião política.

Os líderes fascistas relacionavam o poder à glorificação da violência e da morte. O fascismo enfatizava a ideia de regeneração e da salvação de seus guerreiros por meio da morte como sacrifício. Para eles, é "a vontade de Deus": "o germe de uma renovação só pode crescer a partir da morte, do sofrimento". Os fascistas romenos afirmavam "amar a morte". Para eles, a morte era "nosso casamento mais querido entre todos os casamentos".[75] Hitler exterminou milhões de judeus europeus porque acreditava que isso traria uma nova era histórica para a raça ariana. Pinochet torturou, aprisionou e matou milhares de opositores no Chile, argumentando que atos de extrema repressão estavam a serviço de salvar o Chile da guerra civil. Ele afirmava que havia sido por meio de um estado de exceção que o Chile havia recuperado sua "liberdade" e evitado o "triunfo do totalitarismo" e "o fim de todo direito humano".[76]

Tanto a propaganda quanto a repressão evoluíram em nosso novo século, tornando-se menos evidentes e mais explícitas.[*] Se a violência bruta era a marca dos ditadores durante as eras do fascismo e da Guerra Fria, como argumenta a historiadora Ruth Ben-Ghiat, os autocratas da nova era, como Bolsonaro e Trump, adotaram formas mais seletivas de repressão e violência. A violência se torna mais direcionada e menos organizada (por exemplo, sem assassinatos em massa ou execuções sumárias aos milhares). Atos profundamente repressivos, como a operação de campos de detenção nos Estados Unidos, a política de separação de crianças imigrantes e a promoção e celebração da brutalidade policial, se tornam dimensões estruturais do governo de um homem-forte.

---

[*] Com essa aparente contradição, o autor sugere que tanto a propaganda quanto a repressão teriam se tornado menos óbvias aos olhos do público, porém, ao mesmo tempo, mais "assumidas". Em outras palavras: essas estratégias podem não ser tão facilmente reconhecidas como propaganda ou repressão pelos observadores, mas estão sendo implementadas de maneira mais direta e declarada. [N.T.]

Embora a violência estatal seja mais difícil de ser executada em um país com imprensa livre, no novo cenário midiático, líderes populistas podem contornar a imprensa e se comunicar diretamente com seus seguidores sem que isso desperte desconfianças e apuração. As mudanças na mídia – partindo do rádio e do cinema na época de Hitler, Mussolini e Perón; para a televisão na época de Silvio Berlusconi, do populista equatoriano Abdala Bucaram (1996-1997) e do populista argentino Carlos Menem (1989-1999); até as redes e mídias sociais de hoje com Trump, Modi e Bolsonaro – afetaram tanto a produção quanto a recepção de propaganda. Ao contrário de eras passadas, quando as pessoas dependiam de poucos veículos de mídia, populistas mais recentes se comunicam usando "nichos e silos de informação nos quais os cidadãos compartilham informações diretamente". Eles utilizam o WhatsApp ou o Telegram e outras mídias e tendem a restringir a comunicação àqueles que compartilham seus pontos de vista. É por isso que não há necessidade de censura e talvez nem mesmo haja necessidade de se criarem monopólios ou semimonopólios de mídia, como fizeram os fascistas e populistas clássicos no passado.[77] As mídias e o contexto mudaram, mas não os padrões de comportamento violento dos autocratas. Como também observou Ben-Ghiat, o Twitter era para Trump "o que os noticiários eram para os fascistas: um canal direto com o povo, que o mantém [Trump] constantemente nas notícias".[78]

Nazismo como insulto e como realidade

"Por que você não pode ser mais como os generais alemães?", perguntou Trump ao seu chefe de gabinete. Ele esperava que seus próprios generais fossem "totalmente leais a ele", como imaginava que o exército alemão havia sido ao Führer.[79] Esse comentário foi feito em âmbito privado. Na verdade, em público, Trump nunca usava o ditador nazista como modelo, mas, sim, como um insulto contra seus inimigos. Essa foi uma tendência global: agir como um fascista e acusar os outros de serem nazistas.

Nos Estados Unidos, no Brasil e em outros lugares, os populistas de direita estão cada vez mais agindo como os nazistas e, ao mesmo tempo, renegando essa herança nazista ou até mesmo culpando a esquerda por ela. Para os quase-fascistas, agir como um nazista ao mesmo tempo em que se acusa seu oponente de ser nazista não é, de forma alguma, uma contradição. De fato, a ideia de um nazismo de esquerda é um mito político. Essa ideia permite que os seguidores mais fanáticos dos fascistas se envolvam em atos de sedição e terrorismo interno. Pense nos quinhentos detidos pelo ataque ao Capitólio, que são falsamente apresentados pela propaganda trumpista como "combatentes da liberdade" e como "prisioneiros políticos" de uma ordem autoritária.

Segundo acusam direitistas brasileiros e os negacionistas do Holocausto, é a esquerda que ameaça reviver a violência do nazismo. Acusações semelhantes são feitas por ideólogos trumpistas nos Estados Unidos, que afirmam falsamente que os Democratas e a esquerda são fascistas. Isso, é claro, é mais uma mentira que vem diretamente da cartilha nazista. Os fascistas sempre negam o que são e atribuem suas próprias características e política totalitária aos seus inimigos. Como vimos em seu discurso no Reichstag de 1939, enquanto Hitler acusava o judaísmo de ser a força por trás dos Estados Unidos e da Rússia, e dizia que os judeus queriam iniciar uma guerra e exterminar os alemães, foi ele quem iniciou a Segunda Guerra Mundial e exterminou os judeus europeus. Os fascistas sempre substituíram a realidade por fantasias ideológicas. É por isso que Bolsonaro apresenta os líderes da esquerda como emuladores contemporâneos do hitlerismo, quando, na verdade, é ele o aspirante a fascista, intimamente mais próximo do Führer em estilo e substância.

Na própria Alemanha, alguns manifestantes de extrema direita fazem a saudação nazista em manifestações, mas seus líderes no partido populista de extrema direita Alternativa para a Alemanha, que agora é um dos maiores partidos do país, explicitamente renegam o nazismo. Ao mesmo tempo, eles usam os insultos infames e as estratégias de propaganda de Hitler para atacar a mídia independente. Tal como o líder nazista, chamam a mídia de "a imprensa mentirosa".

Nos Estados Unidos, o então presidente Donald Trump fez um infame comentário em 2017, dizendo que alguns neonazistas e nacionalistas brancos eram "pessoas muito boas".[80] Trump também, em certo momento de sua presidência, acusou a CIA de agir como nazistas. Seguindo doutrinas nazistas de propaganda, muitos na extrema direita contemporânea (frequentemente nacionalistas brancos e neonazistas) negam ligações com seus predecessores ideológicos e até mesmo argumentam que aqueles que se opõem a eles são os verdadeiros nazistas. Os novos populistas de direita da América Latina estão seguindo o mesmo caminho.

Em 2018, quando outro candidato presidencial acusou Bolsonaro de ser um "Hitler tropical", Bolsonaro respondeu que não era ele, mas, sim, seus inimigos que elogiavam o líder nazista. (Em 2011, aliás, Bolsonaro disse que preferia ser chamado de "Hitler" por seus críticos do que ser percebido como gay.)[81] Na nova era populista de *fake news* e mentiras descaradas, uma falsidade em particular sobre o nazismo se destaca: a ideia distorcida de que o nazismo e o fascismo são fenômenos violentos de esquerda.

Em uma época em que a extrema direita contemporânea e os líderes populistas que minimizam seu racismo e violência extrema estão mais próximos do nazismo do que nunca, muitos deles estão tentando se distanciar do legado de Hitler usando argumentos simplistas para culpar a esquerda socialista pelo nazismo. Essa é uma tática de propaganda notória que se assemelha a campanhas fascistas anteriores e reforça novas ondas de violência potencialmente fascistas.

Nos primeiros dias de Hitler, os propagandistas nazistas repetidamente afirmavam que Hitler era um homem de paz, um moderado quando se tratava de antissemitismo, racismo e a personificação da nação e de seu povo. Em resumo, ele era um líder pacífico acima das mesquinharias da política. Como os historiadores do fascismo sabem tão bem, essas eram mentiras flagrantes que geraram apoio de longa data ao nazismo, apesar do fato de que Hitler era exatamente o oposto do que foi descrito – foi um dos mais radicais belicistas e racistas da história.

Assim como nos tempos nazistas, a repetição hoje substituiu a explicação. Apenas a ignorância ou a negação consciente do legado histórico do nazismo podem levar os propagandistas a rotular erroneamente um nacionalismo explicitamente da direita como algo que teria sido apropriado pela esquerda.[82] Apesar da maliciosa expressão "nacional-socialismo", que era intencionalmente enganosa para confundir os trabalhadores e fazê-los votar em fascistas, o Partido Nazista logo renunciou a qualquer possível dimensão socialista.[83] Aqueles que simplificam a história para argumentar que o fascismo é uma forma de socialismo se esquecem intencionalmente de que o fascismo se propunha a lutar violentamente contra o socialismo (e também contra o liberalismo constitucional), enquanto deixava à deriva as preocupações com justiça social e luta de classes e as substituía por agressão nacionalista e imperialista.

Formas fascistas de propaganda representam uma inspiração para aspirantes a fascistas em todo o mundo.[84] Como explicou Kracauer em 1936, ao contrário de outras formas de propaganda que têm objetivos fixos, a propaganda fascista "cria maneiras de se renovar continuamente". Na propaganda fascista, as pessoas se tornam ornamentos que são fundidos com o líder. O culto à personalidade "enfraquece o senso de realidade". O resultado é o triunfo de uma espécie de charlatanismo que substitui quaisquer soluções reais.[85] Se quisermos defender a democracia, devemos prestar atenção e denunciar essas mentiras e essa propaganda. Sobre ler a propaganda nazista, Klemperer escreveu: "A cada vez que eu a leio, me sinto doente; mas a tensão agora é tão grande que é preciso ao menos saber quais mentiras estão sendo contadas".[86]

3

A POLÍTICA DA XENOFOBIA

Não há fascismo sem inimigos. Não há fascismo plenamente desenvolvido sem uma subsequente repressão e perseguição. O ditador fascista Benito Mussolini explicou essa lógica fascista da inimizade quando afirmou: "Em toda sociedade há a necessidade de que uma parte dos cidadãos seja odiada".[1]

O fascismo é criado e sustentado pela demonização dos outros. Projetar ódio extremo sobre o inimigo representa um pilar da ideologia fascista. Somente quando a dissidência, a diferença e a resistência dos inimigos puderem ser mal interpretadas como sendo exemplos da necessidade de se tomar alguma ação preventiva, é que o fascismo será posto em prática. Adolf Hitler explicou essa necessidade quando afirmou que o movimento "não deve temer a hostilidade de seus inimigos, mas deve sentir que essa é a pressuposição para o seu próprio direito de existir".[2]

Somente quando as pessoas são transformadas em "inimigos mortais" é que o verdadeiro fascismo emerge. E transformar esses inimigos em sujeitos vivos que podem se tornar vítimas reais se torna sua prática. Assim, quando o conceito de inimigo é projetado nas vítimas, quando ele se torna uma manifestação concreta da política fascista de ódio extremo e xenofobia, o fascismo é capaz

111

de transformar a propaganda em realidade. Os inimigos deixam de ser apenas uma ideia; eles se tornam pessoas reais, vítimas da ideologia fascista.

O fascismo não pode existir sem a intenção de perpetrar o extermínio extremo de vítimas, mas o racismo, a dominação e a busca pela desigualdade entre as pessoas também nunca estão ausentes da equação. Para o fascismo, é essencial criar inimigos, concebidos como o "outro" supremo que precisa ser controlado. Essa forma de perseguição se tornou uma tarefa transnacional com antecedentes globais. Como apontou Aimé Césaire em seu *Discurso sobre o colonialismo*, os fascistas aplicaram técnicas racistas do colonialismo às vítimas europeias. Hitler expressou isso ao afirmar: "Não aspiramos à igualdade, mas à *dominação*".[3]

A dominação, naturalmente, requer a demonização, embora a identidade dos inimigos possa variar. Conforme formulado pelo historiador Zeev Sternhell, o fascismo não se alinha com a direita ou a esquerda em sentido tradicional, mas representa uma apropriação de ambas pela extrema direita. De fato, quando os nazistas discutiam suas preocupações sociais, tinham em mente uma sociedade racista com uma espécie de igualdade social apenas entre os membros da raça dominante. Construir essa sociedade implicava excluir todos os outros, explicando assim as muitas ressonâncias do passado em nosso presente.

O fascismo significava, antes de tudo, política como violência, política como dominação. Enquanto a esquerda reivindicava direitos para todos, o fascismo não desejava direitos para pessoas que eram etnicamente ou racialmente distintas, ou que se comportavam ou pensavam de maneira diferente. Em outras palavras, os fascistas atacavam minorias políticas e étnicas em nome do líder, da nação e do sagrado. O fascismo, em suas diversas formas, não hesitava em matar seus próprios cidadãos, assim como seus súditos colonizados, em sua busca pela supremacia ideológica e racial.

Milhões de civis pereceram em todo o mundo durante o apogeu das ideologias fascistas na Europa e além. O fascismo superou a antiga direita reacionária ao adicionar temas de esquerda a fim de produzir uma abordagem nova e racista ao nacionalismo em questões sociais, econômicas e políticas – uma abordagem política que ressurgiu com mais força hoje, da Europa ao Brasil e aos Estados Unidos.

No fascismo, destruir a democracia significaria, por sua vez, destruir a sociedade civil, a tolerância política e o pluralismo. Mas nada disso poderia acontecer sem o medo de que certas pessoas – que se comportavam de maneira diferente ou eram percebidas como diferentes – fossem destruir primeiro o líder e sua comunidade étnica nacional. A nova legitimidade da ordem fascista estava enraizada no poder do líder, do povo e da nação, mas também nas ameaças representadas por inimigos poderosos. A ditadura fascista do povo, com sua vontade de criar um novo homem e uma nova ordem mundial, dependia de seu outro dialético, os inimigos existenciais, os antipopulares. Essas conexões entre o inimigo, a ditadura e o povo eram centrais para os fascistas ao redor do globo. Como os fascistas argentinos colocaram a ideia na década de 1930, "o dia do acerto de contas final está bem próximo, e faremos desaparecer todos os indignos em prol da pátria".[4]

O ódio define a identidade fascista

No fascismo, os inimigos não podem ser temidos, mas odiados. Essa projeção fascista de ódio, por sua vez, gera mais ódio. O nazismo "não deve evitar sentir ódio dos inimigos de nossa nacionalidade e de nossa filosofia e suas manifestações; deve ansiar por senti-lo [...] Qualquer homem que não seja atacado nos jornais judaicos, que não seja difamado e vilipendiado por eles, não é um alemão decente e nem um verdadeiro Nacional Socialista. O melhor critério para entender o valor de sua atitude, para saber a sinceridade de sua convicção e a força de sua vontade, é a hostilidade que ele recebe do inimigo mortal de nosso povo".[5]

Como funciona a ideia simplista de que o eu só existe por meio do ódio do inimigo? Victor Klemperer já perguntava "se essa incessante afirmação da malícia e da inferioridade judaicas, e a alegação de que os judeus eram o único inimigo, não acabavam por entorpecer a mente e provocar contradição". Sua resposta foi a de que Hitler considerava seus seguidores estúpidos: "Com grande insistência e um alto grau de precisão até o último detalhe, *Minha luta* de Hitler prega não apenas que as massas são estúpidas, mas também que precisam ser mantidas assim e intimidadas de forma a não pensarem".[6]

A ideia de não deixar pensar permitiu que os fascistas apresentassem às pessoas a dicotomia definitiva entre "nós" e "eles". Os inimigos eram uma ameaça existencial, constantemente ameaçando o bem-estar da nação: "Não há inimigo maior do que os parasitas que vivem à espreita de suas presas".[7]

Conforme o filósofo Jason Stanley explica, essa criação de um "*eles que são perigosos*", que visa destruir tudo de valor, é central para o objetivo fascista de unificar as pessoas contra fins repreensíveis, enquanto apresenta o ódio como uma reação virtuosa e preventiva.[8] Nesse contexto, o racismo e a xenofobia ajudaram a consolidar a formação dos inimigos do fascismo. Um famoso líder fascista antissemita argentino, Enrique P. Osés, alegou em 1940: "Todos aqueles que vão contra a Pátria são nossos inimigos. E, no que estiver em nossas mãos, todos perecerão ou nós pereceremos. Esta é a exigência. Esta é a luta em que estamos envolvidos".[9] Para Osés e muitos outros fascistas argentinos, o principal inimigo da Argentina eram os judeus.[10]

A ideia de autodefesa contra ameaças raciais imaginárias se tornou um motivo para demonizar e perseguir outras pessoas. Uma vez que essa propaganda racista passou a ser apresentada como fato, deixou de ser chocante ou repreensível e passou a ser uma necessidade para a comunidade. O fascista mexicano José Vasconcelos afirmou que "muitas pessoas ficam surpresas quando, de repente, perseguições raciais são desencadeadas. E, embora ninguém as aprove em seu coração, é um fato que a tensão que foi contida por muito tempo explode mais cedo ou mais tarde de forma violenta. E talvez a única maneira de evitar essa violência seja denunciar as causas que as provocaram em outros povos".[11]

Assim, o racismo e a perseguição foram apresentados erroneamente tal como se originassem-se de uma crítica factual. O fascismo apresentava formas racistas de ódio e deturpava suas reações contra inimigos como sendo genuínas. Essas ações se tornaram uma espécie de autovitimização, pois eram baseadas em mentiras apresentadas como fatos. No cerne dessas mentiras estavam ideologias pseudo-científicas extremistas. Como Hannah Arendt explicou,

> Uma ideologia é bem literalmente o que a palavra sugere: a lógica de uma ideia. Seu objeto de estudo é a história, à qual a "ideia" é aplicada. O resultado dessa aplicação não é um conjunto de declarações sobre algo que é, mas, sim, o desdobramento de um processo em constante mudança. A ideologia trata a sequência dos eventos como se seguisse a mesma "lei" da exposição lógica de sua "ideia". Ideologias fingem conhecer os mistérios de todo o processo histórico: os segredos do passado, as complexidades do presente e as incertezas do futuro, tudo por causa da lógica inerente às suas respectivas ideias. As ideologias nunca estão interessadas no milagre do ser. Elas são históricas, preocupadas com o tornar-se e o perecer, com o surgimento e a queda das culturas, mesmo que tentem explicar a história por meio de alguma "lei da natureza". A palavra "raça" em "racismo" não significa uma genuína curiosidade sobre as raças humanas como um campo de exploração científica, mas é a "ideia" pela qual o movimento da história é explicado como um processo consistente.[12]

Embora Arendt tenha acertadamente destacado o modo como alegações científicas falsas eram centrais para as ideologias totalitárias, ela deixou de considerar um aspecto em sua poderosa crítica ao nazismo. Como exemplo disso, um dos mais fervorosos antissemitas dentro do movimento nazista, Julius Streicher, afirmou: "Se o perigo da reprodução daquela maldição de Deus no sangue judeu finalmente chegar ao fim, então só há um caminho aberto: o extermínio desse povo cujo pai é o diabo".[13]

Ou seja, além do nazismo, os fascistas não excluíam também o fanatismo religioso como combustível para seu ódio. Na verdade, eles fundiam pseudociência e pseudorreligião. Um dos exemplos mais infames desse clerofascismo foi o padre fascista americano Charles Coughlin, que argumentou que a autodefesa significava partir para o ataque: "Por que, então, eu deveria estar na defensiva contra esse ataque judaico altamente organizado e irreligioso? Eu não estou na defensiva; estou no ataque por Deus e pelo país".[14]

Essa estratégia de usar inimigos imaginários de Deus e do país para explicar a realidade levou a extremos de projeção. Típica nesse sentido era a tendência fascista de acusar as vítimas do racismo de serem os verdadeiros racistas.

O padre Gustavo Franceschi, diretor do importante jornal católico argentino *Criterio* nas décadas de 1930 e 1940, sustentava que a exclusão necessária dos judeus se devia ao seu comportamento político e cultural, e não ao seu caráter racial.[15] Para Franceschi, isso era suficiente para explicar a perseguição aos judeus alemães durante o Holocausto, e uma alegada consequência óbvia disso era a necessidade de rejeitar os novos refugiados que tentavam entrar no país. Esses pensamentos foram aceitos e compartilhados pelos detentores do poder e permitiram que países como a Argentina e os Estados Unidos contribuíssem (assim como muitos outros países, mas com uma combinação insidiosa de racismo e apatia) para as mortes de milhões de judeus. Esses países não foram os principais culpados, mas seu racismo contribuiu automaticamente.

No final da década de 1930, fascistas em todo o mundo fantasiavam que a causa do antissemitismo residia nas próprias ações dos judeus, indissociáveis de sua existência como grupo.[16] Culpar as vítimas abriu novas possibilidades de ação, novas soluções para o "problema judaico", e o padre Franceschi não as rejeitou prontamente porque essas soluções eram "reações" à "catástrofe" que os judeus estavam trazendo para o país: "O que até muito recentemente era considerado impossível na Argentina, um antissemitismo agressivo [...] que exige a eliminação dos judeus por qualquer meio, manifesta-se a cada passo e ganha a cada dia novos e entusiastas apoiadores. Sejamos realistas: um grande *pogrom* já não é improvável entre nós".[17]

Dentro dessa forma de pensar, o judaísmo, na posição de raça milenar, tentou dominar o mundo por meio da secularização das sociedades cristãs. Outro padre argentino fascista, Julio Meinvielle, estabeleceu uma dicotomia histórica em que o cristianismo e o judaísmo representavam uma batalha eterna entre a natureza espiritual e etérea do primeiro e as qualidades baixas, seculares e carnais do último. Os cristãos representavam Deus; os judeus representavam o Anticristo.[18]

Da mesma forma, o líder integralista brasileiro Gustavo Barroso afirmou em 1936: "O Estado Integralista é profundamente cristão, um Estado forte, não em termos cesaristas, mas em termos cristãos". Alegava que tal Estado tinha a "autoridade moral" e também os "homens fortes" para agir ofensivamente. De alguma forma, ele convenceu a si mesmo e a outros de que "defender a unidade" e a "brasilidade" significava que seu racismo era antirracismo. Disse ainda que seu Estado integralista "luta contra os judeus, porque luta contra o racismo e o exclusivismo racial, e os judeus são os racistas mais irredutíveis do mundo".[19] Nem todos os fascistas adotaram para si o uso da palavra "racismo", mas esse foi o caso com o fascismo italiano, que, em 1938, apresentou ao mundo seu decálogo do "Manifesto da Raça". Os dez tópicos do racismo fascista estabeleciam o seguinte:

1. Raças humanas existem.
2. Há raças grandes e raças pequenas.
3. O conceito de raça é puramente biológico.
4. A população italiana hoje é ariana, e sua civilização é ariana.
5. A contribuição de grandes massas de homens em tempos históricos é uma lenda.
6. Existe uma raça italiana pura.
7. É hora de os italianos se proclamarem claramente racistas.

8. É necessário fazer uma distinção clara entre o Mediterrâneo Europeu (ocidentais) de um lado e os orientais e africanos do outro.

9. Judeus não pertencem à raça italiana.

10. Nenhum hibridismo deve alterar a raça italiana pura.[20]

Também os nazistas queriam que as pessoas "aprendessem a pensar como racistas". Mas a política explícita de xenofobia do fascismo não significava que outras ideologias, movimentos ou regimes não pudessem ser também racistas na teoria e na prática. Por exemplo, até mesmo os próprios nazistas consideravam que a "regra de uma gota"* dos norte-americanos era muito extrema. Como observou James Whitman, foi um médico nazista, o Dr. Möbius, quem disse: "Estou lembrado de algo que um americano nos disse recentemente. Ele explicou: 'Fazemos a mesma coisa que vocês estão fazendo. Mas por que vocês têm de dizer isso tão explicitamente em suas leis?'".[21] Esse racista americano não conseguia ver a lógica fascista do racismo. O fascismo consistia em dizer em voz alta o que estava implícito.

Racismo fascista e xenofobia

Não há ponto de partida para o fascismo sem a criação de inimigos absolutos, mas estes podem ser imaginados e visados de diferentes maneiras.

Há uma concepção equivocada de que certos fascismos não eram nem racistas nem extremamente discriminatórios. Isso é historicamente incorreto. A maioria dos historiadores do fascismo apresenta o racismo como um elemento-chave dos fascismos transnacionais, e mesmo antes deles muitos antifascistas e muitas

---

* A "regra de uma gota" era um princípio social e jurídico de classificação racial historicamente proeminente nos Estados Unidos no século XX e que chegou a ser inclusive codificado na lei de alguns estados. Ditava que qualquer pessoa com um único ancestral de ascendência africana subsaariana deveria ser considerada negra, pois possuiria "aquela gota de sangue negro". O conceito existiu apenas em colônias britânicas nas Américas. (adaptado da Wikipedia) [N.T.]

vítimas dos regimes observaram a centralidade do racismo para o fascismo. As minorias muitas vezes foram as primeiras a ver e a sofrer as consequências do fascismo. Por exemplo, nos Estados Unidos, como explica o historiador Matthew F. Delmont, "para os afro-americanos, a guerra [Segunda Guerra Mundial] não começou com Pearl Harbor em 1941, mas vários anos antes, com a invasão italiana da Etiópia e a Guerra Civil Espanhola".[22] E, quando Hitler chegou ao poder em 1933, os afro-americanos reconheceram claramente a ameaça e as semelhanças entre as formas de racismo nazista e americana. Como disse o proeminente jornalista afro-americano Langston Hughes, "sim, nós negros na América não precisamos que nos digam o que é o fascismo em ação [...] Nós sabemos. Suas teorias de supremacia nórdica e supressão econômica têm sido realidade para nós há muito tempo'".[23]

Fica claro por qual razão todos aqueles que perceberam o que o fascismo realmente significava rapidamente se tornaram antifascistas. Em todo o mundo, os antifascistas deixaram claras essas conexões globais entre fascismo e racismo.[24] Em 1923, na Argentina, o deputado social-democrata Alfredo Palacios observou que a organização racista e antissemita Ku Klux Klan era a versão americana do fascismo, tão bem representada por Mussolini na Itália e por Leopoldo Lugones na Argentina.[25]

Os próprios fascistas apontaram essas conexões entre ódio profundo, racismo, perseguição e extermínio. Como Lugones havia declarado, mesmo antes de ele próprio se tornar um fascista, aspectos raciais já moldavam as considerações de lei e justiça na Argentina, na América Latina e em outros lugares: "Se o extermínio dos índios for benéfico para a raça branca, então por si só já é algo bom; e se a humanidade se beneficia de seu triunfo, então esse ato também conta com a justiça ao seu lado, cuja base é a predominância do interesse".[26] Entretanto, nem todos os fascistas concordavam com a ideia de excluir as populações indígenas do projeto fascista de construção nacional racial. Os *nacis* chilenos argumentavam que a raça chilena era "unida e homogênea" justamente porque havia fundido sangue espanhol e araucano* ao longo de três séculos.[27] Fascistas chineses também destacaram a coesão dos chineses da "raça amarela" e como os inimigos queriam forçar os chineses a "se tornarem uma raça diferente".[28]

Antigas noções de teor racista foram usadas para "confirmar" a pretensa hierarquia fascista dos povos. Ideias de superioridade racial, leis racistas e temores de miscigenação moldaram o surgimento e o desenvolvimento do fascismo. Simplificando: não é possível entender bem o fascismo sem conhecer a história do racismo que o precedeu.

A eugenia estabeleceu um precedente-chave nesse sentido. Na Suécia e nos Estados Unidos, a concepção duvidosa de que seria possível "melhorar a raça" por meio de segregação e esterilização forçada levou os fascistas a acreditarem erroneamente que seu racismo tinha alguma base científica.

Admiradores do fascismo, como o egípcio Salama Musa, viam o nazismo como um excelente exemplo da necessidade de separação estrita entre as raças. Como explicam os historiadores Israel Gershoni e James Jankowski, Musa via "a mistura de diferentes raças, como 'o negro com o branco e o amarelo com o marrom'", como algo que levava, na melhor das hipóteses, a "uma mistura adversa de raças na qual as qualidades da raça superior seriam poluídas pelas da inferior".[29]

Os fascistas geralmente ligavam essa ideia de contaminação a teorias conspiratórias. O fascista egípcio e camisa-verde Ahmad Husayn enxergava judeus nos bastidores de todas as coisas ruins que aconteciam no Oriente Médio: "Eles são o segredo por trás

---

* O adjetivo é relativo à região chamada de Araucânia, no Chile, em particular à cidade, comuna e depois província de Arauco e também sua língua e cultura. No local onde hoje se encontra a cidade, havia forte presença de população indígena na época das Grandes Navegações, e ali então se tornou um dos primeiros locais de assentamento espanhol no país. O termo "araucano" é tomado como sinônimo de "nativo, original do Chile". [N.T.]

deste esgoto cultural e destas práticas imundas. Eles são o segredo por trás deste declínio religioso e moral, a ponto de se tornar correto dizer 'procure o judeu por trás de cada depravação'".[30] De maneira semelhante, Hitler falava da fantasia de se tentar tornar a Alemanha menos branca como algo, no fundo, concebido pelos judeus. Ele advertiu contra um futuro "Estado mulato" europeu.[31] Para o Führer, a França era o exemplo de um Estado dominado pelos judeus: "O povo francês, cada vez mais obcecado por ideias negroides, representa uma ameaça preocupante à existência da raça branca na Europa, porque eles estão em conluio com a campanha judaica pela dominação mundial". Quaisquer ações de negros e judeus significavam a mesma coisa na mente de Hitler. A corrupção da raça estava no cerne da "contaminação causada pelo influxo de sangue negroide no Reno, no próprio coração da Europa [...] bem de acordo com a sede sádica e perversa por vingança do inimigo hereditário de nosso povo, como convém ao propósito do judeu friamente calculista que usaria esse meio de introduzir um processo de bastardização no próprio âmago do continente europeu". Hitler afirmava que os judeus queriam destruir a raça branca "infectando-a com o sangue de uma raça inferior, [o que] destruiria os fundamentos de sua existência independente".[32]

Os fascistas eram obcecados com a ideia da degradação de uma comunidade nacional que seria pura do ponto de vista racial. Os precedentes para essas ideias desajustadas eram variados e incluíam os estatutos de "pureza de sangue" espanhóis do século XV (um claro precedente para o pensamento nazista) e, mais recentemente, a história do racismo norte-americano.[33]

Na óptica dos nazistas, o racismo era uma resposta ao liberalismo, que seria o verdadeiro culpado. Como afirmava o fanático propagandista nazista Streicher, "a emancipação dos judeus e a libertação dos escravos negros são os dois grandes crimes da civilização cometidos pelos plutocratas nos últimos séculos".[34] Nesse contexto, para os nazistas, o sul segregacionista dos Estados Unidos (onde vigoravam as leis Jim Crow)* era uma inspiração. Os nazistas exploravam a legislação racial americana como um exemplo-chave para suas próprias políticas racistas de perseguição.[35] Mas eles não foram os únicos a ver as tradições racistas e fascistas americanas como conectadas às suas próprias. Já em 1923, um artigo publicado na mais importante revista fascista, *Gerarchia* (dirigida por Benito Mussolini), afirmava que, "ao redor do mundo, vários movimentos políticos estão se moldando ao fascismo ou tentando seguir seu modelo". Esses movimentos "tinham em comum a fundação ideológica nacionalista". Enquanto o nacionalismo era "único e igual em todos os países em seu substrato filosófico, em sua prática ele inevitavelmente deve se adaptar às diferentes necessidades e aspirações de cada povo e de cada raça". O escritor fascista concluiu que "é por isso que os 'magiares despertos' são monarquistas e antissemitas, enquanto os nacional-socialistas bávaros tentam unir o sentimento dinástico e militar às aspirações econômicas do tão conturbado proletariado germânico. É por isso que, na América, a poderosa e misteriosa seita Ku Klux Klan realiza todo tipo de assédio contra homens negros". Essa violência, para os fascistas, seria justificada, porque, "de fato, o aumento cada vez maior da população negra, que é inimiga dos brancos por tradição racial e pelo desprezo que ainda a envolve hoje, representa um terrível desconhecido para o futuro dos Estados Unidos".[36]

---

* "Leis Jim Crow" é o nome dado a uma coleção de estatutos estaduais e locais que legalizavam a segregação racial no sul dos Estados Unidos entre 1877 até meados dos anos 1960. Havia ainda normas de convivência que afetavam os comportamentos e ditavam o modo de agir das pessoas negras, especialmente em submissão aos brancos. Durante aquele período (às vezes também designado como "Jim Crow"), a comunidade afro-americana enfrentou segregação institucionalizada, violências, humilhações e toda sorte de desigualdades raciais, então com embasamento legal. Tentativas de desafiar essas leis resultavam em prisões, multas, violência ou mesmo em morte. O conjunto de leis recebeu esse nome por causa de um personagem de uma canção popular do século XIX que retratava um homem negro estereotipado. [N.T.]

O racismo fascista era inseparável da ideia de inimizade radical que os fascistas mantinham em relação à esquerda e ao secularismo. Como explicou um líder dos fascistas colombianos, os Leopardos, "não há inimigos à direita". O que ele quis dizer é que o fascismo representava o extremo violento de uma aliança de direita mais ampla de conservadores e fascistas contra "inimigos internos" e as "ambições de outras raças".[37]

O racismo nazista representava tanto um modelo sedutor quanto um exemplo extremo, como se recorda o admirador nazista sírio Sami al-Jundi (mais tarde líder do partido nacionalista árabe Ba'ath): "Éramos racialistas. Ficávamos fascinados pelo nazismo, lendo seus livros e as fontes de seu pensamento".[38] "Racialismo" era apenas uma palavra alternativa a "racismo", termos usados para descrever uma rejeição profunda à diferença. No entanto, aquela fascinação não significava imitação. Como alguém poderia imitar Hitler se "o racismo foi criado pelos franceses", perguntou o fascista brasileiro e antissemita Gustavo Barroso.[39] Muitos intelectuais fascistas também alertavam para o fato de que o racismo nazista seria um problema se eles quisessem liderar um movimento internacional contra a democracia.[40]

Na verdade, nem todos os fascistas se viam profundamente conectados ao modelo nazista. Mas todas as formas de fascismo estavam enraizadas em alguma política radical de xenofobia. A pergunta importante é: quem os diferentes fascistas definiam como seu inimigo? Para os fascistas peruanos, por exemplo, os inimigos eram imigrantes da China e do Japão. Os fascistas brasileiros diriam que o que tornava o Brasil melhor do que outras nações é que o Brasil tinha uma combinação de raças – as raças brancas europeias, as raças negras africanas e as raças indígenas. E, ainda assim, em meio a essa concepção, os judeus não tinham lugar na sociedade brasileira, então seu racismo era antissemita, ao contrário do racismo antiasiático dos fascistas peruanos.[41] As formas iniciais de racismo antiafricano na Itália também eram diferentes do racismo antijudaico em países como Hungria, Argentina ou Alemanha.

O fascismo sempre tem à sua frente a figura do seu inimigo, ao fomentar e expandir formas estruturais de racismo. Como explica a cientista política Terri Givens, na Europa e em países como os Estados Unidos, a escravidão levou ao "desenvolvimento de uma estrutura inteira de racismo" que ainda se manifesta na política atual: "Normas que se centram na ideia de branquitude estão incorporadas em nossas sociedades. Os grupos que são alvos de racismo e violência podem ser diferentes em cada país, mas o impacto na igualdade é o mesmo. Sejam pessoas de origem muçulmana, descendentes africanos ou imigrantes asiáticos recém-chegados, valerão as normas em torno da supremacia branca e do poder político".[42] De fato, os fascistas americanos, desde a Ku Klux Klan até o padre Charles Coughlin e dezenas de simpatizantes nazistas, brincaram com essas normas racistas, apropriando-se delas e as consolidando.

O mais importante promotor do antissemitismo nos Estados Unidos foi o industrial Henry Ford. Entre 1920 e 1927, ele conduziu amplos ataques antissemitas em um jornal de sua propriedade (o segundo maior em circulação no país). Sua série de artigos chamada *O Judeu Internacional*, depois transformada em livro, conferiu legitimidade – associada a carros modernos, dinheiro e poder – a ideólogos racistas em todo o mundo. Ford era um empresário milionário do ramo automobilístico e um inovador em tecnologia, que também se aventurou na mídia e na propaganda. Seu talento para os negócios foi confundido com sabedoria e inteligência, das quais ele simplesmente não dispunha. Era uma pessoa sempre disposta a acreditar em fantasias antissemitas imprudentes e promovê-las como verdade. Táticas de intimidação anticomunista* e racismo se encontravam bem no

---

* A tradução "táticas de intimidação anticomunista" não é consolidada. Em inglês, o termo é "*red scare tactics*" (literalmente, "táticas do medo vermelho"), que são táticas (*tactics*) de intimidação ou propaganda utilizadas para promover o medo (*scare*) e a desconfiança em relação aos movimentos comunistas, sempre associados à cor vermelha (*red*). Na tentativa de incitar o medo da

foco de seu ódio paranoico aos judeus. Entre os muitos admiradores fascistas de Ford estava o próprio Hitler, que "mantinha uma foto de Ford na parede de seu escritório em Munique, elogiava o magnata automobilístico em *Minha luta* e, tempos depois, disse a um repórter do *Detroit News*: 'Considero Henry Ford como minha inspiração'".[43]

As ideias de Ford eram altamente influentes, mas não originais. Ideias de supremacia branca, arianismo e outras alegações ineptas sobre raças superiores estavam presentes em estágios anteriores do fascismo em todo o mundo.

Por fim, a maioria dos fascismos acabou aderindo plenamente ao movimento também na questão do racismo, como quando Mussolini declarou, em 1938, que "também na questão racial, nosso tiro é certeiro".[44] O que ele queria dizer com isso era que os fascistas eram racistas sem hesitação. No entanto, antes disso chegou a existir alguma hesitação. Em 1921, Mussolini havia afirmado que o fascismo não era apenas um resultado da Grande Guerra, mas, sim, uma manifestação de uma "necessidade perene e profunda de nossa *stirpe* ariana e mediterrânea".[45] Ele também defendeu, naquele mesmo ano, que "os fascistas precisam cuidar da saúde da raça com a qual a história é feita".[46] Só que antes da década de 1930, os fascistas ainda não enfatizavam radicalmente a questão racial do inimigo. O que mudou foi uma combinação de fatores, como a influência do nazismo na Itália fascista e, de maneira ainda mais importante, as implicações práticas e ideológicas mistas do imperialismo.[47] Como Mussolini explicou em seu famoso discurso em Trieste, em 1938, "o problema racial

---

população, essas táticas eram comumente usadas durante períodos de tensão política, em particular durante o período conhecido como "Red Scare" nos Estados Unidos (nas décadas de 1910 e 1920) e novamente durante a Guerra Fria. Durante esses períodos, governos e grupos políticos utilizavam uma série de métodos, como propaganda, perseguições políticas e acusações de traição, para instigar o medo da influência comunista e suprimir qualquer atividade considerada subversiva. [N.T.]

não surgiu de repente, como pensam aqueles que estão acostumados a despertares bruscos por estarem sempre habituados a longos cochilos na poltrona. Ele está relacionado à conquista de um império, pois a história nos ensina que os impérios são conquistados com armas, mas são mantidos com prestígio. E manter o prestígio requer uma consciência racial clara e rigorosa, que estabeleça não apenas diferenças, mas também superioridades bem definidas". Para Mussolini, a necessidade de afirmar uma hierarquia racial entre europeus brancos e africanos negros era uma forma de impor o poder fascista sobre seus inimigos. Fascismo e racismo eram partes de uma mesma vontade de dominar os outros. Assim, para Mussolini, "o problema judeu é, portanto, apenas um aspecto desse fenômeno. Nossa posição foi determinada por esses fatos indiscutíveis. O judaísmo mundial tem sido, por dezesseis anos, apesar de nossa política, um inimigo irreconciliável do fascismo".[48]

O fascismo dependia dessa criação de inimigos sempre "irreconciliáveis" para se definir. Dentro de sua concepção racista – e, de forma mais geral, na construção de um *outro* também radical que não tinha como ser totalmente integrado à sociedade –, os fascistas e outros extremistas replicaram e amplificaram um código cultural que já era amplamente compartilhado na política e na sociedade.[49]

Inimigos internos e externos

Toda a noção de "inimigo interno" estava intrinsecamente ligada a uma percepção de inferioridade, de impureza e de uma natureza traiçoeira daqueles que eram considerados diferentes da maioria. Os fascistas contestavam a ideia de que a cidadania definisse a comunidade. Eles associavam ideias de rivalidade interna à fantasia de uma comunidade racialmente homogênea que estava constantemente sob ameaça. O inimigo como um traidor da raça nacional também era apresentado como tendo uma relação simbiótica com os inimigos externos.

Historicamente, o inimigo interno evoluiu junto com a repressão às diferenças políticas e com as dissidências dentro do país e no exterior. Os contextos globais, como o comércio transatlântico, a colonização em escala mundial, as revoluções de esquerda e a Primeira Guerra Mundial, deram justificativas para a necessidade de vincular a oposição interna a uma forma de traição inspirada e planejada por inimigos externos. O fascismo era o ambiente ideal para se promover a bestialização e a racialização dos inimigos. A demonização, é claro, já tinha uma longa história e foi remodelada pelo surgimento da propaganda moderna no início do século XX.

Mas havia precedentes importantes. Por exemplo, na Idade Média, como explica o historiador Angelo Ventrone, a demonização do outro era tradicionalmente levada a cabo ao se representá-lo como seres com características literalmente monstruosas:

> Na época medieval, isso acontecia com o judeu, pintado de amarelo, com um adereço pontudo na cabeça e geralmente gesticulando de forma vulgar. Era, então, fisicamente e moralmente semelhante ao demônio ou a uma bruxa, com um chapéu pontudo e um nariz protuberante, talvez até comendo crianças. Na Inglaterra, na era moderna, os franceses eram sempre descritos como esquálidos, porque a monarquia absoluta estava ligada à pobreza e à opressão; no século XIX, os irlandeses eram representados nos cartuns tanto britânicos quanto americanos como macacos ou seres subumanos. Durante a Revolução Francesa, Luís XVI era frequentemente representado como um porco, o que já antecipava substancialmente o estereótipo do capitalista gordo, atarracado e vulgar, tão comum na propaganda socialista e depois na comunista. A propaganda política, portanto, muitas vezes divide a realidade entre bem e mal, amigo e inimigo. Essa divisão conduz a uma conexão entre moralidade e fisicalidade. Nesse contexto, os inimigos são tornados feios e deformados. Sua depravação tem natureza dual: uma interna e moral e uma externa, física.[50]

Mais adiante, a democracia passou a ser representada como inimigos disfarçados de amigos. Para os fascistas indianos, que mesclavam a luta contra os colonizadores com a necessidade de perseguir minorias religiosas na Índia, "noções errôneas de democracia fortaleciam essa visão, e assim começamos a nos classificar conforme nos chamavam nossos antigos invasores e inimigos, sob o nome bizarro de 'indianos', e tentamos conquistá-los para que se juntassem a nós em nossa luta. O resultado desse veneno é muito bem conhecido. Nós nos deixamos enganar, acreditando que nossos inimigos eram nossos amigos, e então, com nossas próprias mãos, viemos minando a verdadeira nacionalidade. Esse é o verdadeiro perigo da atualidade: nosso autoesquecimento, o fato de acreditarmos que nossos velhos e amargos inimigos seriam nossos amigos".[51]

Como Goebbels explicou, em relação à destruição nazista da democracia por dentro, "não viemos como amigos, nem mesmo como entes neutros. Viemos como inimigos. Assim como o lobo irrompe sobre o rebanho, é isso o que nós fazemos".[52]

Como sustenta o historiador Robert Paxton, "o inimigo interno/externo demonizado, fossem os judeus ou outros [...] era um ingrediente essencial do fascismo".[53] Os inimigos eram fundamentais dentro das ansiedades que ajudavam a inflamar a paranoia fascista: "Os fascistas enxergavam inimigos dentro e fora da nação". Os temores gerados pela revolução bolchevique e os traumas da Primeira Guerra Mundial contribuíram para um contexto em que o ultranacionalismo e o supremacismo branco prosperaram em conjunto com conflitos econômicos e sociais. Como observou Paxton, "a descoberta do papel das bactérias nas infecções, pelo biólogo francês Louis Pasteur, e dos mecanismos de hereditariedade, pelo monge austríaco e botânico Gregor Mendel, na década de 1880, tornou possível imaginar categorias totalmente novas de inimigos internos: portadores de doenças, impuros, hereditariamente doentes, insanos ou criminosos". O desejo de purificar a comunidade livrando-a dos inimigos levou à "esterilização forçada de infratores costumeiros (no caso norte-americano, especialmente os afro-americanos), mas a Alemanha nazista foi além".[54]

Na Alemanha, na Argentina, nos Estados Unidos e na Índia – mas não somente nesses países –, o inimigo interno era concebido como parte de uma guerra racial. Em geral, os fascistas se apresentavam como tipos ideais de homens reais. Como observou o historiador George Mosse, o judeu era concebido como o contratipo disso, alguém "cujas atividades conspiratórias poderiam seduzir as potências estrangeiras e transformá-las em inimigas da raça superior".[55]

A existência do inimigo interno definia o que a condição humana ideal não deveria ser. O fascismo exacerbou os preconceitos e as noções de masculinidade e feminilidade que predominavam na sociedade. Como explicou Mosse,

> os nazistas mais uma vez aguçaram e tornaram mais absoluta a aparente necessidade da sociedade moderna de ter um inimigo. Fosse como inimigos internos ou externos, os judeus, negros e ciganos foram todos identificados como inimigos jurados da saúde e do bem-estar da raça ariana. Após a aprovação das leis raciais de Nuremberg, que definiram quem era ou não ariano, os comentários extraoficiais acerca daquelas leis classificavam ciganos, judeus e negros como pessoas com "sangue estrangeiro". Mas mesmo naquele momento já havia uma hierarquia bem definida que estabelecia os judeus como a raiz de todo o mal. Outras pessoas que não necessariamente pertencessem a alguma suposta raça inferior também ajudavam a minar a sociedade ariana e também foram estabelecidas como contratipos: homossexuais, vagabundos, criminosos contumazes, mendigos, deficientes físicos e deficientes mentais – todos aqueles que não fossem capazes de realizar trabalho tido como produtivo ou que não tivessem um local de residência bem estabelecido. Os nazistas os chamavam de "associais" e os definiam amplamente como pessoas que não podiam ser integradas à comunidade do *Volk* [o povo com mesma identidade étnica, nacionalista e racial] e que não possuíam as qualidades geralmente aceitas que garantiriam o trabalho tido como produtivo dentro de uma comunidade estabelecida, fosse ela a família ou o Estado.[56]

Os judeus e outros grupos étnicos minoritários eram visados porque podiam ser transformados em um símbolo. Uma vez que não fossem mais considerados seres humanos, eles se tornavam uma metáfora viva do que os fascistas consideravam errado na sociedade. Mas o fato é que tudo e todos podiam ser transformados nos proverbiais inimigos: jornalistas, membros da oposição, agentes externos, mulheres independentes e todos aqueles cujas identidades sexuais fossem diferentes da norma repressiva fascista.

Como explicou o fascista indiano Inayatullah Khan Mashriqi, "nós, Khaksars, somos inimigos jurados – e deles nos vingaremos severamente, mesmo com extremo sacrifício pessoal – de líderes traiçoeiros e desonestos que prejudicaram a causa nacional e estão explorando as massas, dos mercenários de nações hostis, de editores e jornalistas antinacionais, de propagandistas da enganação, de traidores dos interesses do país e dos malfeitores, independentemente da comunidade a que pertençam, que tenham incitado animosidades sectárias entre as várias comunidades da Índia ou entre as várias seções ou grupos de muçulmanos".[57] Inimigos internos e externos conspiravam juntos e por isso muitas vezes foram "fundidos" no discurso, ou até mesmo tornados indistinguíveis.

Assim, para o líder fascista brasileiro Plínio Salgado, o inimigo era definido por tudo o que fosse estrangeiro ao Brasil e à América Latina. Baseando-se na história intelectual do antiamericanismo, Salgado afirmou que a imagem mítica de Caliban* definia o inimigo, e esse inimigo também vivia dentro do corpo nacional. Ele era interno e externo ao mesmo tempo: "Caliban vive no corpo da sociedade". Caliban era o "espírito materialista" e a "negação

---

* Caliban é, originalmente, um personagem importante da peça *A Tempestade*, de William Shakespeare. Era metade humano e metade monstro, uma criatura deformada e, acima de tudo, complexa, que trazia tanto o comportamento e a mentalidade mais selvagens dos homens quanto aspectos subjacentes de inocência e até mesmo de nobreza. Representava as relações de poder igualmente complexas do colonialismo entre opressores e oprimidos. [N.T.]

de Deus". Caliban representava os comunistas e os "plutocratas". Ele representava uma sociedade "governada pelo sexo".[58]

O fascismo demonstrava fascínio por imagens pornográficas e caricaturas do inimigo. Nas páginas da revista fascista italiana *Difesa della razza* (Defesa da Raça), a combinação de pseudociência com várias imagens de corpos nus (ou seminus) de judeus, negros e outras minorias tentava consolidar a ideia de uma ligação racista direta entre deformidade, sexualidade "anormal", liberalismo e comunismo. Os corpos fascistas, por outro lado, eram exibidos como sendo "normais". As primeiras páginas da revista exibiam uma superposição hierárquica de três rostos, presumivelmente arianos, judeus e negros. Como era de se esperar, os brancos arianos pareciam comedidos e olimpianos, enquanto os judeus e os negros eram representados por corpos nus que descreviam a degenerescência ou mesmo a ausência de cultura. Como disse um escritor, "o racismo, portanto, não bloqueia a responsabilidade moral e a liberdade do indivíduo – ao contrário, a conforta, especifica e circunscreve; por outro lado, no entanto, ele determina e reconhece a desigualdade entre as raças humanas, uma desigualdade que não é apenas de características somáticas, mas, mais importante, de atitudes psicológicas".[59]

Para os fascistas, o determinismo racial incluía a religião. Na revista fascista argentina *Clarinada*, imagens católicas tradicionais retratando judeus como "assassinos de Cristo" eram fundidas com representações deles nus, doentes ou lascivos; seus corpos se inclinavam para a frente com o órgão sexual ereto ameaçando "contaminar" o entorno.[60] A revista ainda trazia a imagem de um campo de concentração com judeus e comunistas cercados por cercas de arame e um soldado apontando uma metralhadora para eles, com a pergunta: "Quando teremos isso em nossa pátria?".[61]

Os fascistas argentinos apresentavam os judeus como "inimigos do povo". Os tinham como "ativos conspiradores" contra o "cristianismo" e a nação. Um escritor da *Clarinada* declarou:

"Temos muitos inimigos, mas primeiro precisamos aniquilar os judeus". Os judeus então representavam a "antipátria", e combatê-los seria "uma luta sagrada". O mesmo escritor argumentou ainda que a eliminação dos judeus levaria à "salvação do mundo".[62] A *Clarinada* chegou a ser citada pelos nazistas do semanário alemão *Der Stürmer* como um exemplo ideal de antissemitismo, porque propunha enterrar os judeus vivos nos túmulos.[63] A noção de contaminação era retratada na figura de um judeu beijando uma bandeira argentina: "Com um beijo, os judeus venderam e traíram Cristo; é por isso que hoje eles não se envergonham de beijar a bandeira da nossa pátria e então vendê-la e traí-la, enquanto guardam em seus bolsos os dólares da traição".[64]

Em outra caricatura, um homem identificado como judeu tentava estuprar uma mulher com a palavra "Argentina" escrita em seu vestido, e ela exclamava não haver "nenhum homem que a libertasse daquela imundície".[65] Para os fascistas argentinos, as mulheres precisavam estar "no mesmo nível dos homens" sem abandonar sua "posição subordinada natural". Afinal, mulheres também podiam se tornar inimigas internas. As mulheres que pensavam como homens eram desqualificadas como "*marimachos*" (algo como "sapatão"), e os homens que concordavam com elas eram apresentados como "*los feministas*" ("aqueles feministas", no masculino) e "*maricones*" (algo como "viados").[66]

Como explica a historiadora Ruth Ben-Ghiat, um "culto misógino à virilidade" também era fundamental para o fascismo. A ditadura fascista era um "refúgio seguro" para os homens que odiavam as mulheres. Como ela explica, a ideia fascista de masculinidade se baseava na necessidade de dominar homens e mulheres – mas, com especial relação às mulheres, homens-fortes como Mussolini e Hitler, bem como muitos outros líderes, "apresentados em seus cultos à personalidade como uma mistura ideal de homem comum e super-homem autoritário, fazem com que os homens comuns se sintam melhor com suas próprias transgressões". No caso de Mussolini, que ficou duas décadas no poder, "milhares de mulheres" se tornaram "parte de sua máquina estatal de satisfação libidinosa". As mulheres que participavam desses "encontros breves e violentos" de quinze a vinte minutos se tornavam pessoas de interesse para o aparato repressivo do Estado. Como escreveu Ben-Ghiat, "agentes estatais especiais e a polícia secreta estavam sempre prontos a forçar um aborto, pagar pelo silêncio ou dificultar a vida dos namorados e maridos daquelas mulheres".[67]

A visão fascista das mulheres era a de que elas deveriam ser subjugadas em uma sociedade dominada por homens. Não era uma proposta original, mas era ali levada ao extremo. Esperava-se que as mulheres fossem esposas e mães passivas dos fascistas, confinadas à esfera doméstica. O fascismo imaginava que as mulheres tinham uma missão reprodutiva e voltada "para a família". A dominação mais uma vez reinava suprema. Os fascistas consideravam o aborto um crime contra a raça (contra a *stirpe* no original italiano, que significa "raça" ou "estirpe" em português).[68] A política fascista com relação às mulheres as considerava agentes subordinadas da ideologia fascista. Como explica a historiadora Patrizia Dogliani, essas políticas se baseavam em uma noção de inferioridade biológica das mulheres em relação aos homens.[69] Não havia nada de novo nessa concepção fascista da mulher, mas não há como dissociar a política antifeminista do fascismo de um sistema totalitário mais amplo baseado em várias formas de discriminação e xenofobia.

A busca por autonomia e direitos iguais para mulheres, minorias sexuais e minorias étnicas era vista como uma ameaça. Para os fascistas, a ideia do feminismo era abominável. O fascista peruano Santos Chocano alertou contra "a masculinização das mulheres" que a política democrática criava.[70] Outros foram ainda mais extremos em sua demonização das mulheres que eram politicamente ativas. Os fascistas chineses imaginavam Hitler literalmente aprisionando as mulheres na cozinha. Como observou a historiadora Maggie Clinton, para os fascistas chineses, as mulheres que "exalavam sexualidade" eram denegridas e "tinham de ser encurraladas e contidas".[71] Qualquer sinal de atuação feminina era visto em oposição à domesticidade, à pátria e "à família". É por isso que os fascistas bolivianos afirmavam que "tudo que tende a dissolver a família ou a corrompê-la é contrário às leis da natureza e só é possível em Estados que, direta ou indiretamente, estejam se aproximando do comunismo".[72]

O feminismo era uma fonte especial de animosidade para os fascistas. O escritor argentino Leopoldo Lugones acusou as feministas de serem um importante "agente de dissolução social" que precipitara grandes crises nas civilizações. Essas crises sociais das quais as mulheres e as feministas seriam culpadas incluíam a queda do Império Romano, "a grande anarquia do Renascimento e a formidável crise do século XVIII".[73] As feministas foram então culpadas por revoluções e pelo "unissexualismo". Lugones equiparou o feminismo à "prostituição" e advertiu: "Se as mulheres fossem iguais aos homens, haveria apenas um sexo, e a espécie humana teria se tornado estéril. Então segue que o amor estéril (porque o amor ainda subsiste na doutrina feminista) é a corrupção suprema, constituindo um prazer sem a compensação pelo resultado que normalmente produz, ou seja, a procriação de filhos". Segundo ele dizia, a igualdade de gêneros criava monstros: "A mulher e o homem, unidos pela igualdade, formariam um monstro, o *ser andrógino*, ou seja, o produto típico ao qual se entrega a imaginação doentia da decadência".[74]

Os fascistas definiam seus inimigos em termos de papéis de gênero muito tradicionais e críticas à chamada "sexualidade anormal". Os inimigos raciais eram retratados como "femininos", sempre nus, velhos, nervosos e sexualmente degenerados, demonstrando desequilíbrio moral e desordem física. O ponto central dessa ideologia era a noção de que o externo (o aspecto físico) era um reflexo do interno (o ser e as emoções). Para os fascistas, a desordem física do inimigo era resultado do antigo sistema democrático que o inimigo adotava.[75]

A demonização fascista e a teoria da substituição branca

Quem deve ser considerado branco e quem não deve é uma questão que tem uma longa história dentro dos fascismos de cada país. O assassino fascista que cometeu um massacre racista na cidade de Buffalo, nos Estados Unidos, em 2022 declarou o seguinte em seu "manifesto": "Acredito que sou etnicamente branco, já que as nacionalidades de meus pais são do noroeste da Europa e da Itália".[76] Mas, durante a imigração italiana para a América, mesmo os italianos muitas vezes não eram considerados totalmente brancos. Da mesma forma, Adolf Hitler havia alertado em suas fantasias racistas que a Alemanha corria o risco de se tornar o "sul da Itália", um lugar que ele identificava com a mistura racial e a substituição do mundo branco. Mais de cinquenta anos depois, Ugo Bossi, fundador da Lega Nord (Liga Norte, partido político de extrema direita do norte da Itália), faria suposições xenófobas semelhantes a respeito do sul da Itália.

Benito Mussolini discordava do Führer a respeito da "branquitude" italiana, mas em 1934 ele emitiu um "grito de alerta acerca da decadência demográfica da raça branca". Esse grito de alerta antecipou o racismo e a segregação que os italianos impuseram contra a Etiópia em 1935, bem como as leis racistas e antissemitas de 1938.[77]

Essas fantasias e medos desvairados a respeito de "poluição racial" e "declínio branco" também aparecem naquele "manifesto" de 180 páginas do terrorista de Buffalo. Ele era um adepto da chamada "teoria da grande substituição", cujas origens remontam às ideias de degeneração social e racismo científico do final do século XIX. De acordo com essas ideias, a superioridade civilizatória ocidental precisava ser mantida biológica e culturalmente a fim de evitar o caos e o colapso social. Essa ideologia foi amplamente aceita pelas elites políticas em vários países de ambos os lados do Atlântico e deu origem a políticas eugênicas, segregacionistas, anti-imigração e, por fim, fascistas e genocidas.

Na década de 1930, os nazistas radicalizaram a mentira que dizia de uma conspiração judaica cujo objetivo seria organizar uma mistura de raças, levando ao extermínio das populações brancas em todo o mundo. A partir de então, a ideia de "genocídio branco" foi usada por fascistas e organizações afins durante a Guerra Fria para justificar a violência política em nome da defesa de nacionalismos étnicos. Na década de 1970, a Confederação Anticomunista Latino-Americana (uma organização multinacional de extrema direita) apresentou noções de "genocídio e supremacia branca" que influenciaram as doutrinas das agências responsáveis pela Operação Condor. Essa operação envolvia a coordenação das ditaduras latino-americanas em uma trama transnacional de sequestro e assassinato que operou em todo o Cone Sul, incluindo Argentina, Brasil, Chile, Paraguai e Uruguai.[78] As ditaduras da Bolívia, do Chile e do Paraguai eram muito receptivas a essas ideias, em parte devido à presença de ex-nazistas e ex-participantes da Ustaše (organização fascista croata) em altos cargos. As *juntas* militares latino-americanas se viam como guerreiros em uma cruzada histórica para defender a civilização cristã ocidental contra uma conspiração global. Durante as décadas de 1970 e 1980, houve uma forte cooperação transatlântica entre os agentes das *juntas*, organizações paramilitares neofascistas europeias, como a P2 italiana, os governos adeptos do *apartheid* na Rodésia e na África do Sul e elementos da extrema direita norte-americana. Essas relações deram frutos quando aconteceram as guerras genocidas e os massacres na América Central, nos quais a Argentina participou diretamente enviando "assessores" que eram na verdade especialistas em repressão ilegal.

Tudo isso já nos fornece uma estrutura histórica suficiente dentro da qual pensar os delírios atuais: a "substituição branca" e "a defesa do Ocidente".

Esses são os ecos globais do fascismo. Nos fóruns da internet, os neofascistas admiram a ditadura argentina e Augusto Pinochet como ícones a serem imitados. Um dos fundadores do fascismo argentino, Leopoldo Lugones, defendeu o imperialismo argentino por sua "superioridade branca" sobre outras nações latino-americanas, e os generais da última ditadura militar (1976-1983), que mataram dezenas de milhares de cidadãos em sua chamada "Guerra Suja", lançada em nome do "Ocidente cristão", usaram uma lógica semelhante. Em 1976, o general Videla enfatizou a natureza global do conflito: "A luta contra a subversão não se esgota em uma dimensão puramente militar. É um fenômeno mundial. Tem dimensões políticas, econômicas, sociais, culturais e psicológicas". As ideias de substituição de raças e de invasão são fundamentais para a tradição fascista transnacional, junto das fantasias paranoicas que falam da expansão e da migração de europeus não brancos. As infames declarações do general Albano Harguindeguy, ministro do Interior durante a ditadura argentina, só podem ser compreendidas a partir dessa perspectiva histórica. Em 1978, Harguindeguy falou da necessidade de incentivar a imigração europeia. Para ele, isso era urgentemente necessário para que a Argentina pudesse "continuar sendo um dos três países mais brancos do mundo".[79]

Esse racismo explícito assumiu a forma de um reconhecimento aberto da necessidade de erradicar outros elementos "não europeus" da nação. A profundidade e o escopo desse desejo se manifestaram, mais uma vez, na forma de campos de concentração, onde o racismo e o antissemitismo ocuparam o centro das atenções. A luta contra o inimigo não tinha limites. A cooperação internacional entre fascistas e organizações de supremacia branca continuou após a Guerra Fria. No passado, eles lutaram para derrotar o comunismo em Angola, Chile ou Nicarágua; agora o inimigo era o islamismo na Croácia ou no Afeganistão, ou o multiculturalismo (que eles, em seu delírio antissemita, acreditam ser financiado pelo judaísmo). Os ataques em Utøya (ilha da Noruega, em 2011), Munique (na Alemanha, em 2016), Pittsburgh (cidade dos Estados Unidos, em 2018), El Paso (idem, em 2019), Christchurch (na Nova Zelândia, em 2019) e Buffalo (cidade norte-americana, em 2022), entre outros, são a continuação da violência fascista contra minorias às quais os fascistas atribuem a destruição futura da civilização ocidental e dos valores cristãos. A Itália não ficou imune a ataques desse tipo. Em 2011, um neofascista matou dois imigrantes senegaleses em Florença e, mais recentemente, outro neofascista e ex-membro da Lega Nord atirou em vários imigrantes nigerianos em Macerata. Em ambos os casos, eles foram movidos por noções delirantes de invasão e substituição racial.

O fascismo foi e continua a ser transnacional. Não podemos tratar essas histórias nacionais como excepcionais, porque quase nada nas tradições italianas, francesas, americanas ou em outras tradições fascistas é excepcional. É compreensível que muita atenção tenha sido dada às dimensões locais do fenômeno, mas o que tem sido ignorado até o momento são as histórias globais do fascismo por trás desses ataques.

Esse tipo de terror distorce a verdade a fim de promover uma realidade alternativa. Nesse contexto, a ideia de substituição racial como uma forma de corrupção e contaminação é fundamental para entender a história da ideologia fascista. Em *Minha luta*, Adolf Hitler escreveu: "Essa contaminação de nosso sangue, cegamente ignorada por centenas de milhares de nosso povo, é hoje levada adiante sistematicamente pelos judeus. Sistematicamente, esses parasitas negros da nação desonram nossas jovens loiras inexperientes e, assim, destroem algo que não pode mais ser substituído neste mundo".[80]

Nos Estados Unidos, essas fantasias se veem misturadas com teorias da conspiração e com histórias de escravidão e injustiça racial, que fornecem um contexto para a violência da extrema direita e a ilusão de que os oprimidos querem substituir a maioria étnica. Manifestantes neonazistas em Charlottesville, em 2017, cantaram de forma infame: "Os judeus não vão nos substituir". Em seu último sermão, apenas quatro dias antes de ser assassinado, o Dr. Martin Luther King Jr. advertiu que a violência "apenas traria uma tomada de controle direitista do governo e, por fim, um estado fascista na América".[81]

Como explica Cynthia Miller-Idris, "a Grande Substituição é uma teoria conspiratória dos supremacistas brancos que trata de mudanças demográficas. Ela afirma que há um plano intencional e global orquestrado pelas elites nacionais e globais para substituir as populações brancas, cristãs e europeias por populações não brancas e não cristãs. As teorias desse tipo buscam criar um senso de urgência e chamar os brancos à ação. Elas promovem a inspiração transnacional e um senso de uma missão compartilhada entre os nacionalistas brancos e supremacistas brancos pelo mundo, que se veem enfrentando uma ameaça demográfica comum".[82] A França é um dos pontos centrais da teoria da substituição branca, onde ideólogos como Jean Raspail e Renaud Camus usaram as tradições antissemitas e racistas do século XIX para fornecer teorias para políticos anti-imigrantes e aspirantes a fascistas como Éric Zemmour e Marine Le Pen.[83]

Na ideologia fascista, uma pretensa "verdadeira consciência nacional" é colocada em oposição aos "inimigos" internos, que se opõem às políticas nacionais de caráter racial, étnica ou religiosamente homogêneas. Esses "inimigos" domésticos são invariavelmente instituições e indivíduos que defendem a democracia e seus ideais. O ideólogo nacionalista hindu M. S. Golwalkar, fundador do BJP – o partido hindu de direita de Narendra Modi –, argumentava contra a ideia de que uma nação era composta por todos os seus habitantes e rejeitava a ideia de que todos os cidadãos da Índia tinham o mesmo direito à liberdade. Assim como os racistas americanos, Golwalkar considerava os ideais democráticos como uma clara ameaça à sua visão de nação.[84]

Se os inimigos são pessoas que simplesmente têm aparência diferente, ou pensam ou se comportam de forma diferente, e se sua mera existência representa uma ameaça à homogeneidade imaginada da nação, não é nenhuma surpresa que os devotos radicalizados tenham realizado assassinatos em massa, como aconteceu nos Estados Unidos, na Europa e na Nova Zelândia, e ainda os *pogroms* como na Índia.

A relação entre a teoria da substituição branca e o fascismo não é acidental, assim como a influência mútua entre, por exemplo, a Ku Klux Klan (KKK) e o nazismo é importante demais para ser ignorada. Como observa a historiadora Linda Gordon, os líderes nazistas tinham conhecimento "do racismo americano contra os negros e da violência que mantinha a supremacia dos brancos. De fato, a KKK influenciou o programa nazista. Alfred Rosenberg, do Departamento de Relações Internacionais do Partido Nazista, publicou um discurso do Mago Imperial da KKK, Hiram Wesley Evans, que sustentava que a raça branca tinha de ser protegida do 'sangue inferior'. O *Manual de Legislação* dos nazistas citava a lei de imigração dos Estados Unidos como modelo para a Alemanha. A eugenia americana influenciou as políticas nazistas de 'higiene racial'. De fato, Walter Schultze, do programa de eutanásia nazista, pediu aos geneticistas alemães que 'seguissem o exemplo' dos Estados Unidos". Como sugere Gordon, "a Klan contribuiu consideravelmente para o racismo internacional, até mesmo para o Holocausto".[85]

A ideia de substituição branca é um rótulo relativamente recente para o fascismo tradicional. Por meio de sua propaganda, os aspirantes a fascistas estão rebatizando paranoias e delírios fascistas de longa data a respeito de conquista e substituição racial e política. Quando se tornam normalizadas, essas fantasias representam uma ameaça real à democracia.[86]

Os populistas e a escolha das vítimas

As políticas de ódio, racismo e xenofobia são fundamentais para o fascismo, mas não para o populismo. Os populistas também inventam um inimigo supremo, mas não percorrem o caminho fascista em direção a uma prática de repressão, prisão e eliminação. Essa distinção é importante.

É por isso que, em termos de xenofobia, os atuais aspirantes a fascistas soam muito mais fascistas do que os populistas que surgiram depois de 1945. Os aspirantes a fascistas definem o tempo inteiro as pessoas em termos raciais, e as "antipessoas" são com frequência definidas em termos racistas ou antirreligiosos – mas os aspirantes a fascistas não perseguem fisicamente nem eliminam totalmente essas pessoas como os fascistas fariam. Aproximam-se do fascismo, mas não chegam lá por completo.

Na América Latina do pós-guerra, ex-fascistas como Perón decidiram que, se a ditadura não fosse mais ser bem-sucedida ou aceita globalmente, então a democracia ainda poderia existir, mas enfraquecida, despojada de suas características liberais e repaginada como um regime populista autoritário. Segundo prega a formulação populista, os resultados eleitorais delegam todo o poder a uma única figura que encarna o povo e constantemente fala por ele. Enquanto as democracias constitucionais tratam as eleições como momentos isolados, nos quais os políticos são eleitos para representar a vontade dos cidadãos, o populismo considera o povo como uma coisa só, e a vontade dessa entidade única é incorporada na figura do líder. Aqueles que votam contra o líder são inimigos do povo. Eles representam uma diversidade democrática que não pode ser legítima, já que somente o líder sabe o que as pessoas realmente querem.

É por isso que os populistas realizam eleições na forma de referendos contra a diversidade, buscando transformar sociedades diversas naquela antiga trindade fascista de um povo, uma nação e um líder. Mas, historicamente, eles têm feito isso sem estabelecer altos níveis de violência e de repressão política. Os populistas ainda demonizam seus inimigos, mas não os prendem, não os torturam nem os exterminam em grandes números.

Em outras palavras, os populistas precisam de inimigos que desempenhem o papel de eternos perdedores. Como no fascismo, esses inimigos podem ser tanto internos quanto externos.

Por exemplo, em sua campanha bem-sucedida para a presidência em 1945 e no início de 1946, Perón acusou os Estados Unidos de apoiar as elites contra ele e o povo. Para Perón, a política era uma guerra entre o "verdadeiro povo argentino" (que ele personificava) e os "inimigos do povo", tanto internos quanto externos. Os pôsteres de propaganda peronista espalhados por Buenos Aires apresentavam o dilema na forma de "Braden ou Perón", colocando Spruille Braden, o embaixador dos Estados Unidos na Argentina, contra Perón. Esse era um argumento fascista clássico – o de que os poderosos de fora, aliados aos inimigos internos, devem ser impedidos de oprimir as pessoas comuns e autênticas do país –, mas agora ele se apresentava moldado em termos eleitorais.

Perón também se apresentava como um líder adepto da "política da lei e da ordem", alguém que poderia unir um público dividido que se equilibrava em uma paz frágil. Ao fazer isso, supervalorizava a polícia e as forças armadas contra inimigos imaginários do povo, tanto dentro quanto fora da Argentina, que comprometiam não apenas a segurança do país, mas sua identidade.[87]

Perón via seus inimigos como inimigos da soberania popular. Ele declarou: "O mundo está dividido em duas tendências: o povo e o antipovo. Nós, homens do povo, idolatramos apenas um objetivo: o povo. Os antipovo adoram apenas uma coisa: o que têm no bolso – e eles odeiam o povo".[88]

Mas esses inimigos não eram adversários a serem eliminados. Na verdade, eles tinham um papel central na política populista.[89] Permaneciam lá para os populistas reafirmarem continuamente o quanto eram bons.

Para conseguir isso, era necessário criar uma grande barreira entre o líder e os inimigos. De acordo com Perón, "é por isso que sempre fui um 'indivíduo perigoso' para os interesses de nossos inimigos, que, na realidade, são os verdadeiros inimigos do povo. Eles são essa legião de parasitas, formada por políticos de diferentes profissões e ofícios, que, para serem líderes, simulam um serviço que, na realidade, é uma forma de traição".[90]

Para Perón, os inimigos incluíam a imprensa internacional, como o *New York Times*, bem como a mídia nacional e os comunistas que trabalhavam em nome de traiçoeiros interesses estrangeiros. No entanto, apesar de alguns excessos retóricos, líderes populistas como Perón quase nunca citavam minorias religiosas ou étnicas como seus inimigos. Aliás, em 1954, ele disse: "Somos simplesmente peronistas e, dentro disso, somos católicos, judeus, budistas, ortodoxos etc., porque, para ser peronista, não perguntamos a ninguém a que Deus eles rezam".[91] No populismo, os cidadãos se tornavam inimigos por causa de suas opiniões políticas, não por suas identidades.

Para ser peronista, era preciso apenas seguir as ordens do líder e obedecê-las. Essa era a única coisa que importava para os populistas na segunda metade do século passado. Os populistas se opunham àqueles que eram contra a "unificação nacional" da trindade "líder, nação e povo". Uma "comunidade organizada" não podia ter dissidências; a dissidência era considerada a "antipátria". Mesmo que o inimigo fizesse parte de uma "confabulação", a identidade do movimento continuava sendo política.[92] O populismo divide o mundo entre o povo e as elites, mas o pertencimento a esse último grupo é algo um tanto fluido. Qualquer pessoa que seja contra "o líder do povo e da nação" se torna membro "das elites" que tomaram o poder do povo. Os inimigos eram frequentemente interpretados como sendo membros da oligarquia. Isso incluía políticos profissionais, jornalistas e todos aqueles que criticavam o líder. Ainda assim, apesar dos excessos retóricos, os populistas não colocavam em prática suas advertências e seus pensamentos apocalípticos a respeito da guerra política, ao contrário dos fascistas.

O populista colombiano Jorge Eliecer Gaitán (que no início havia sido um admirador do fascismo) refletiu que o fascismo era fundamentalmente diferente de outras doutrinas. No fascismo, o oprimido político tinha de ser derrotado, destituído e banido da política. Em 1942, ele declarou: "O fascismo presume, ou acredita, que a vida é essencialmente uma luta e que nessa luta não é errado que os fracos pereçam nas mãos dos fortes, porque isso corresponde à realidade biológica. Esse é o princípio básico fundamental do fascismo e do nazismo. Ambos são a mesma doutrina".[93]

Em contrapartida, para os populistas, essas considerações pseudobiológicas do fascismo estavam fora de questão. Vargas contrapunha a justiça, o amor e a fraternidade à força, ao ódio e à violência.[94] Os inimigos não eram definidos por sua identidade e não precisavam ser eliminados permanentemente.

Depois de 1945, os líderes populistas que ganharam o poder na América Latina e em outros lugares sempre demonizaram a oposição, mas o racismo e a xenofobia não vieram sendo o eixo principal da política populista – pelo menos não até recentemente, com o surgimento do novo populismo dos aspirantes a fascistas.

Nos Estados Unidos, e também do outro lado do Atlântico e além, declarações racistas já surgiram acompanhadas de ações reais, e o número de ataques xenófobos aumentou drasticamente em anos recentes. Como herdeiros de Mussolini, os aspirantes a fascistas estão usando os "apitos de cães" fascistas de forma ainda mais eficaz do que seus antecessores, especialmente quando falam a respeito de eleições e imigrantes.

As afinidades linguísticas e filosóficas entre os aspirantes a fascistas e os poderes fascistas do passado são fortes. Na Hungria, Viktor Orbán criou o que os historiadores Javier Rodrigo e Maximiliano Fuentes Codera chamaram apropriadamente de "etnocracia".[95] Orbán apresenta uma mistura de paranoia contra imigrantes, sexualidade e "iliberalismo", ao mesmo tempo em que defende formas raciais de nacionalismo com linguagem antissemita mais ou menos ocultada. Por exemplo, tomando emprestados clichês antissemitas clássicos, ele declarou em 2018: "Estamos combatendo um inimigo que é diferente de nós. Não é aberto, mas se esconde; não é direto, mas astuto; não é honesto, mas vil; não é nacional, mas internacional; não acredita em trabalho, mas especula com dinheiro; não tem sua própria pátria, mas sente que é dono do mundo inteiro".[96] Orbán estava claramente sugerindo que George Soros (que o jornal *New York Times* descreveu como "um judeu da Hungria, sobrevivente do Holocausto, que fugiu do comunismo e se tornou um dos maiores financiadores da promoção da democracia, do anticomunismo e da educação liberal em todo o mundo") era um representante daqueles inimigos globais enfrentados por seu país. Na verdade, ele estava, de maneira paranoica, usando a imagem de alguém poderoso, que era "culpado" de ser judeu, para negar problemas reais que sua administração havia criado. Da mesma forma, Trump inventou a explicação de que foi o primeiro presidente americano a ser indiciado por causa das atividades de Soros. Na visão de Trump – assim como na de trumpistas como o governador da Flórida, Ron DeSantis, e da representante racista e teórica da conspiração Marjorie Taylor Greene, da Geórgia –, Soros, os democratas e o judiciário eram o mesmo inimigo. Em 2023, Trump declarou: "Os Democratas da esquerda radical – inimigos dos homens e das mulheres trabalhadores deste país – estão envolvidos em uma caça às bruxas para destruir o movimento 'Make America Great Again'". Disse ainda que o promotor público de Manhattan, Alvin Bragg, que apresentou acusações contra ele, teria sido "escolhido a dedo e financiado por George Soros".[97]

Esse foi só um dos clichês xenófobos entre tantos outros. Quando Trump fala a respeito da "infecção" trazida pelos imigrantes, da perda da cultura e de sua saudade de um passado "dourado", ou quando Matteo Salvini, na Itália, sugere uma "limpeza em massa" a ser feita "rua por rua", eles estão na verdade se referindo à defesa da pureza e da homogeneidade étnica e cultural (assim imaginada) de suas nações. Como vimos, no final da década de 1930 e início da década de 1940, a revista fascista italiana *Difesa della razza* defendia de forma semelhante a unidade da raça, dizendo que as minorias religiosas e étnicas não podiam fazer parte da nação.

Também eram excluídos como inimigos internos aqueles considerados "traidores da raça", ou seja, membros da raça nacional que acolhessem seus "inimigos". Como explicaram os fascistas indianos, "consequentemente, somente esses movimentos são verdadeiramente 'nacionais', pois têm como objetivo reconstruir, revitalizar e emancipar a nação hindu de seu estupor atual.

Esses são os únicos patriotas nacionalistas que, com a aspiração de glorificar a raça e a nação hindu em seu coração, são impulsionados à ação e se esforçam para atingir esse objetivo. Todos os outros são traidores e inimigos da causa nacional, ou, para dizer de forma mais caridosa, idiotas".[98]

Essa lógica fascista imagina todos os inimigos como traidores, enquanto os populistas preferem considerá-los ou como traidores ou apenas indivíduos mal orientados, em termos de suas opiniões políticas e de sua recusa em ouvir seus líderes. Fascistas e populistas compartilhavam a noção de que o povo estava sempre ameaçado pelos inimigos supremos, o que levava a ideias alarmistas sobre o início de um apocalipse e de crises que somente os líderes poderiam resolver. No fascismo, essa noção de povo era radicalmente excludente e por fim se fazia racista, na maioria dos casos, se não em todos, enquanto a maioria das noções populistas de povo, mesmo quando eram xenofóbicas e racistas, tendiam a ser mais indeterminadas e meramente retóricas.

Os inimigos dos aspirantes a fascistas

Não se deve confundir o antissemitismo fascista do passado com o antissemitismo dos aspirantes a fascistas do presente. Os fascistas mudam seus inimigos de acordo com o contexto.

O historiador Robert Paxton escreveu em 2004: "Embora um novo fascismo fosse necessariamente demonizar algum inimigo, tanto interno quanto externo, esse inimigo não seria necessariamente os judeus. Um fascismo americano genuinamente popular, por exemplo, seria muito religioso, antinegro e, desde o 11 de Setembro de 2001, também anti-islâmico; na Europa Ocidental, seria secular e, atualmente, provavelmente mais anti-islâmico do que antissemita; na Rússia e na Europa Oriental, seria religioso, antissemita, eslavófilo e antiocidental. Os novos fascismos provavelmente prefeririam a vestimenta patriótica convencional de seu próprio lugar e época a suásticas ou *fasces* estrangeiras".[99] Sem dúvida, o antissemitismo ainda é uma grande parte desse cenário. Infelizmente, tornou-se normal nos Estados Unidos que os principais políticos Republicanos saiam impunes depois de proferir denúncias desvairadas, como quando a deputada Marjorie Taylor Green culpou "um laser espacial" controlado por financistas judeus por iniciar um incêndio florestal na Califórnia.[100] Mas, ao contrário dos nazistas, os aspirantes a fascistas têm inimigos muito variados. E os históricos de cada nação são importantes. Assim, Sinclair Lewis escreveu com astúcia em seu romance clássico de 1935, *It Can't Happen Here* (publicado em português com os títulos *Isso não pode acontecer aqui* e *Não vai acontecer aqui*): "Nos Estados Unidos, a luta foi obscurecida pelo fato de que os piores fascistas eram aqueles que rejeitavam a palavra 'fascismo' e pregavam a escravidão ao capitalismo sob a égide da liberdade americana nativa, tradicional e constitucional".[101]

Esse é o contexto da política de xenofobia do aspirante a fascista Donald Trump. Uma grande diferença entre o fascismo real e a retórica feroz de Trump acerca de muçulmanos, minorias, Democratas e a imprensa é que, quando os políticos fascistas chegaram ao poder, eles passaram das declarações racistas e outras formas de demonização retórica para a prática, a eliminação física de seus inimigos. O fascismo não apenas fala a respeito de inimigos, mas os elimina do processo político.

Durante toda a sua campanha eleitoral em 2016, Trump foi regularmente criticado, com veemência, por ser fascista e racista, mas após a eleição esse discurso contrário se suavizou drasticamente. No início de sua presidência, muitos jornais hesitaram em rotulá-lo de misógino e racista, apesar das crescentes evidências, e aquela monstruosa "palavra com f" – fascismo – com frequência foi retirada dos vocabulários dos críticos. Muitas pessoas acreditavam que as instituições, a lei e a tradição da legalidade forçariam o novo presidente a se comportar de forma presidencial e a respeitar os valores liberais fundamentais do país. Mas é claro que aconteceu o contrário. Trump nunca se tornou "presidencial". Aspirantes a fascistas nunca fazem isso.

O governo Trump perseguiu, sem pudores, uma agenda xenófoba baseada no abandono completo da decência humana básica em relação às minorias e aos imigrantes. Enquanto muitos americanos esperavam pacientemente que a própria natureza do cargo para o qual ele foi eleito de certa forma fosse "domar" Trump, sua xenofobia foi gradualmente normalizada, e aumentaram seus apelos à violência e à eliminação do que ele percebia como ameaças.

Trump promoveu uma mistura de alarmismo racista com declarações jingoístas e com a "política de lei e ordem", adicionando ainda a ficção de que ele seria o "mensageiro do povo". Em seu discurso de posse em 2017, falando a respeito de uma suposta "carnificina americana", ele disse que o povo americano havia derrotado uma minoria de políticos: "Por muito tempo, um pequeno grupo na capital de nossa nação colheu os frutos do governo, enquanto o povo arcou com os custos". Trump também afirmou que o país estava assolado pelo crime, declarando falsamente durante a campanha que a taxa de homicídios "era a mais alta em quase meio século" e que a polícia era "o grupo mais maltratado" dos Estados Unidos.[102]

Quando George Floyd foi assassinado por um policial em Minneapolis, em maio de 2020, Trump tentou se apropriar do legado da vítima. Declarou que "George está olhando para baixo neste momento e dizendo que há algo de grande acontecendo no nosso país". E disse também: "Acho que fiz mais pela comunidade negra do que qualquer outro presidente, talvez dando um desconto para Abraham Lincoln, porque ele fez coisas boas, muito embora isso seja sempre questionável".[103]

Esse é um velho truque na história do racismo. Para os racistas, as vítimas do racismo simplesmente não reconhecem o poder do líder ou se recusam a acreditar no culto ao líder e, por isso, pretendem solapá-lo. No livro *Minha luta*, Hitler disse que os judeus "destroem a fé na liderança". Trump reclamou em 2022 que os judeus não eram "agradecidos" a ele o suficiente e advertiu os judeus americanos a "tomarem jeito [...] antes que seja tarde demais". Para Trump, o único papel adequado às minorias é o de subordinação e aclamação ao presidente.[104]

Ao se apresentar como a personificação do espírito americano e dos cidadãos comuns (apesar do fato de ter perdido o voto popular em 2016 e a eleição em 2020), Trump fabricou a ideia de que seu mandato era popular para virar o país de cabeça para baixo.

Os sistemas políticos podem ser corrompidos sem necessariamente serem substituídos pelo fascismo. No caso de Perón, isso significou alterar em muito o caráter da democracia argentina sem eliminá-la. Em contraste com o fascismo, a Argentina de Perón continuou sendo uma democracia populista autoritária que expandiu os direitos sociais e econômicos e nunca reprimiu violentamente seus críticos. Durante o governo de Perón, a Argentina experimentou uma forte redistribuição de renda, com o aumento dos salários e dos empregos. Assim, Perón não precisou se colocar como ditador; em vez disso, contou com os votos das massas peronistas para mantê-lo no poder.[105]

Inimigos do povo

Nunca primando pela sutileza, Jair Bolsonaro declarou à imprensa em 2021: "Vai pra puta que o pariu! Imprensa de merda essa daí!" – enquanto seus ministros batiam palmas e riam.[106] Entre os inimigos dos fascistas, populistas e aspirantes a fascistas, os principais alvos são a imprensa livre e aqueles que estudam o passado. As razões para isso são claras. Em oposição à propaganda, uma imprensa independente fornece dados empíricos que permitem que as pessoas façam uma interpretação mais justa do mundo real. É por isso que os autoritários inevitavelmente têm um problema com a imprensa livre: mais imprensa livre significa mais análises empíricas, e isso vai contra sua propaganda e seus mitos.

O mesmo acontece com o trabalho dos historiadores, porque a história é embasada em fatos. A história é, afinal, uma interpretação dos fatos, enquanto o mito político constitui apenas a repetição de fantasias e da propaganda que serve ao propósito de dividir a sociedade em "seguidores da fé" e "traidores infiéis". Os mitos não estão relacionados a fatos e não necessariamente se baseiam neles. Como vimos no capítulo anterior, os autoritários sempre têm um problema com uma interpretação do passado apoiada em fatos – algo que chamamos de história.

No caso de Trump, como já se viu, um de seus principais *slogans* era "Make America Great Again", ou "torne a América grande outra vez". Um historiador perguntaria: o que havia de tão grandioso naqueles Estados Unidos de antes dos direitos civis a que esse homem está se referindo? O que era supostamente "ótimo" aos olhos de Trump era o fato de que as minorias eram fortemente reprimidas e de que havia algo próximo ao *apartheid* nos Estados Unidos. Nesse sentido, é justo comparar a democracia daquele país a outras democracias jovens, como, por exemplo, a Espanha. Como seria possível considerar os Estados Unidos totalmente democráticos antes de suas reformas dos direitos civis? É isso que esse mito do passado, tal como possibilitado e reencenado pelo trumpismo, proporciona: uma história de um "passado" dos Estados Unidos que não corresponde à realidade de como foi o passado.

Mas o racismo, a xenofobia e o ódio a jornalistas, historiadores e professores de história não são as únicas ferramentas fascistas de demonização. Como vimos, não existe fascismo sem misoginia e homofobia. A masculinidade tóxica também é uma faceta central dos aspirantes a fascistas. Eles têm como alvo as minorias religiosas e sexuais, e o mesmo vale para criminosos e viciados em drogas, que seriam eles próprios os culpados pelos problemas sociais que originaram sua situação. O exemplo mais extremo e descarado dessa recalibração da política fascista de ódio pode ser visto nas posições pró-nazistas do presidente filipino Rodrigo Duterte.

As conexões nazistas por trás dessa forma de violência são claras, embora nem sempre explícitas. A Índia tem uma tradição de violência genocida que remonta às origens fascistas do atual partido no poder, o BJP. Em Délhi, em fevereiro de 2020, durante a visita de Trump à Índia, um *pogrom* antimuçulmano foi desencadeado por membros do movimento hindu que se viram incentivados pela completa ausência de interferência policial e política.[107] Naquela época, Trump elogiou Modi por "defender a liberdade religiosa". Embora Modi tenha tornado possível e ainda defendido esse *pogrom* realizado bem ao estilo da Kristallnacht, ele foi cauteloso em não mencionar a inspiração nazista por trás dos tumultos, como seus antecessores ideológicos fascistas indianos haviam feito no passado. Em contrapartida, o secretário de Relações Exteriores das Filipinas, Teddy Locsin Jr., declarou: "Acredito que a ameaça das drogas é tão grande que precisa de uma SOLUÇÃO FINAL como a adotada pelos nazistas. É nisso que acredito. NADA DE REABILITAÇÃO". Locsin afirmou que Hitler fez "algumas coisas certas". Da mesma forma, conta-se que Trump certa vez disse ao seu chefe de gabinete que Hitler "fez muitas coisas boas".[108] Assim como faziam os nazistas, Trump apontou os imigrantes e as minorias como a única razão para o crime e as doenças.

A influência do fascismo histórico nos aspirantes a fascistas de hoje se estende para além da admiração; ela inclui também a desumanização do outro. Os nazistas acreditavam que seus inimigos eram inerentemente criminosos e que ideologias políticas, como o comunismo, estavam promovendo uma guerra racial contra a raça ariana. Hitler dizia que seus inimigos queriam destruir "a personalidade e a raça" e que, quando isso acontecesse, "o obstáculo essencial seria removido para a dominação do ser inferior, que é o judeu".[109] Encarar os adversários sob essa perspectiva significava que eles poderiam ser atacados sem hesitação. O ditador chinês Chiang Kai-shek, líder dos Camisas-Azuis, disse que os inimigos comunistas "são exatamente como animais" e perguntou: "Como eles podem ser considerados pessoas?".[110]

Ao descrever seus inimigos internos, Mussolini fez uma distinção entre criminosos conscientes e inconscientes: "Quem quer que acredite ou pareça acreditar nas provocações feitas pelo inimigo como parte da guerra de nervos é um criminoso, um traidor, um desgraçado". Para os fascistas argentinos, a confluência de democracia, imigração e socialismo é o que mais criava criminosos e representava uma grande ameaça à "segurança nacional". O fascista argentino Lugones disse que um grande número de imigrantes eram "anormais" e "criminosos cruéis" e que sua presença era "intolerável".[111]

Essa ligação entre criminosos, inimigos raciais e ideologia era fundamental para a ideologia fascista. Em *Minha luta*, Hitler declarou: "Nunca se esqueça de que os governantes da Rússia atual são criminosos comuns cobertos de sangue; que eles são a escória da humanidade [...] e não se esqueça de que esses governantes pertencem a uma raça que combina, em uma rara mistura, crueldade bestial e um dom inconcebível para mentir, e que hoje, mais do que nunca, essa mistura está consciente de sua missão de impor sua opressão sangrenta ao mundo inteiro. Não se esqueça de que o judeu internacional que domina completamente a Rússia hoje considera a Alemanha não como um aliado, mas como um Estado fadado àquele mesmo destino". Hitler acreditava que esses inimigos estavam fora da política. Ele não podia pactuar com "alguém cujo único interesse é a destruição de seu parceiro". Os inimigos "não vivem neste mundo como representantes da honra e da sinceridade, mas como paladinos da enganação, da mentira, do roubo, da pilhagem e da rapina". Ele considerava esses criminosos como "parasitas".[112]

Essa desumanização dos adversários facilitava colocá-los na posição de possíveis vítimas. As etapas seguintes eram a deportação, os campos de concentração e o extermínio. Da mesma forma, os fascistas indianos sustentavam o seguinte:

> RAÇA: chega a ser irrelevante enfatizar a extrema importância da unidade racial na ideia de nação. Uma raça é uma sociedade hereditária com costumes comuns, idioma comum, memórias comuns de glória ou desastre; em suma, é uma população com

uma origem comum sob uma única cultura. Tal raça é, de longe, o ingrediente mais importante de uma nação. Mesmo que haja pessoas de origem estrangeira, elas devem ter sido assimiladas ao corpo da raça-mãe e inextricavelmente fundidas a ela. Devem se ver unidas à raça nacional original, não apenas em sua vida econômica e política, mas também em sua religião, cultura e idioma. Caso contrário, essas raças estrangeiras podem ser consideradas, sob certas circunstâncias, na melhor das hipóteses, membros de um Estado comum para fins políticos, mas nunca parte do corpo nacional. Se a raça-mãe for destruída, seja pela destruição das pessoas que a compõem ou pela perda do princípio de sua existência, sua religião e cultura, a própria nação chegará ao fim. Não tentaremos provar essa verdade axiomática de que a raça é o corpo da nação e que, com sua queda, a nação deixa de existir.[113]

Como argumentou o acadêmico francês Christophe Jaffrelot, uma vez que essas ideologias de ódio estejam arraigadas na lógica do radicalismo e no partido que ocupa o poder, elas não podem mais ser facilmente separadas da política. Na verdade, acontece o contrário: a forma atual do populismo hindu sob o governo de Narendra Modi nada menos que avançou o legado dos antecessores fascistas indianos. Atualmente, a nação indiana é concebida em termos excludentes que unem as noções de líder e povo, ao mesmo tempo em que a culpa por tudo o que acontece na sociedade recai nos inimigos do líder. Assim como nos *pogroms* e nas perseguições fascistas do passado, as consequências podem ser extremas. Na Índia,

> o papel fundamental desempenhado pelo RSS também mostra que, ao contrário da tese da moderação, os partidos políticos que seguem as regras da política partidária não podem dar as costas aos movimentos radicais que os geraram. Nesse caso, essa emancipação dos elementos extremistas foi ainda mais difícil de ser alcançada pelo fato de que praticamente todos os líderes e quadros do partido receberam seu treinamento no RSS. Considerando tudo isso, o BJP, tal como se apresentava em 2014, não havia perdido nada de sua ideologia original – pelo

contrário, usou seu nacionalismo hindu para conquistar uma maioria absoluta que o libertaria das compulsões da política de coalizão. Uma vez no poder, seguiu o mesmo caminho no sentido de vencer uma eleição regional após a outra, jogando com a mesma política do medo que visava tanto os muçulmanos quanto a suposta ameaça paquistanesa.[114]

Assim como Duterte e Locsin nas Filipinas, também Bolsonaro, do Brasil, queria que aqueles que ele tinha como inimigos, tal como os criminosos, fossem sumariamente fuzilados em vez de serem julgados. Os inimigos de Bolsonaro variaram ao longo do tempo, incluindo os externos e os internos. Ele chamou os povos indígenas de "parasitas" e defendeu formas discriminatórias e eugenicamente concebidas de controle de natalidade. Da mesma forma, as declarações racistas de Trump foram uma forma de demonização extrema, como quando ele reclamou de "imigrantes de países de merda" no Caribe, na América Central e na África. Trump protestou contra a falta de imigrantes da Noruega e perguntou: "Por que precisamos de mais haitianos? [...] Tirem eles daqui".[115] Em 2023, fazendo referência aos imigrantes, Trump alertou sobre os riscos raciais envolvidos: "Isso está envenenando o sangue do nosso país. Já está tudo muito ruim, e as pessoas ainda chegam com doenças". Trump acreditava que os imigrantes eram enviados "de prisões. Sabemos que eles vêm de instituições mentais e asilos de loucos. Sabemos que eles são terroristas". Trump, assim, retornava às suas raízes. Em um dos muitos casos em que Hitler fez referências a envenenamento de sangue, ele também denunciou o "influxo de sangue estrangeiro" no contexto de fronteiras abertas: "Os envenenamentos do sangue que se abateram sobre nosso povo [...] levaram não apenas à decomposição de nosso sangue, mas também de nossa alma". Ele também disse em *Minha luta*: "Todas as grandes culturas do passado pereceram apenas porque a raça originalmente criativa morreu por envenenamento do sangue".[116]

Bolsonaro também alertou acerca do perigo representado pelos refugiados do Haiti, da África e do Oriente Médio, chamando-os de "escória da humanidade" e defendendo que o exército deveria cuidar deles. Deu declarações racistas e misóginas regularmente. Por exemplo, acusou os afro-brasileiros [quilombolas] de serem obesos e preguiçosos e defendeu a punição física de crianças como forma de evitar que elas se tornem homossexuais. Também equiparou a homossexualidade à pedofilia. Durante sua vida política, o ex-militar defendeu sem rodeios a ditadura e levou seus argumentos racistas, homofóbicos e misóginos para o centro do discurso político. Disse que tinha quatro filhos e uma filha, que nasceu por último: "Na quinta, eu dei uma fraquejada e veio mulher". Bolsonaro é especialmente obcecado pela diferença sexual. Em 2002, declarou: "Não vou combater nem discriminar, mas, se eu vir dois homens se beijando na rua, vou bater". Como Trump, Bolsonaro defendeu a agressão sexual contra mulheres, dizendo a uma representante no Congresso: "Jamais iria estuprar você porque você não merece".[117]

Duterte, que definiu os membros da oposição como "viados", fez declarações semelhantes sobre estupro. Comemorou o estupro coletivo de uma mulher australiana, dizendo que gostaria de ter participado. Quando era prefeito da cidade de Davao, ele deu a seguinte ordem: "Digam aos soldados: 'o prefeito deu uma nova ordem. Nós não vamos matar você. Vamos apenas atirar em sua vagina'".[118] Bolsonaro, Trump e muitos outros apresentam a misoginia como sendo algo normal para os homens.[119]

Bolsonaro adotou a política da misoginia que define essa geração de aspirantes a líderes fascistas. Eles estão retornando às suas raízes fascistas e à política da xenofobia. Para os fascistas, o inimigo interno era fundido a preconceitos relativos a fraqueza, poluição e traição. Os aspirantes a fascistas estão dando uma nova chance a esse tipo de pensamento. Em 2022, Bolsonaro enfatizou não só a particularidade, mas também as dimensões amplas do inimigo: "Nosso inimigo não é externo, é interno. Não é luta da esquerda contra a direita. É a luta do bem contra o mal".[120] Da mesma forma, Trump declarou em 2023 que "o maior problema é interno. São esses doentes radicais".[121] Mas para Trump e para os aspirantes a fascistas como um todo, esses não eram membros verdadeiros do povo real.

Nessas e em outras declarações, o vocabulário dos aspirantes a fascistas lembra a retórica por trás das políticas nazistas de perseguição e criação de alvos, em particular a maneira como essa retórica imaginava o "inimigo" e depois passava a projetar esse "inimigo" em pessoas reais. Por exemplo, a líder neofascista Giorgia Meloni – que, quando era uma jovem militante neofascista, expressou sua opinião de que Mussolini era um "bom político" e depois, em 2022, se tornou primeira-ministra da Itália – fez uma lista de inimigos para facilitar a vida de seus seguidores que tinham as mesmas opiniões: "Sim à família natural. Não aos *lobbies* LGBT. Sim à identidade sexual. Não à ideologia de gênero. Sim à cultura da vida. Não ao abismo da morte. Sim à universalidade da cruz. Não à violência islâmica. Sim à segurança das fronteiras. Não à imigração em massa".[122] Migrantes, muçulmanos, mulheres que eram pró-aborto e minorias sexuais foram usados para definir o seu perfil autoritário.

A abordagem fascista de unificar um grupo de pessoas exige a exclusão de muitas outras pessoas. Esses inimigos podem incluir qualquer pessoa que discorde do líder ou o critique – até mesmo você ou eu. Aliás, "Carluxo" e Eduardo Bolsonaro (filhos de Bolsonaro, um deles representante brasileiro no Congresso) me insultaram ao declarar, em termos antissemitas, que meu nome verdadeiro seria "Frankstein" (*sic*) e ao emitir insultos homofóbicos.[123]

A mentalidade de que outras pessoas seriam monstros semi-humanos remonta, é claro, a Hitler, que prometeu que a eliminação de inimigos físicos acabaria com todos os problemas. Mas Hitler também adotou uma abordagem completamente diferente e prometeu que os judeus de alguma forma se autodestruiriam: "O fim não é apenas o fim da liberdade dos povos oprimidos pelos judeus, mas também o fim desse parasita das nações. Após a morte de sua vítima, mesmo o vampiro, mais cedo ou mais tarde, também morre".[124]

Victor Klemperer observou que o antissemitismo era a mentira mais eficaz do nazismo: "Porque... O que as massas alemãs sabem sobre o perigo da *Verniggerung* ("negroidização") e quão detalhado é seu conhecimento pessoal acerca da suposta inferioridade dos povos do leste e do sul? Nada. Mas todo mundo conhece um judeu. Para as massas alemãs, antissemitismo e doutrina racial são sinônimos, e todos os excessos e exigências da arrogância nacional, cada conquista, cada ato de tirania, cada atrocidade e até mesmo assassinatos em massa são explicados e justificados por essa teoria racial científica, ou melhor, pseudocientífica".[125] Identificar personagens dentro dessa teoria totalmente indemonstrável era exatamente o objetivo.

No fascismo, havia uma necessidade constante de alimentar a paranoia acerca das diferenças e da pluralidade. Qualquer um poderia se tornar o inimigo que simbolizava esses medos.

4

DITADURA

NÃO EXISTE FASCISMO SEM DITADURA. Esse pilar do fascismo ficou ausente no populismo clássico após 1945, mas voltou com o surgimento do novo populismo extremo dos aspirantes a fascistas.

O fascismo se baseia na suposição de que a democracia é fraca e não representa a real vontade do povo. E também apresenta a ditadura (às vezes em teoria, mas sempre na prática) como a única solução política que tornaria a nação grande.

A noção fascista de ditadura difere das formas históricas anteriores. Ela não é legal, nem liberal, nem socialista. Não envolve uma transição de uma coisa rumo a outra, e sim uma liberação do poder permanente e absoluto encarnado em uma só pessoa. Ela se baseia em uma reivindicação dupla de soberania popular e teologia política. Em outras palavras, ela finge ser fundamentada pela vontade do povo, ao mesmo tempo em que eleva o ditador à categoria de um ser quase divino. As afirmações que o fascismo faz a respeito da ditadura são díspares e até contraditórias, mas são sempre unificadas por essa fé no líder e pela ideia de que governar sem controles seria uma "missão sagrada" do ditador. Desafiando a lógica, os fascistas afirmam que seu governo ditatorial não seria um ato deliberado, mas a consequência natural da evolução histórica. Eles também insistem que a ditadura é "democrática", revolucionária, fundamental, personalista e popular. Por fim, eles afirmam falsamente que suas ditaduras são legítimas, quando, na verdade, historicamente, elas têm sido o resultado da destruição de instituições democráticas por dentro e de ascensões ilegais ao poder por meio de golpes, guerras civis e invasões estrangeiras.

Um histórico do conceito de ditadura

Em 1934, o fascista francês Pierre Drieu La Rochelle declarou: "O fascismo não surge da ditadura; é a ditadura que surge do fascismo".[1] A ditadura fascista representava uma nova forma de política, no sentido de que combinava poder ilimitado com duração ilimitada. Mas ela também fazia parte de uma longa genealogia de ditadores.

Historicamente, a ditadura surgiu como uma dimensão legal da República Romana.[2] Na Roma Antiga, os ditadores eram conclamados em circunstâncias especiais, por um período limitado de tempo, durante uma grave crise interna ou externa, para impor a ordem – às vezes, inclusive por meios extrajudiciais.[3] Primeiro com o militar e estadista Sula e depois com Júlio César (que foi nomeado ditador vitalício), a ditadura romana se transformou em algo mais próximo do que a ditadura fascista se tornaria mais tarde: poder absoluto permanente sem restrições. Abandonada em sua maior parte na Idade Média, a ideia de ditadura ressurgiu no Renascimento e encontrou em Maquiavel seu primeiro defensor moderno. Mas mesmo Maquiavel, como também o filósofo iluminista Jean-Jacques Rousseau depois dele, ainda pensava na ditadura como uma forma de transição – uma tirania momentânea que era regulamentada; apenas um remédio, e não um fim em si mesma. A mesma noção de transição, pelo menos em teoria, foi posteriormente promovida por Lênin antes, durante e depois da Revolução Russa de 1917. Lênin estava reabilitando um conceito apresentado brevemente em 1850 por Karl Marx: "a ditadura do proletariado". Ele a apresentava como poder sem restrições, mas, ao contrário de seus predecessores (de Dionísio de Halicarnasso a Maquiavel e Rousseau), não considerava que a ditadura estivesse fundamentada em uma estrutura de legalidade. Ela seria a origem de um novo sistema sociopolítico: o comunismo. Lênin concebeu "a ditadura do proletariado como a destruição da democracia burguesa e a criação da democracia proletária".[4] Era uma nova fundação, uma forma não regulamentada de transição que criava sua própria legitimidade e, por fim, sua própria legalidade. Seguindo o termo pouco usado por Marx, Lênin afirmou que tal ditadura deveria ser o primeiro passo para a criação de uma sociedade sem classes e sem Estado. Essa ditadura deveria durar – e de fato durou –, mas, em teoria, ainda tinha a intenção de ser transitória.[5]

Assim como Lênin e sua abordagem binária da ditadura, Carl Schmitt, o famoso pensador alemão de direita que abraçou o nazismo em 1933, escreveu que há dois tipos de ditadura: uma que se apresenta como transitória – a forma da "ditadura comissária", que equilibra a necessidade de medidas excepcionais com a preservação da ordem constitucional – e outra, chamada por Schmitt de "ditadura soberana", que pretende mudar o sistema político. Para ele, estava claro que o constitucionalismo parlamentar era coisa do passado e que o futuro seria uma disputa entre ditaduras.[6]

Esse argumento foi antecipado em 1849 pelo pensador reacionário espanhol Juan Donoso Cortés, em seu famoso discurso sobre a ditadura. Donoso apresentou o futuro do mundo como uma disputa entre uma ditadura autoproclamada dos justos e o despotismo da política revolucionária moderna. A escolha era entre "a ditadura do punhal e a ditadura do sabre; eu escolho a ditadura do sabre, porque ela é mais nobre".[7] Tempos depois, os fascistas usariam essa ideia de uma nobre soberania da violência para defender sua legitimidade.

O fascismo era antiteórico, e o mesmo se aplica à ditadura. Em 1923, Mussolini disse: "Não há doutrina a respeito da ditadura. Quando a ditadura se fizer necessária, ela deve ser implementada".[8]

E, ainda assim, os fascistas pensavam constantemente a respeito dos modos e dos porquês da ditadura. Acabaram por desenvolver seu próprio conceito de ditadura. É claro que também tomaram emprestados conceitos e tradições do inimigo. Um simpatizante fascista, o líder indiano Subhas Chandra Bose, declarou que, "apesar da antítese entre o comunismo e o fascismo, há certas características comuns. Ambos acreditam na ditadura do partido e na supressão implacável de todas as minorias dissidentes".[9]

Mesmo quando representavam o oposto do comunismo, os fascistas imitavam os argumentos mais expressivos de seu inimigo. Como disse Hans Kelsen, um importante pensador jurídico judeu austríaco, em 1936, havia uma distinção entre as formas antigas de ditadura e um novo tipo – a "ditadura do partido típica do bolchevismo e do fascismo".[10] Nessa ditadura, não havia diferença entre o partido e o Estado. No fascismo, isso levou a formas extremas de militarização. As diferenças entre as ditaduras fascista e bolchevique também eram visíveis em grau ideológico. Os comunistas alegavam representar a "verdadeira" forma de democracia, enquanto os fascistas a rejeitavam abertamente.[11]

Embora na prática a ditadura comunista esteja longe de ser transitória, na teoria ela permanece assim, no sentido de que supostamente faz parte da transição para um futuro de democracia comunista. Essa dissonância entre prática e teoria não aparece no conceito fascista de ditadura.[12]

O fascismo criou uma nova forma de ditadura, distinta da jurídica clássica e das revolucionárias. A ditadura fascista foi concebida de forma a unificar a trindade "líder, povo e nação". Para os fascistas, a ditadura é perpétua, e não uma transição para outra coisa. Como o pensador judeu alemão Franz Neumann observou após a Segunda Guerra Mundial, havia uma diferença entre uma ditadura que pretendia ser uma forma de educação rumo à democracia e uma ditadura concebida como a negação da democracia.[13] Essa negação se fazia de modo permanente, e é por isso que, no fascismo, a ditadura nunca termina.[14]

A ditadura permanente fascista

Os fascistas acreditavam representar o primeiro e melhor exemplo de uma nova era de ditadura revolucionária. Em 1926, Mussolini declarou: "Fizemos a verdadeira, única e profunda revolução".[15] Naquela época, todos os outros partidos, com exceção do fascista, foram permanentemente banidos. A insurreição fascista acabou por derrotar seus inimigos, ou seja, todos os atores do sistema político anterior.

O fascismo surgiu como resultado de um longo processo reacionário que renovou a antiga ideia de ditadura, apresentando-a como um novo momento na história da política. A ditadura fascista não era transitória, mas revolucionária e constante. Não se tratava de um estado de emergência no sentido tradicional e constitucional, mas de uma emergência sem fim.

Os fascistas de todo o mundo explicaram a necessidade da ditadura como sendo a única maneira de corrigir, apropriar e reformular a ameaça combinada da revolução seguida de ditadura. A resposta deles foi descartar o liberalismo e ser, ao mesmo tempo, "revolucionária" e "reacionária".[16] Para eles, o sucesso passado das revoluções democráticas e, mais tarde, das comunistas significava a necessidade de uma nova ditadura revolucionária. Esse era um claro sinal dos tempos.

Alguns meses antes de os fascistas chegarem ao poder na Itália, um poeta fascista latino-americano, o peruano José Santos Chocano, apresentou um apelo à ditadura nas "nações tropicais". Tomando inspiração da história do conceito de ditadura, de Cícero a Robespierre, Chocano enfatizou com aprovação os argumentos de Sismondi e Donoso Cortés: a ditadura como algo necessário para preservar a ordem e a estabilidade em tempos de crise e também como uma resposta à decadência moral e à ameaça do caos social. O ditador representava um espírito revolucionário, mas a ditadura estabelecia os limites adequados para a revolução.[17]

Muitos fascistas europeus concordaram com a avaliação de Chocano de que a ditadura na América Latina era um "produto nativo e ancestral". Como disse o fascista francês Jacques Bainville, a América Latina sempre foi o "campo de caça feliz para os ditadores". Era o lugar original do chamado "cesarismo* democrático".[18] Ao realocar de forma anacrônica as origens da ditadura fascista no republicanismo latino-americano, o fascista nicaraguense Pablo Cuadra se imaginou em um diálogo com o libertador da América do Sul no século XIX, José de San Martín. Ao visitar o túmulo de San Martín em Buenos Aires, Cuadra o imaginou descrevendo o fascismo como uma forma de realismo. A ditadura fascista significava terror e a vontade ditatorial de "exterminar" uma parte da nação – a oposição – porque "os inimigos da autoridade são sempre amigos dos estrangeiros". Nessa fantasia fascista, San Martín disse que havia sido uma "vítima da democracia" e declarou: "Sou fascista porque quero a disciplina da pátria. Sei que essa disciplina só será alcançada com o braço vigoroso de um ditador".[19]

Os fascistas rejeitavam a democracia liberal, considerando-a como uma "mera transição" que havia se mostrado intermitente. Mas a luta final aconteceria entre as ditaduras comunista e nacionalista. Em uma espécie de dialética negativa fascista, se a democracia liberal gerou a ditadura comunista, esta última gerou a fascista. Como disse o fascista argentino Leopoldo Lugones em 1923, a disputa entre os ditadores revolucionários se tornou o "confronto final", porque "a ditadura do proletariado cria, por reação, a ditadura do patriotismo; mas ambas se encarnam em

---

* "Cesarismo democrático" (às vezes chamado no livro apenas de "cesarismo") é um conceito proposto pelo historiador venezuelano Laureano Vallenilla Lanz em sua obra *Cesarismo democrático* (1919). Adeptos desse tipo de regime fariam um governo baseado na reeleição permanente de um líder que concentra grande poder e que se apresenta como um defensor do povo contra as elites e os políticos tradicionais. O regime procura se legitimar por meio de processos eleitorais, mas o governo adota práticas autoritárias, minando a verdadeira democracia. Tendo em vista que se trata de um conceito formulado em 1919, é fácil perceber suas conexões com o que depois viria a ser o populismo conforme descrito pelo autor ao longo do livro. [N.T.]

um líder [um *jefe*], ou seja, em um tipo superior: Mussolini ou Lênin".[20] Lugones, é claro, ficou do lado de Mussolini.

Não há como minimizar o impacto que teve Mussolini. Sua ditadura foi a primeira que conseguiu se contrapor ao liberalismo e ao socialismo por supostamente incorporar a vontade nacional. Hitler admitia que Mussolini representava uma nova era de revolução nacional. O ditador alemão afirmou que, na Itália fascista, "um único homem inscreveu seu nome para sempre por meio de uma revolução civilizatória e nacional de dimensões seculares".[21]

Os fascistas encaravam a mudança de representação popular para uma "encarnação permanente" como algo que marcaria época e era de fato "civilizatório". Essa nova forma de personificação eterna e popular tornava a ditadura fascista diferente da "ditadura do proletariado" comunista. A ditadura fascista era considerada verdadeiramente revolucionária no sentido de que era permanente – e isso tanto em termos teóricos quanto práticos.

Os fascistas se consideravam como um antipartido, um movimento que assumiu o controle do Estado e o transformou radicalmente, de cima para baixo, em um aparato de partido único concentrado no poder do Duce. Segundo eles diziam, o fascismo criava uma nova ordem totalitária porque era uma "ditadura revolucionária". Na verdade, ele fez isso porque constituía uma insurreição. Como queria mudar o sistema de governo, desconsiderou as leis existentes e a constitucionalidade. Representava um poder irrestrito do ponto de vista legal. Como escreveu o antifascista católico italiano Luigi Sturzo, já em 1924, o fascismo primeiro se apresentou como uma forma de legalidade, mas a dinâmica da ditadura revolucionária fez com que ele se afastasse cada vez mais da legalidade e se transformasse em outra coisa. Sturzo observou ainda que o fascismo havia deixado a trilha constitucional e parlamentar e tomado um caminho completamente diferente. Embora exibisse externamente elementos de legalismo e de constitucionalidade, a substância de sua forma de governar era totalmente nova. Esse dualismo inicial entre forma e substância que se contradiziam não poderia ser mantido em um equilíbrio perpétuo; as opções eram o legalismo ou a chamada "ditadura revolucionária".[22] Simpatizantes do fascismo, como Vilfredo Pareto, esperavam que a "ditadura então em curso" do fascismo se voltasse para uma direção constitucional, mas o que aconteceu foi o oposto.[23]

A mesma ingenuidade em relação à dimensão revolucionária da ditadura fascista se aplicava a um amplo grupo de apoiadores conservadores, bem como à imprensa internacional. Todos acreditavam erroneamente que o fascismo seria domado por instituições estatais e procedimentos legais.

O "ditador *qua* ditador" foi nomeado por ele mesmo. Seus poderes extralegais não emanavam de nenhuma forma de legalidade. O fascismo, de fato, criava seu próprio reino de extralegalidade, que fazia com que a lei já estabelecida se tornasse mera sombra do que era antes. Esse foi um argumento seminal apresentado por Kelsen em 1936: "Como o centro de gravidade política se encontra agora dentro da máquina do partido, a questão da forma da constituição toma uma importância relativamente secundária. A monarquia ou a república são transformadas em formas puramente externas, despojadas de qualquer significado material, de modo que quaisquer das formas se prestam igualmente bem como fachada para o desenvolvimento interno do partido/ditadura". Embora Kelsen tenha igualado a busca bolchevique por uma nova legalidade e o extermínio fascista da legalidade, sua argumentação continua sendo importante.[24]

Esse também estava destinado a se tornar um argumento fundamental na análise essencial de Ernst Fraenkel sobre a ditadura nazista como um estado dual. Como ele escreveu em 1941, o Estado totalitário da Alemanha daquele tempo era duplo: tanto um "Estado normativo" quanto um "Estado prerrogativo". Na prática, isso significava que as considerações políticas eram mais importantes do que a lei escrita. A legislação só funcionava normalmente quando os nazistas não se importavam com a legalidade da questão à sua frente. Em outras palavras: a teoria jurídica daquela ditadura tinha como objetivo fazer uma distinção entre atos políticos e não políticos, de forma que, em termos de atos políticos, os instrumentos da ditadura tinham precedência sobre os órgãos judiciais tradicionais, enquanto o antigo Estado legal ainda se aplicava aos atos não políticos. Nesse contexto totalitário, cada vez mais dimensões da sociedade iam se tornando políticas, e o Estado legal foi cada vez mais reduzido. Uma combinação de arbitrariedade e eficiência em questões legais foi bem-sucedida em ocultar a "verdadeira face" de ilegalidade da ditadura nazista. Fraenkel enfatizou como uma máscara de legalidade promoveu a lenda de que os fascistas alemães haviam realizado uma "revolução legal". No entanto, na verdade, a ditadura deles não se baseava em leis válidas. Como Fraenkel explicou: "Dotados de todos os poderes conferidos por um Estado de sítio, os nacional-socialistas conseguiram transformar a ditadura constitucional e temporária (destinada a restaurar a ordem pública) em uma ditadura inconstitucional e permanente e fornecer à estrutura do Estado nacional-socialista poderes ilimitados".[25]

Os ditadores fascistas não eram apenas líderes ditatoriais de Estados normais. Eles desencadearam formas ilegais de extrema repressão e terror que transformaram radicalmente seus sistemas políticos em ditaduras permanentes e sem quaisquer limites. Essa mudança era feita em nome daquele líder que encarnava a revolução nacional. É por isso que os nazistas afirmavam que a lei máxima na Alemanha não era o comando do ditador, mas sua vontade. A legalidade estava em total contradição com a nova legitimidade da revolução fascista.[26]

De acordo com o relato do clérigo fascista argentino Franceschi, o fascismo criou uma teoria que propunha uma ditadura revolucionária permanente e absoluta, que deveria ser considerada a "forma normal de governo". Seu totalitarismo era absoluto e, a seu modo, tinha um caráter religioso. E a condução do regime não levou à "atenuação, mas à perpetuação da ditadura".[27]

O governo ditatorial fascista era diferente porque era perpétuo. Esse foi o argumento apresentado na mais sistemática tentativa fascista de pensar a relação umbilical que existia entre fascismo e ditadura: o trabalho do acadêmico fascista Sergio Panunzio. Ele publicou sua tese pela primeira vez na *Gerarchia*, a principal revista de Mussolini, com o ambicioso título de *Teoria geral da ditadura* (1936). Mais tarde, ele a incluiu em seu trabalho de 1937, *Teoria Generale Dello Stato Fascista* ("Teoria geral do Estado fascista", em tradução livre). Com base em suas palestras na faculdade de ciências políticas da Universidade de Roma, e seguindo os caminhos de Carl Schmitt (cuja obra ele citou), Panunzio emprestou seriedade acadêmica ao entendimento fascista de seu governo como uma ditadura revolucionária feita para durar.[28]

Os partidos revolucionários traziam uma nova forma de soberania ("a personificação subjetiva, moral e jurídica da revolução") e, quando triunfavam, criavam uma nova legalidade na forma de um novo Estado.[29] Assim como o nazista Schmitt e o sociólogo fascista Robert Michels, Panunzio também apresentou sua noção de ditadura como sendo a emanação de uma vontade coletiva que, para ele, havia se encarnado em uma forma de liderança carismática.[30] Mas ele também enfatizou o fato de que, no fascismo, a ditadura não era mais a expressão de um "poder constituinte", e sim a integração dialética da força e da violência. Enquanto as ditaduras jurídicas, como as romanas, se baseavam no conceito de força, as verdadeiras ditaduras revolucionárias se baseavam na violência. Enquanto a força era gerada de cima para baixo, a violência vinha de baixo para cima. A força estava enraizada no passado, enquanto a violência estava voltada para o futuro.[31] Na posição de uma terceira forma de ditadura, o fascismo surgiu da integração dialética das duas formas anteriores. Panunzio disse que o governo fascista incluía tanto momentos jurídicos quanto momentos revolucionários de ditadura, e que a integração de ambos é que levava a uma mudança significativa. As emergências não eram ocasionais, mas se tornaram permanentes. A revolução se tornou "totalitária", levando à criação de algo novo. Em resumo, o fascismo havia mudado o "valor e o significado" do "conceito de ditador". Isso aconteceu porque a ditadura fascista era uma "ditadura heroica" que emanava do povo. Era a ditadura do povo encarnada no Duce.[32]

Uma ditadura personificada em um único homem

A centralidade do ditador na definição de ditadura foi claramente evidenciada no verbete "ditadura" do *Dizionario di Politica del Partito Nazionale Fascista* (Dicionário de Política do Partido Nacional Fascista), publicado em 1940. O verbete foi escrito pelo intelectual fascista Carlo Curcio. Citando autores como Schmitt e Panunzio, a teoria de Curcio acerca da ditadura fascista combinava poder permanente com personalização extrema. Ele propôs a palavra "dominador" para melhor definir a ditadura fascista e sua noção de que o fascismo era uma ditadura "no sentido moral".[33]

Nas décadas de 1920 e 1930, os fascistas começaram a ler o presente de maneira invertida, sobrepondo, de forma anacrônica, aspectos fascistas a fatos e eventos do passado clássico. Por exemplo, um fascista que era especialista em ditadura sustentava que César estava longe de ser um reacionário, no sentido de que suas reformas do Estado eram "definitivamente fascistas", e que isso explicava "a adoração de Mussolini pelo 'divino Júlio'".[34]

Quando o biógrafo Emil Ludwig perguntou: "A ditadura é uma especificidade italiana?", Mussolini respondeu: "Talvez. A Itália sempre foi um país de indivíduos excepcionais. Aqui, na Roma Antiga, houve mais de setenta ditaduras". Curiosamente, e erroneamente, Mussolini confundiu a ditadura romana, republicana e legal, com as eventuais vontades de um indivíduo "excepcional" – quando ele mesmo, na verdade, tentava empurrar a noção de que a ditadura era personificada em um homem insubstituível, afirmando que "não haverá um Duce número dois".[35]

Como disse o fascista uruguaio Adolfo Agorio em 1923, há gênios em muitas áreas, e a ditadura não era exceção. Algumas pessoas "vieram a este planeta" como ditadores natos: "Um ditador nasce assim, da mesma forma que nascem os poetas ou os músicos. A ditadura é a ciência de pensar por meio de atos. Por isso, ela é o instrumento mais objetivo para o gênio".[36]

Se, por um lado, a ditadura fascista se baseia em uma noção militarista de poder, ela também está entranhada em um culto profundo à personalidade do líder.[37] Ao contrário da teoria comunista da ditadura (muitas vezes contradita por sua prática), a ditadura fascista é sempre inteiramente voltada ao líder máximo, o líder messiânico representado como um "santo", o redentor da nação.

Sem dúvida, muitos fascistas rejeitaram a palavra "ditadura" porque ela tradicionalmente carregava associações negativas com a tirania e o despotismo, palavras que eles associavam ao igualitarismo e ao liberalismo, mas também ao judaísmo e ao comunismo. Entretanto, todos concordavam que o fascismo era uma forma de governo absoluto e permanente de uma só pessoa. Em um discurso de 1921 a respeito do programa fascista, Mussolini explicou que eles aceitavam a palavra "ditadura" porque era disso que a nação precisava, enquanto em 1919 ele havia se oposto à possibilidade de uma ditadura militar, ao mesmo tempo reivindicando a necessidade de um "banho de sangue" revolucionário. Em *Minha luta*, Hitler observou que a ditadura, como conceito e prática, tinha má reputação mesmo em casos de necessidade óbvia. Pior ainda, aquela noção havia sido apropriada pelos inimigos: "Assim, o analfabeto russo se tornou escravo de seus ditadores judeus, que, por sua vez, foram astutos o suficiente para chamar sua ditadura de 'A Ditadura do Povo'".[38]

Em 1933, Hitler disse: "Quando nossos oponentes dizem: 'É fácil para você, você é um ditador', nós respondemos: 'Não, senhores, vocês estão errados; não há um único ditador, mas dez mil, cada um em seu lugar'". Mas os pequenos ditadores tinham de seguir a autoridade suprema até o fim: "Em nosso movimento, desenvolvemos essa lealdade em seguir o líder, essa obediência cega que todos os outros desconhecem e que nos deu o poder de superar tudo".[39] Um Estado baseado no terror e no governo absoluto e permanente do *Führerprinzip* (a noção de que o comando de Hitler era ilimitado e todo o poder derivava de sua autoridade) tornou-se "o Estado de Hitler" (*Führerstaat*), e não um Estado jurídico. Era uma forma extrema de ditadura. Mas Hitler e outros luminares nazistas não estavam nem um pouco interessados em questões teóricas. Sem dúvida, Hitler apoiava um modelo no qual a unificação de "popularidade, força e tradição" tornava a autoridade "inabalável".[40] Mas a tarefa de definir a natureza ditatorial dos nazistas foi deixada a cargo de Carl Schmitt. Schmitt, o teórico e explicador de ditaduras, afirmou que a liderança de Hitler não podia ser facilmente explicada ou representada. A realidade do governo de Hitler se explicava por si só.

Em um de seus livros mais fascistas, Schmitt escreveu que a condução do povo não poderia ser equiparada a um simples comando, porque "ser um ditador não significa governar de forma centralista burocrática ou outro tipo de dominação". E, no entanto, ele insistiu que o uso de categorias, tal como "ditadura", para se referir ao nazismo levava ao risco de se perder a singularidade do governo de Hitler (*Führung*). Schmitt afirmou que a forma de liderança de Hitler era diferente da de outras ditaduras, mesmo que elas fossem necessárias e saudáveis: "Temos de nos proteger contra o perigo de que um conceito especificamente alemão e nacional-socialista seja obscurecido e enfraquecido pela comparação com categorias estrangeiras".[41] Claramente, Schmitt acreditava que Hitler e Mussolini eram ditadores e queria demonstrar que uma ordem fascista é superior a qualquer lei escrita.[42] A maioria dos fascistas compartilhava essa visão de Hitler como sendo "o ditador de uma nova ordem". Em 1925, Goebbels assegurou a si mesmo acerca do fato de que Hitler estava predestinado a ser um ditador: "Esse homem tem tudo o que é preciso para se tornar um rei. Um tribuno do povo nato. O futuro ditador".[43]

Após a tomada do poder e a afirmação do regime ditatorial, muitos fascistas, por razões estratégicas, prometeram que sua ditadura não era uma ditadura, ou que ela seria transitória, ou que era uma ditadura contra os inimigos, mas não contra o Estado.[44] Outros, ao contrário, também rejeitaram a palavra "ditadura" como inadequada, mas porque, em seu sentido tradicional, ela significava um remédio temporário, não a forma permanente de poder que o fascismo propunha.[45] E outros mentiram sobre o fato de a ditadura fascista ser permanente, sem negar o papel essencial do ditador e o fato de que era ele sozinho quem definia o novo mundo da política. Por exemplo, o fascista britânico Strachey Barnes prometeu que "não haverá ditadura quando o período revolucionário terminar. O fascismo não defende uma ditadura, nem de uma pessoa nem de uma classe". Esse era um argumento que se assemelhava à ideia comunista de ditadura – mas, na realidade, os fascistas criaram um culto ao líder que reforçava seu poder permanente: "Se há uma ditadura na Itália agora, é porque a organização revolucionária assumiu essa forma por um acidente da história. O acidente em questão é a presença de um gênio, um homem do povo, com aquele dom mediúnico de intuir e interpretar os vastos ideais subconscientes da Itália histórica, adormecidos no coração de todo verdadeiro italiano. Acredito que esse seja o segredo de seu sucesso, além de sua intensa sinceridade e de seu desapego. Os italianos adoram um santo que, além de tudo, não se mostra tolo".[46]

Um problema que surge de uma ditadura fascista extremamente personalizada é a questão da sucessão.[47] Ao justificar a legitimidade do ditador como parte de uma teologia política e sua subsequente religião política, os fascistas nunca conseguirão transferir facilmente toda aquela natureza carismática de seu líder transcendental único. Muitos mini-Hitlers ou pequenos Mussolinis tentaram se tornar herdeiros de algo que, em princípio, não tinha como ser transferível. Em certo sentido, os ditadores fascistas eram estéreis: não podiam procriar sucessores. Se o poder desse tipo de governante não podia ser contido, muito menos podia ser transmitido adiante.[48]

Seria difícil entender a história do fascismo sem considerar a importância do culto à personalidade do ditador, cujo poder era considerado sagrado. Essa forma de ditadura desafiava a abstração das noções de autoridade, hierarquia e obediência, tornando-as tangíveis na pessoa do líder.[49] Não era apenas "estritamente política", mas "humana" no sentido de que uma pessoa detinha o poder absoluto. O Capo (o chefe) emanava "do coração do povo" e era concebido como a fonte da autoridade ética e do poder.[50] Isso implicava que a individualidade do líder era restrita, na medida em que ele representava o movimento coletivo e a nação. Como explicou o fascista francês Drieu La Rochelle, o fascismo "não saiu do cérebro de Mussolini como Minerva da testa de Júpiter". Na Itália, o fascismo tomou corpo como todo um movimento. Era "todo o esforço de uma geração que buscou e encontrou o fascismo" e que, ao mesmo tempo, buscou e encontrou a si mesma na figura de Mussolini.[51] A ditadura foi o resultado de uma busca nacional pela personificação de tudo aquilo. Como disse Panunzio, "a revolução é uma ideia; e a ditadura revolucionária é, como sabemos, a ditadura da ideia. Mas essa ideia precisa encontrar seu homem, seu corpo, o herói. Por isso, pode-se dizer que a ditadura heroica é subjetividade, é a consciência da ideia de um povo, em sua marcha e em sua jornada através da história".[52] De fato, não foi a história, mas o mito que permitiu a divinização do líder heroico.

Isso é o que os fascistas chamavam de "milagre" histórico, o assombro da "ditadura de um homem só".[53] Os fascistas queriam acreditar que a política extremamente antidemocrática do poder pessoal ilimitado de um homem representava uma forma real de democracia.

A ditadura do povo

Em 1923, Anne O'Hare McCormick, correspondente do *New York Times*, explicou que Mussolini realmente conhecia seu próprio povo. Isso deveria ser algo estranho para os americanos que viviam em uma democracia: "Nenhum cidadão de uma democracia estritamente limitada como a nossa pode imaginar o alívio de ser governado por um autocrata bom, forte e franco depois da forma absoluta, desenfreada e impossivelmente lógica de autogoverno por que passou a Itália. O povo já estava ansiando por uma ditadura quando Mussolini se nomeou ditador. Longe de ser uma usurpação de autoridade contra a vontade popular, sua Marcha sobre Roma foi como uma resposta a uma prece".[54] Mussolini fascinou a mídia e até mesmo aqueles jornalistas que deveriam fornecer informações críticas sobre sua ditadura, em vez de promover sua legitimidade internacional e nacional. Os leitores do *New York Times* eram então informados de que o "inferior" povo italiano precisava de uma ditadura. Na opinião de McCormick, o povo queria um governo autocrático e um espetáculo: "O novo governo cultiva o espectador. Um dos motivos de sua popularidade entre um povo que sofre com a sensação de ser subestimado no mundo é que ele finalmente oferece a eles um líder que é uma atração principal, por assim dizer, capaz de chamar a atenção do público e manter a Itália na primeira página. E Mussolini concentra a maior parte de seus esforços em curar o amor-próprio ferido e levantar o moral da nação. Ele faz da política uma espécie de show nobre e mantém animado e interessado o público, tão entediado por seus antecessores".[55]

Essas formas de desinformação ajudavam a consolidar os governos fascistas e a fabricar a figura pública do ditador.[56] Em todo o mundo, os fascistas se identificaram com os exemplos distorcidos das ditaduras de Hitler e Mussolini, e isso influenciou suas próprias ideias transnacionais de ditadura fascista.

Como disse um fascista argentino em 1933, havia dois tipos de ditaduras: as que se baseavam na coerção e as de Hitler e Mussolini, que "reformaram a consciência" do povo. As primeiras eram "efêmeras", e as últimas, "permanentes". As ditaduras fascistas eram "feitas pelo povo".[57]

Na China, os fascistas Camisas-Azuis diziam que as democracias liberais existentes eram a antítese dos movimentos revolucionários bem-sucedidos que "lançariam as bases para uma democracia popular". Da mesma forma, os fascistas espanhóis denunciaram "as velhas mentiras da democracia" e identificaram a soberania popular com as "doutrinas e os procedimentos do fascismo redentor".[58]

O poeta fascista peruano Chocano apresentou sua ideia de "uma ditadura organizada" que poderia derrotar a "farsa democrática" em nome daquilo que o povo queria. Chocano elogiou a ditadura como sendo a melhor forma de governo para a "América Latina tropical". Ele queria que os ditadores estivessem acima da lei e suspendessem todas as garantias individuais. Essa ditadura era antipolítica. Era projetada para as "pessoas que vivem fora da política" e queriam "a ditadura de um único homem responsável, e não a de quatrocentos irresponsáveis, mesmo que em alto número".[59]

Da mesma forma, o líder fascista britânico Sir Oswald Mosley explicou a natureza popular do fascismo como sendo um resultado dos desejos das pessoas. Para ele, essa era a razão pela qual o fascismo não era tirânico, mas uma expressão de liderança popular genuína: "A ditadura é uma ditadura da vontade do povo expressa por meio de uma liderança e de um governo de sua própria escolha". Mosley retratou as democracias atuais como sendo a "ditadura dos interesses constituídos". O fascismo as substituía por "uma ditadura do próprio povo". As pessoas davam aos fascistas o poder de agir e realizar sua vontade: "O fascismo devolve o poder ao povo. Esse poder só pode ser expresso por meio de uma liderança voluntariamente aceita e escolhida, mas armada pelo povo com o poder de fazer o que ele deseja que seja feito".[60]

A aclamação e, se necessário, as eleições reforçavam o entendimento fascista de como e por que o ditador chegava ao poder – e, tão importante quanto isso, por que a natureza revolucionária da ditadura vinha da militarização da política.[61] De alguma forma, a ideia de formações paramilitares em luta na arena política levava os fascistas a acreditar que seus grupos representavam a vontade beligerante da nação. A ditadura fascista era, assim, uma forma de salvação natural, porque o líder transformava a ideologia popular em prática – a prática de uma "verdade política objetiva" que derivava de uma "realidade natural".[62]

As palavras e os conceitos não conseguiam acompanhar o que estava acontecendo. O fascismo supostamente "cria uma ditadura que não é ditadura". Esse argumento confuso era explicado pelo fato de que a supressão fascista das liberdades era "aceita de bom grado por um povo inteiro".[63]

Essa crença na delegação do poder popular levou os fascistas a afirmarem a ideia de que o ditador "falava diretamente com o povo". Mussolini afirmava que o fascismo era o primeiro "regime popular" da história da Itália, e por isso era "uma perfeita idiotice" definir seu mandato como "tirânico".[64] Com essa lógica duvidosa, os fascistas baseavam a legitimidade de seu governo na afirmação de que o ditador era uma personificação do povo.

Impossível de ser provada, essa afirmação de que se tratava de uma "autonomeação" fornecia a base para a ditadura fascista. As antigas noções jurídicas de ditadura não poderiam estar mais distantes disso, mas ainda assim Mussolini retornava à Roma Antiga. Ele enfatizava as raízes romanas da ditadura e contrastava o poder duradouro daquela ideia com as condições atuais, que ele descartava como sendo "indiretas" e "coletivas".[65] Ainda que inspirada na ditadura romana, a ideia de Mussolini era, no entanto, o oposto de uma obrigação temporária; em vez disso, era uma nova forma de política autoritária, "o governo de um só". O ditador se opôs ao ideal "extremista" da democracia como o governo de muitos para todos. Mussolini previu o fim das "conquistas democráticas". Ele considerava a democracia liberal como um decrépito "joguinho antigo".[66]

Em 1920, Lênin insistiu que a questão da ditadura do proletariado era fundamental para o movimento da classe trabalhadora e que a principal diferença em relação às ditaduras anteriores era que as outras ditaduras representavam o poder das minorias sobre o povo.[67] Os fascistas contestavam isso, mas concordavam com a necessidade de uma ditadura do povo baseada na força, sem o controle de formas anteriores de legalidade. Eles viam apenas a si mesmos, e especialmente o líder, como a personificação da maioria. Argumentavam que nem a democracia nem a ditadura comunista representavam a vontade de toda a nação. Em sua crítica à ditadura bolchevique, Mussolini questionou a noção do partido como uma vanguarda que poderia canalizar a vontade da maioria e argumentou: "Há uma ditadura de alguns intelectuais que não trabalham e que pertencem a uma fração do partido socialista que é combatida por todas as outras frações. Essa ditadura de poucos homens é chamada de bolchevismo".[68]

A crítica de Mussolini não era original e ainda por cima era desonesta.[69] É interessante notar que ele se perguntava como algumas pessoas (os comunistas) poderiam de fato representar mais do que elas mesmas, ao passo que não notava que os antifascistas se perguntavam a mesma coisa sobre sua justificativa para o governo de uma só pessoa. Os fascistas não estavam, é claro, preocupados com a perda da igualdade, mas, sim, com o fato de que, como o filósofo espanhol Donoso, eles na verdade achavam que as revoluções eram realizadas pelas elites, e não pelo povo real que Mussolini afirmava representar exclusivamente.[70] Os fascistas acreditavam que a ditadura deveria ser permanente justamente porque reafirmava o que o povo desejava sem a necessidade de perguntá-lo constantemente por meio de representação eleitoral.

Posicionados contra a democracia, os fascistas substituíram a representação indireta pela figura do ditador. Seu argumento complicado era o de que, se o líder incorporasse verdadeira e permanentemente o povo e a nação, não haveria necessidade de questionar aquela liderança de um homem só. Isso, é claro, se baseava na necessidade de acreditar em uma fantasia acerca do poder da liderança literalmente emanante do povo. A ditadura poderia "engendrar" uma nova nação. Ela era a fonte de um país novo e melhor.[71] A revolução nacional fascista mudava o mundo da política. Como disse o ditador português Oliveira Salazar, "a ditadura não tem nada a ver com política. A ditadura é, em si mesma, a solução para o problema político".[72]

Em relação ao seu próprio governo, Hitler sustentou que não foi a legitimidade eleitoral em um sentido democrático liberal que o tornou o líder do povo, mas, sim, a seleção natural: "Eles falam de democracias e ditaduras, mas não conseguem entender o fato de que neste país ocorreu uma transformação radical". Ele se descreveu como um homem do povo: "Eu mesmo, em quem o povo depositou sua confiança e que fui chamado para ser seu líder, venho do povo".[73] E, no entanto, não estava claro para muitas pessoas que a posição do líder apenas refletia a soberania popular. Em 1936, o ditador alemão afirmou que ninguém o colocou em seu papel de liderança. Ironicamente, ele fez essa observação no contexto de eleições fraudulentas organizadas na intenção de proporcionar um referendo na forma de uma eleição parlamentar. Somente o partido nazista e seus aliados tiveram permissão para participar. Em 1937, Mussolini explicou que "o referendo é bom quando se trata de escolher o local mais adequado para colocar a fonte da aldeia, mas, quando os interesses supremos de um povo estão em jogo, até mesmo os governos ultrademocráticos têm o cuidado de não os deixar ao julgamento do próprio povo".[74]

No fascismo, as eleições eram consideradas válidas apenas se confirmassem a ditadura, mas não eram significativas de outra forma. Tendo dizimado toda a oposição durante a Guerra Civil Espanhola – meio milhão de pessoas foram mortas e quase o mesmo número foi para o exílio –, Franco convocou um referendo em 1947, confirmando-se como chefe de Estado vitalício. O líder ainda sustentou que tal eleição duvidosa teria sido extremamente "livre e acolhedora". A maior de suas mentiras foi o argumento de que a ditadura e a liberdade eram compatíveis.[75] Nesses regimes ditatoriais, onde a repressão reinava suprema e a imprensa livre havia sido eliminada, eleições nunca eram reais ou livres; eram manipuladas de modo a mostrar que o papel do líder era de alguma forma orgânico. Hitler declarou: "Do povo eu cresci, no povo eu permaneci, para o povo eu volto". Essa percepção constante de emanar do povo e estar no meio dele fez com que o Führer observasse "o fato de que não conheço nenhum estadista no mundo que possa dizer com mais razão do que eu que é o representante de um povo". Mas o que lhe dava o direito de reivindicar a representação exclusiva de um povo? As eleições não eram suficientes. Hitler pedia ao povo alemão sua total devoção.[76] Exigia uma submissão irracional. Goebbels explicitamente combinou soberania divina e soberania popular quando disse, em referência a Hitler: "Quem é esse homem? Meio plebeu, meio Deus! É realmente Cristo ou apenas João Batista?".[77] O Führer declarou explicitamente que a crença incondicional total era o que o tornava o líder de seu povo: "Apelo a vocês para que me apoiem com sua fé".[78]

Os líderes fascistas se apresentavam como sendo do povo, pelo povo e para o povo, mas nunca faziam de fato o que a maioria do povo queria. Pelo contrário, afirmavam que estavam permanentemente governando por motivos e causas transcendentais.

Com relação à Segunda Guerra Mundial, Hitler afirmou que, "se a Divina Providência desejou que o povo alemão não pudesse ser poupado dessa batalha, sou grato por eles terem confiado a mim a liderança de uma luta que decidirá não apenas a história da Alemanha, mas também a da Europa e até mesmo a do mundo inteiro pelos próximos quinhentos ou mil anos". Em resumo, o líder do povo era responsável pela salvação ou destruição do mundo. Hitler afirmou: "Tenho a obrigação especial de cumprir a missão histórica que o Criador me confiou".[79] Os resultados de se realojar a política comum no reino do sagrado e da negação da realidade foram catastróficos.

Os populistas e os ditadores

O populismo não pode ser considerado ditatorial, uma vez que, especialmente após 1945, ele enfatizou explicitamente a primazia política da representação democrática. O populismo moderno não é uma forma de ditadura por dois motivos: o primeiro é a rejeição populista do terror ditatorial fascista; o segundo é o uso da representação eleitoral. Esses dois motivos são eminentemente ideológicos, e não apenas uma questão de estilo ou estratégia.

Não existe populismo com ditadura. Os líderes populistas consideravam a ditadura um contrassenso às suas políticas. Fascistas como Hitler e Mussolini haviam destruído a democracia a partir de dentro no intuito de criar uma ditadura de cima para baixo. Os primeiros populistas fizeram o oposto. Os populistas do pós-guerra no poder eram ditadores, ex-fascistas e simpatizantes de líderes totalitários que haviam mudado, criado e ampliado democracias. Por exemplo, Juan Domingo Perón destruiu a ditadura a partir de dentro para criar uma ditadura de cima. E então se tornou o homem-forte da ditadura de 1943-1945, mas pediu eleições livres, que ele mesmo venceu em 1946. Getúlio Vargas, no Brasil, havia sido um ditador de 1937 até 1945, mas se tornou presidente democraticamente eleito em 1951. Na Bolívia, Victor Paz Estenssoro e seu Movimento Nacional Revolucionário (MNR) haviam participado da ditadura protofascista do coronel Gualberto Villarroel (1943-1946); depois de um golpe, Estenssoro foi eleito democraticamente em 1954. Na Venezuela, Rômulo Betancourt tinha um histórico de apoio a ditaduras e foi presidente de uma junta em 1945; mais tarde, ele criou uma nova democracia e foi eleito democraticamente em 1950. Mais cedo ou mais tarde, todos esses líderes populistas perceberam que a ditadura era um resquício tóxico do passado.

De modo geral, embora o fascismo rejeitasse claramente os procedimentos democráticos, as versões populistas da democracia pós-1945, como o peronismo na Argentina ou o varguismo no Brasil, adotaram eleições livres e representação eleitoral. Nesse sentido formal, e desde sua moderna concepção, o populismo não pode ser considerado uma forma de ditadura. No entanto, o populismo propôs uma rejeição ao liberalismo democrático que muitas vezes confundia legalidade com legitimidade política. Ele se baseava, sim, em visões majoritárias, mas também no culto ao líder. Os populistas ignoravam algumas liberdades políticas enquanto enfatizavam ou até mesmo expandiam os direitos sociais e/ou a participação dos eleitores no processo eleitoral.

Nesse sentido, o populismo não é o fascismo de forma alguma, ou seja, não é ditatorial no sentido fascista, anti-institucional e revolucionário. Historiadores do fascismo e do nazismo, como Paul Corner e Alan Steinweis, entre muitos outros, enfatizaram os elementos repressivos, ditatoriais e violentos do fascismo.[80] Esses elementos marcam um limite fundamental, uma fronteira epistêmica, entre o populismo e o fascismo.

Para o general Perón, o fascismo não poderia ser reproduzido; aquela era uma nova época, e para ela uma nova verdade era necessária. Perón propôs uma nova forma de democracia "orgânica".[81] A natureza orgânica do movimento levaria à supremacia política em longo prazo: "Nossa aspiração não é governar por seis anos, mas garantir sessenta anos de governo".[82] Estava claro para todos que essa supremacia seria alcançada vencendo eleições plebiscitárias que confirmassem a dupla natureza do líder, que era tanto um representante eleito quanto um condutor quase transcendental do povo – como um "ditador fascista nato", mas confirmado por votos legítimos. Como Perón costumava dizer: "O povo deve saber [...] que o maestro apenas nasce. Ele não é feito nem por decreto nem por eleições". E acrescentou: "É essencial que o maestro encontre seus próprios moldes, para depois preenchê-los com um conteúdo que, de acordo com sua eficiência, estará em relação direta com o óleo sagrado de Samuel que o maestro recebeu de Deus".[83]

Os atributos anti-institucionais do populismo – sua ideia de que a legitimidade era derivada não apenas da soberania do povo, mas também de mandatos sagrados – eram tanto um resultado do passado fascista quanto uma negação dele. O populismo clássico estava ligado à teoria e à prática ditatorial fascista, mas também propunha explicitamente seu fim para abrir caminho para a criação de uma democracia antiliberal, anticomunista e de "terceira via".

O populismo moderno não está teoricamente enraizado em fundações violentas, mas, sim, em decisões eleitorais tomadas pela maioria dos cidadãos. Embora líderes como Perón, o comandante Hugo Chávez na Venezuela e muitos outros tenham tentado golpes de Estado em suas funções anteriores, como líderes populistas eles geralmente rejeitaram a violência típica das ditaduras. Acabaram se baseando em eleições e em outros procedimentos democráticos para justificar seu governo, o que causou um impacto no que diz respeito ao uso da violência estatal contra a oposição. A maioria das histórias do populismo mostra que, como regime, ele combinou (e ainda combina) um alto grau de política anti-institucional com um baixo grau de violência anti-institucional. O populismo abraçou as eleições democráticas e, ao mesmo tempo, também podia ser radicalmente perturbador para a política sem desprezar totalmente a legalidade.[84]

Perón afirmou que, depois que o fascismo foi derrotado, nada mudou. O mundo do pós-guerra era ainda mais injusto e menos livre do que antes. Os dois principais desafios à justiça e à liberdade permaneciam: o liberalismo e o comunismo.[85] Nesse sentido, Eva Perón explicou que o peronismo usava a natureza providencial de seu líder contra o comunismo e o capitalismo: "Nossa única vantagem é que aqui não tivemos a infelicidade de sofrer os horrores de duas guerras desastrosas e, em vez disso, tivemos o privilégio de Deus nos ter dado um maestro do quilate de Perón".[86]

Nas páginas da revista *Mundo Peronista*, em 1952, os primeiros populistas rejeitaram "o fascismo, uma palavra estrangeira, estranha, que não tem nada a ver com o que é argentino". Aconselharam a juventude peronista a rejeitá-la e a se ofender se alguém a usasse para descrever o peronismo: "Nós lhes damos permissão para se irritar e gritar quando ouvirem que o general Perón é um ditador ou um fascista. Perón é o líder de um movimento popular extraordinário. Ditadores não prestam contas ao povo, mas o escravizam".[87]

Os populistas defendiam a ideia de que a democracia poderia ser combinada com a personificação do povo na figura do líder. Em teoria, isso significava reviver a combinação de revolução e reação de Mussolini. Como disse um dos teóricos mais incisivos do peronismo, Ernesto Palacio, "a revolução só é legítima quando implica uma restauração da ordem". Esse modelo permitiu que Palacio sugerisse que os antecedentes ditatoriais dos peronistas haviam funcionado de uma forma jurídica clássica. Citando autores como Carl Schmitt, Palacio argumentou que a realidade, a "primazia do mundo", deveria superar "a ficção da legalidade". O poder supremo residia na vontade do mais forte. Para ele, isso significava que a melhor expressão do governo democrático era o decisionismo. A história demonstrou que o caudilho era a emanação da vontade do povo: "O poder pessoal coincide historicamente com a democracia, com a exaltação do espírito democrático".[88] Como ex-fascista e racista que havia exaltado formas de fascismo e ditadura popular durante a guerra, Palacio, que se tornou deputado peronista eleito ao Congresso em 1946, argumentou em 1948 que "é frequente, em nossos dias, que os fenômenos mais grosseiros da oligarquia e do cesarismo estejam ocultos sob uma legislação política liberal ou democrática". Voltando aos exemplos dos Tribunos Romanos e de César, ele sustentou que "a revolução democrática, incorporada na liderança de um caudilho, estabelece um novo regime no qual os elementos de poder subsistem, naturalmente, com a mesma estrutura que apresentavam na monarquia e na aristocracia, mas inspirados por outros princípios". O líder de uma revolução democrática que era precedida por uma ditadura seria a personificação perfeita da soberania popular, agindo e governando "em nome do povo".[89] A ideia de representação era mais ambivalente no modelo populista do que no fascismo. Como afirmou Palacio, "a representação não pode ser dada a alguém. Ou o indivíduo a tem ou não a tem". As eleições só poderiam ser a confirmação da encarnação do líder pelo povo, ou, como também disse Palacio, "o povo não escolhe seus líderes. Eles os consagram".[90] Essa ideia tinha um potencial perigoso: um resultado eleitoral negativo poderia acabar sendo interpretado como falso. Mas isso não aconteceu até o século seguinte – com os aspirantes a fascistas.

Perón disse que queria substituir a democracia formal pela "democracia real". Admitiu que, "nesse aspecto, sou de fato totalitário".[91] O que ele quis dizer é que sua política não envolvia formas liberais de deliberação com pessoas que discordavam dele. E, no entanto, Perón considerava a acusação de ser um ditador totalitário especialmente insultante. De acordo com as teorias clérico-fascistas do padre Franceschi, Perón via o fascismo, a "plutocracia" e o comunismo como "formas totalitárias".[92]

Perón considerava seu regime o oposto da ditadura, porque as ditaduras "insetificam os homens" e não podem durar mais do que o homem que as governa.[93] Perón também argumentou que o problema da ditadura era que ela não entendia o papel da violência: "Uma minoria entronizada no governo por meio de fraude ou violência constitui uma ditadura arbitrária que é a antítese de todo o significado democrático". Refletindo acerca de sua própria transição de ditador para presidente eleito, Perón disse: "Um soldado só pode ser um governante se for capaz de jogar seu general interior pela janela, renunciar à violência e se submeter à lei".[94] Isso foi o oposto do que fizeram muitos ditadores como Hitler e Mussolini.

Perón acreditava que era chamado de totalitário porque era inimigo do comunismo e da democracia liberal. Como figura ditatorial que se via então em transição para a democracia em 1944, Perón achava difícil negar a acusação. Mesmo assim, ele afirmou a natureza transitória de sua ditadura e alegou que estava defendendo a constituição e a soberania popular.[95] Mas assim que tivesse criado uma nova democracia, ele queria adaptar os "princípios revolucionários" à legalidade preexistente. A ditadura havia terminado, as mudanças haviam sido integradas e não substituíam totalmente o sistema anterior. Ele definiu a ditadura no sentido jurídico romano tradicional, mas ainda usou a linguagem fascista da revolução. E, no entanto, ao contrário dos fascistas, sua ditadura revolucionária levou à democracia, ou, como ele disse: "O golpe de Estado de 1943 foi exaltado à mais alta qualidade de revolução popular". Por meios eleitorais, a "revolução foi convertida em governo".[96]

Depois de 1946, então, Perón perguntou como poderia ser um ditador quando havia sido eleito e reeleito pela maioria do povo. Ele disse: "Se um governante eleito por seu povo faz o que seu povo quer e, nesse conceito, luta pela justiça social, pela independência econômica e pela soberania de seu país, não pode ser declarado um 'ditador', e seu governo, 'totalitário'".[97]

Em outros países, o conceito de totalitarismo e a noção de semelhanças entre as ditaduras fascista e comunista estavam no centro da rejeição populista à ditadura. O líder populista equatoriano Velasco Ibarra rejeitou explicitamente as posições pró-ditatoriais de fascistas como Chocano e Lugones, dizendo que não se tratava do dilema "Roma ou Moscou", mas da necessidade de rejeitar tanto o fascismo quanto o bolchevismo. O fascismo era "o mesmo" que o "leninismo", compartilhando seus procedimentos ditatoriais, mas com uma perspectiva ideológica totalmente diferente. Roma e Moscou representavam a ditadura, e ele rejeitava ambas. Líderes inteligentes e enérgicos precisavam combinar suas proezas com políticas democráticas. Para Velasco, o problema por trás das ditaduras totalitárias era o "cesarismo".[98]

Em suma, esses primeiros populistas reconheceram que 1945 mudou o mundo político, mas muitas vezes não admitiram sua própria participação anterior em governos ditatoriais. Na Venezuela, Betancourt, pouco antes de se tornar presidente de uma junta revolucionária após um golpe, disse que a era da ditadura anunciada por Lugones em 1924 havia terminado. Ele comparou o sucesso do fascismo no período entreguerras com o contexto do pós-guerra: "Havia uma razão que pode explicar esse recuo do movimento popular: era o momento da ascensão do fascismo, era a hora da espada, como disse Leopoldo Lugones; mas em 1945 a situação é absolutamente diferente: estamos vivendo universalmente a hora das eleições livres".[99]

Aspirantes a fascistas e o histórico de golpes

Com relação a poder ditatorial permanente, os aspirantes a fascistas ficam em algum lugar entre os fascistas e os populistas clássicos. Diferentemente dos primeiros, suas tentativas de interromper a democracia não são seguidas até suas últimas consequências. E, diferentemente dos últimos, eles não simplesmente rejeitam a possibilidade de dar um golpe com rumos ditatoriais.

Em um estranho momento de introspecção, Trump declarou que "pessoas sem ego têm muito pouca vitalidade, e pessoas com ego demais tenderão a ter personalidades ditatoriais".[100] E, no entanto, uma personalidade ditatorial não é sinônimo de ditadura. É bem sabido, por exemplo, que tanto Trump quanto Bolsonaro não alcançaram seus objetivos ditatoriais em 2021 e 2023. Os aspirantes a fascistas tendem a degradar a democracia, restringindo as liberdades e os direitos, às vezes até por meio de tentativas de insurreição, mas eles acabam desistindo. Por outro lado, os fascistas convictos não temem as consequências e farão tudo o que estiver ao seu alcance para destruir a democracia. Apesar dessa distinção fundamental, fascistas e aspirantes a fascistas compartilham uma despreocupação com suas tendências autoritárias e, às vezes, permitem que elas aflorem. Não se pode desconsiderar ainda o apoio ao extremismo por parte de interesses empresariais conservadores que atuam como incentivadores. Como observou o antifascista peruano José Carlos Mariátegui em 1925, foi a burguesia que "apostatou de sua fé democrática e se opôs à ditadura do proletariado com sua própria ditadura".[101]

Quando os fascistas chegaram ao poder e se puseram a destruir a democracia por dentro, quase ninguém se importou, ou talvez não tenha se importado o suficiente. Em nível internacional, em democracias como os Estados Unidos, a fantasia do "excepcionalismo americano" contrastava com a verdadeira América das leis Jim Crow, que tinha suas próprias características fascistas. Aquela concepção de que "isso não pode acontecer aqui", tão bem criticada no livro de Sinclair Lewis, em 1935, não apenas ignorou o fascismo e as tradições fascistas norte-americanas, como a Ku Klux Klan, como também permitiu o alastramento do fascismo no exterior até que fosse tarde demais.

Isso aconteceu primeiro com Benito Mussolini, que recebeu admiração mundial e também atraiu o desprezo do mundo com relação aos italianos.[102] A grande mídia atribuiu a destruição da democracia por Mussolini a causas naturais e justificou sua ditadura como sendo o resultado de sua personificação do povo, algo que permitiu que os ditadores fascistas continuassem seu trabalho de destruição.

No caso do fascismo italiano, foram necessários alguns anos para solidificar a ditadura. Mas, em 1924, depois que fascistas próximos a Mussolini assassinaram a figura mais importante da oposição, ficou claro que o próprio Mussolini estava caminhando abertamente em direção à ditadura. No caso do nazismo, a transição foi acelerada pelo mesmo padrão de apoio conservador e por uma reação apática ao terror nazista.[103]

O fascismo destruiu a democracia depois de usá-la para conquistar o poder. Como Joseph Goebbels declarou, "a democracia nos permitiu usar métodos democráticos na época de nossa oposição, porque isso era necessário em um sistema democrático. Nós, os nacional-socialistas, nunca afirmamos que éramos representantes de um ponto de vista democrático, mas declaramos abertamente que só usávamos os meios democráticos para conquistar o poder e que, após a tomada do poder, negaríamos impiedosamente todos esses meios aos nossos adversários".[104]

Os fascistas não têm qualquer escrúpulo em questionar a democracia a partir de dentro da democracia. Mussolini, alguns meses antes da Marcha sobre Roma, em 1922, declarou que, à luz da experiência política do parlamentarismo, "a eventualidade de uma ditadura precisa ser seriamente considerada".[105] Em 28 de outubro de 1922, durante a Marcha, os fascistas afirmaram que tinham "um mandato ditatorial".[106]

As estratégias fascistas para conquistar o poder envolviam insurreição militar e guerra civil (como ocorreu na Espanha) ou se tornar um regime fascista fantoche após uma invasão e ocupação fascista (França, Noruega, Romênia e Hungria). Em outras ocasiões, os grupos fascistas fizeram parte de uma coalizão maior de direita, como os Camisas-Azuis na China, os *nacionalistas* na Argentina entre 1930 e 1932 ou os fascistas japoneses. E os simpatizantes dos fascistas ainda podiam atuar como instrumentos ou aliados dos poderes fascistas, como no caso do líder ultranacionalista Subhas Chandra Bose, na Índia.[107]

Os golpes são uma forma exemplar de ataque do fascismo sobre a democracia. O que o fascista Curzio Malaparte chamou de "técnica do golpe de Estado" foi uma tática fundamental nas estratégias fascistas para conquistar o poder.[108] Golpes em geral não necessariamente levam ao fascismo em particular, mas à ditadura. Historicamente, quando líderes constitucionalmente eleitos tinham seu mandato legítimo negado, havia apenas uma palavra para isso: golpe. Pense nos casos emblemáticos de Salvador Allende no Chile (1973) e Jacobo Arbenz na Guatemala (1954) – ambos líderes democraticamente eleitos que foram derrubados pelos militares. Em outros casos, como no Uruguai em 1973, no Peru em 1992 e na Venezuela em 2017, os presidentes decidiram ignorar a lei e tentaram permanecer no poder indefinidamente por meio de um autogolpe.

Um golpe contra um regime democrático pode ser definido como qualquer ação política de agentes estatais que visa manter ou tomar o poder por meios inconstitucionais. Há um golpe sempre que renegados militares ou líderes democraticamente eleitos suspendem o processo democrático.[109]

Essa definição – e seu histórico mundial – é a razão pela qual a longa recusa de Donald Trump em aceitar sua derrota eleitoral e sua instigação do ataque ao Capitólio alarmaram tantas pessoas, uma vez que tudo isso eram sinais claros de um rumo à ditadura e até mesmo ao fascismo.

O golpe de Trump fracassou, mas suas ações – negar e tentar anular os resultados da eleição e fazer com que os principais representantes dos Republicanos aceitassem essas intenções perigosas – ainda são sintomas da fragilidade da democracia norte-americana em pleno 2024.

E é exatamente por isso que precisamos conhecer a história dos golpes – como eles aconteceram e, mais importante, como foram impedidos. As "grandes mentiras" de Trump a respeito da eleição, o golpe fracassado e suas declarações acerca da legitimidade duvidosa de futuras eleições constituem um ataque ao Estado e ao governo democrático. Embora as palavras e ações desse homem em particular possam ser descartadas como meras birras infantis,[110] a história dos ditadores na América Latina e dos ditadores fascistas em outras partes do mundo no século passado sugere a necessidade de levar a sério esse momento perigoso.

Na América Latina, houve vários líderes políticos e funcionários públicos que traíram as constituições e o regime democrático de seus países lançando golpes. Por exemplo, os políticos conservadores da Argentina perderam a eleição presidencial de 1928 e depois apoiaram o primeiro golpe no país em 1930, liderado pelo general José Felix Uriburu, que queria mudar permanentemente a nação de uma democracia para uma nova república corporativista e ditatorial fascista.

Dias após a tomada de poder por Uriburu, a Suprema Corte reconheceu oficialmente a situação *de facto* e legitimou o golpe com base em fundamentos extraconstitucionais – a estabilidade e a sobrevivência da república. Os juízes priorizaram a ordem social e a segurança política em detrimento da legitimidade democrática, estabelecendo um precedente legal para futuros ditadores.

Em outros casos latino-americanos, os tribunais não foram tão facilitadores; em vez disso, os golpes foram legitimados por partidos conservadores e anticomunistas que controlavam os legislativos nacionais. Após uma derrota nas urnas, esses conservadores consolidaram e tomaram o poder dentro das instituições governamentais para então promover políticas impopulares e de desigualdade.

Por exemplo, no Brasil, em 1964, os políticos conservadores, incluindo a maioria do Congresso, apoiaram um golpe contra o presidente eleito João Goulart. No Chile, Augusto Pinochet liderou um golpe contra Allende, legitimamente eleito, assumindo o governo pela força em 1973. O ditador imediatamente dissolveu o Congresso, mas os partidos conservadores apoiaram o golpe. Os Estados Unidos apoiaram esses dois golpes como parte de sua cruzada antiesquerdista durante a Guerra Fria.

Também houve casos de presidentes eleitos na América Latina que executaram autogolpes por meio da implementação de leis de emergência quando estavam enfrentando impedimentos democráticos ao seu poder. Por exemplo, no Uruguai, o presidente Juan María Bordaberry decretou estado de emergência para instalar um regime cívico-militar na tentativa de enfrentar a insurgência dos tupamaros, grupo guerrilheiro marxista-leninista, em 1973. No Peru, em 1992, o populista de direita Alberto Fujimori dissolveu o Congresso para promulgar controversas mudanças econômicas e de segurança por meio de decreto executivo. Na Venezuela, em 2017, o presidente Nicolás Maduro fechou o Congresso para poder governar sem qualquer controle de seu poder. Nesses três casos, governos civis eleitos se transformaram em ditaduras por meio da manipulação de procedimentos legais e tecnicalidades.

Na maioria dos casos, a imprensa e determinados setores da população toleraram, apoiaram ou normalizaram essas tomadas de poder, enquanto outros permaneceram apáticos em relação ao fim da democracia e/ou ficaram temerosos da repressão e do terror que se seguiriam.

Um momento importante da década de 1980 nos fornece um modelo para o presente – um momento no qual um golpe fracassou porque os cidadãos se uniram para defender a democracia.

Após a traumática experiência da ditadura da "Guerra Suja", de inspiração fascista, de 1976 a 1983, a governança democrática foi restaurada na Argentina. Quando o presidente Raúl Ricardo Alfonsín foi eleito em 1983, os argentinos e seu governo decidiram investigar os crimes cometidos durante a ditadura, ouvir o testemunho dos sobreviventes e criar uma comissão da verdade para investigar esses crimes – e, por fim, levantar provas para processar os perpetradores.[111]

Porém as forças antidemocráticas não queriam reconhecer a legitimidade do novo governo democraticamente eleito. Passaram a trabalhar na tentativa de obstaculizar esses julgamentos e planejaram dar um golpe. No início de 1987, soldados renegados tentaram derrubar o governo de Alfonsín mobilizando tropas em uma insurreição aberta.

Mas protestos pacíficos em massa impediram essas tentativas de derrubar a democracia. Espontaneamente, centenas de milhares de cidadãos saíram às ruas para apoiar a democracia. Em Buenos Aires, mais de duzentos mil marcharam até a Casa do Governo, a Casa Rosada, para apoiar os líderes eleitos.

A mídia também desempenhou um papel importante. Os principais jornais e canais de rádio e televisão noticiaram e criticaram as ações ilegais dos golpistas e defenderam o sistema democrático. Instituições estatais fizeram o mesmo, incluindo o Congresso e a maioria das forças armadas e da polícia, que não ficaram do lado do líder rebelde do golpe, o coronel Aldo Rico, mas da constituição. O resultado não foi nem uma derrubada violenta do governo nem uma manipulação da lei para minar o funcionamento das instituições democráticas. Em vez disso, o que se viu foi uma demonstração de participação democrática: os cidadãos protestaram pacificamente e defenderam a democracia nas ruas, em vez de ficarem passivos e apáticos quando os militares tentaram assumir o controle. Eu estava lá com minha família. Eu tinha 12 anos e ainda tenho lembranças vívidas do momento em que os aspirantes a ditadores foram detidos.

É por isso que as ações de Trump após sua derrota nas eleições de 2020 pareceram um retorno de lembranças reprimidas do passado.

Em 6 de janeiro de 2021, Donald Trump tentou um golpe nos Estados Unidos. Se tivesse sido bem-sucedido, Trump teria se tornado um ditador. Mas ele fracassou. Uma vez fora do poder, Trump declarou em um famoso discurso na Carolina do Norte em 2021: "Não sou eu que estou tentando minar a democracia americana, sou eu que estou tentando salvá-la".[112] Como é seu costume, Trump também insinuou falsamente a várias pessoas que poderia voltar à presidência antes da eleição presidencial seguinte. Após o exemplo de Trump, os seguidores de Bolsonaro no Brasil também tentaram um golpe fracassado em 8 de janeiro de 2023.

Da mesma forma que a ditadura de Mussolini na década de 1920 influenciou o caminho de Hitler na década seguinte, incluindo seu golpe fracassado de 1923, a tentativa de golpe trumpista influenciou o bolsonarismo. De fato, no dia seguinte à invasão do Capitólio nos Estados Unidos, Bolsonaro ameaçou que o Brasil "teria um problema pior" se não mudasse seus sistemas eleitorais – ou seja, se ele perdesse as eleições vindouras.[113] Quando ocorreu sua própria tentativa de golpe, depois de negar qualquer participação na tomada dos três poderes, Bolsonaro republicou em sua conta no Facebook um texto dizendo que Luiz Inácio Lula da Silva não teria sido eleito pelo povo, mas, sim, pelos tribunais de justiça.[114] Como Bolsonaro e Trump não foram imediatamente responsabilizados por sua contínua instigação de crimes contra a democracia, outras ações semelhantes acontecerão novamente. As muitas mentiras acerca da democracia e da ditadura foram o que motivou os apoiadores de Trump e Bolsonaro a invadir seus respectivos congressos, e ambos continuam a motivar as fantasias conspiratórias da extrema direita global. As semelhanças entre as duas facções são um produto de influências ideológicas mútuas. Em ambos os casos, o fascismo está logo ali na esquina.

Há uma piada antiga na América Latina que explica a ausência de golpes de Estado na história dos Estados Unidos. A razão por trás dessa ausência, diz a piada, é que os Estados Unidos são o único país do mundo que não tem uma embaixada americana.

De fato, os Estados Unidos participaram da derrubada de dezenas de governos latino-americanos desde o final do século XIX. Essas intervenções assumiram a forma de ataques militares diretos, operações secretas (muitas vezes envolvendo a CIA) e diferentes formas de ajuda a agentes internos nocivos que disputam o poder. O que vimos nos Estados Unidos com o golpe fracassado de Trump não foi uma questão externa, mas o resultado de tendências antidemocráticas evidentes no trumpismo e na história americana como um todo.

A piada não funciona mais (se é que algum dia funcionou) porque ela deixa de considerar dois aspectos. O primeiro é que, para que um golpe seja bem-sucedido, são necessários fortes apoiadores e facilitadores na imprensa, nas forças armadas, no congresso e no judiciário. O segundo ponto é que os Estados Unidos são como o resto do mundo. A democracia americana não é tão forte quanto se supunha, e é por isso que ela precisa ser constantemente defendida como qualquer outra democracia.

A história nos ensina que o sucesso de um golpe pode depender da reação das instituições democráticas, da mídia e dos cidadãos. As instituições desempenham um papel importante na tentativa de domar o fascismo. Se ignorarmos ou normalizarmos até mesmo tímidas tentativas de golpe, os flertes autoritários com os golpes podem se tornar mais sérios.

Se não forem estabelecidos limites claros entre a legalidade democrática e a ilegalidade autoritária, a tomada de poder se torna mais fácil. Em seus últimos anos como ditador, Mussolini ponderou se seu poder total havia sido "uma ilusão". Ele se perguntava como, em poucas horas, em 1943, seu poder ditatorial havia desaparecido.[115] E, no entanto, ele logo voltaria ao poder com a ajuda de seus amigos nazistas na república fantoche de Salò* entre 1943 e 1945.

---

* Em 1943, em plena Segunda Guerra Mundial, os Aliados invadiram o território continental da Itália depois de terem tomado a Sicília. Após treze dias

Hitler admirava tanto Mussolini que nunca o culpou de verdade por seus muitos fracassos na guerra. Trump também admira ditadores e autocratas e, embora tenha degradado a democracia americana, sua tomada de poder foi impedida pelas instituições, pela mídia e pelos cidadãos de seu país. Os americanos votaram para que ele saísse do poder e assim, em futuras eleições presidenciais, terão mais chances de impedir sua tentativa de deixar um legado fascista. O comportamento de Trump – e a recusa do Partido Republicano e de seus aliados da mídia em condená-lo – significa exatamente a maneira como começam os movimentos antidemocráticos e o fascismo. É por isso que é extremamente importante que os cidadãos e as instituições exerçam vigilância sobre o comportamento ditatorial e se recusem a considerar a democracia como algo garantido e permanente.

---

de combate com as forças nazistas alemãs e as forças italianas, os Aliados alcançaram seus objetivos e forçaram a deposição de Mussolini, que foi mandado à prisão. Enquanto um novo governo italiano procurava se estabelecer e negociar a paz, tropas alemãs intervieram e tomaram o controle de toda a parte norte da Itália. Mussolini foi resgatado da prisão por forças especiais alemãs e colocado no comando de uma nova república fascista naquele território do norte, que serviria como um regime satélite dos nazistas. A chamada República Social Italiana ganhou o apelido de República de Salò porque o novo governo de Mussolini estava instalado de fato numa pequena cidade italiana com aquele nome. O frágil novo governo só se manteve em exercício graças ao apoio do exército alemão nazista e não foi reconhecido pela grande maioria dos Estados nacionais – enquanto toda a metade sul da Itália, inclusive Roma, continuou sob o comando dos Aliados. Em abril de 1945, partidos italianos que lutavam contra a ocupação alemã e contra o fascismo na Itália, os *partigiani*, se aproveitaram da ofensiva dos Aliados, derrubaram a breve República de Salò, capturaram Mussolini e vários outros fascistas e, dias depois, os executaram. [N.T.]

■ EPÍLOGO

APÓS TENTATIVAS FRACASSADAS DE GOLPES, os fascistas às vezes recorriam a outros métodos que consistiam na chamada "revolução legal". Como explica o historiador Alan E. Steinweis, "era crucial que o governo nazista fosse percebido como consequência de um processo legal e não como uma forma de golpe de Estado. Mas não se pode permitir que nem a propaganda nazista, nem o autoengano, nem a desonestidade dos alemães que estavam preparados para aceitar tudo isso distraiam os historiadores de enxergar o processo fundamentalmente antidemocrático e anticonstitucional que deu origem ao Terceiro Reich, em 1933".[1]

Quer os fascistas admitissem ou não, a ditadura era um resultado natural do fascismo no poder. Hans Frank, ministro da Justiça nazista e, tempos depois, governador da Polônia ocupada, disse a seus interrogadores em Nuremberg: "Hitler fez um juramento perante a Suprema Corte do Reich em Leipzig de que só chegaria ao poder de maneira legal e, se lá chegasse, governaria legalmente. Enquanto o Führer, antes de sua ascensão, estava na posição de precisar de advogados e juízes, ele ainda poderia precisar de mim; mas, depois que chegou ao poder, eu sentia cada vez mais que ele ia abandonando essas formalidades e governava de forma autoritária, como um ditador".[2] Naquela época, Frank havia se juntado a outros nazistas na tentativa de se distanciar da ditadura nazista.

A atitude de Frank foi típica e se estendeu aos seus aliados mundo afora. Conforme se lembrou o líder nazista Albert Speer em 1945, uma vez que o projeto nazista de Hitler naufragava, "os ratos abandonaram o navio que afundava".[3]

Contrariando as expectativas, nada disso aconteceu com o trumpismo após sua esmagadora derrota eleitoral em 2020.[4] Assim como o fanático Goebbels, que permaneceu agarrado ao naufrágio do nazismo até o fim, os fervorosos admiradores e seguidores de Donald Trump não mostraram sinais de abandonar a política destrutiva de seu líder.

Os principais aliados nacionais e internacionais também não abandonaram Trump. O trumpismo e a nova política do fascismo aspirante que o define vieram para ficar. Isso se torna bastante claro quando avaliamos a situação das autocracias globais depois de Trump. Além disso, para muitos ditadores, o navio autocrático simplesmente não está afundando de forma alguma, e muitos políticos importantes de centro-direita nos Estados Unidos e no exterior tiraram a lição errada do naufrágio.

É difícil dizer se o tropeço do trumpismo, ou seu retorno iminente na forma de imitadores ou do próprio Trump, podem mobilizar as forças democráticas em todo o mundo à resistência. Mas, depois de todo o alarde daquela época – envolvendo a vitória de Trump nas eleições de 2016 e o Brexit no Reino Unido – a respeito de uma insurgência populista global da extrema direita, é importante se perguntar se, apesar de claros fracassos da política dos aspirantes a fascistas, ainda estamos à beira de uma mudança mais profunda em direção a esse caminho desastroso. Talvez seja muito cedo para dizer. O autoritarismo não é mecânico, nem irrefreável, nem imune aos processos de resistência e de empoderamento da democracia. É por isso que devemos aprender a respeito desses processos como parte das histórias mais amplas do fascismo e do populismo.

Esse fenômeno é global. Embora seja compreensível que tanta atenção da mídia, dos especialistas e dos acadêmicos tenha se concentrado em Trump e nas consequências das eleições nos Estados Unidos, é decepcionante que tenha havido pouca discussão na mídia anglófona a respeito dos *pogroms* e da crescente repressão na Índia, ou do gerenciamento criminoso da covid-19 por Bolsonaro e de sua tentativa fracassada de golpe em 2023, e do sucesso de minitrumpistas como Nayib Bukele em El Salvador, da aliança populista-neofascista de Giorgia Meloni e Matteo Salvini na Itália, ou das perspectivas de outros líderes autocráticos, incluindo Juan Antonio Kast no Chile, Santiago Abascal na Espanha e Marine Le Pen na França. Em suma, não há muita discussão acerca do potencial, em escala mundial, da destruição da democracia a partir de dentro que o trumpismo tão bem representou.

Embora para muitas pessoas nos Estados Unidos – na verdade, para a maioria dos eleitores – o trumpismo tivesse de sumir de cena, a força das palavras do ex-presidente ainda atraía atenção após sua derrota em 2020. Os autocratas do mundo já sentiam falta do trumpismo no poder e, em muitos países, seus ataques à democracia e sua política de ódio persistiram e até aumentaram nos últimos anos. Embora a pandemia tenha deixado claros os limites do governo autoritário em países democráticos, na maioria dos contextos autocráticos, a pandemia e a instabilidade política e econômica que se seguiu deram aos líderes uma justificativa para engendrar mais crises e mais repressão à imprensa e à oposição.

Concentrar a atenção exclusivamente nos Estados Unidos é algo que traz obstáculos significativos para a compreensão do mundo, e até mesmo para a compreensão dos próprios Estados Unidos. Devemos avaliar o estado mais amplo da autocracia global à luz dos desafios que eles anteriormente apresentaram à democracia para entender os desafios que ainda virão. Quais são as perspectivas para os autocratas globais, especialmente aqueles que querem abusar da democracia, degradá-la e até mesmo destruí-la por dentro? Não se deve ter dúvidas de que os autocratas já prosperavam bem antes da ascensão de Trump ao poder. Mas os países onde a democracia não existe ou é seriamente limitada continuarão a se desenvolver, independentemente desse recente fenômeno global dos autocratas populistas que querem voltar aos caminhos do fascismo. Na verdade, países como Turquia, China, Coreia do Norte, Zimbábue, Venezuela, Irã, Arábia Saudita, Cuba, Rússia e Belarus não podem ser explicados dentro da estrutura das recentes tentativas de degradar ou até mesmo destruir a democracia. Quando há apenas um partido, ou quando não há partido algum, e quando as demandas populares não se veem canalizadas por meio de eleições, por protestos e por críticas da mídia, a democracia simplesmente não existe. O resultado dessa supressão são formas mais tradicionais de autocracia, ou seja, o despotismo, a tirania e a ditadura. Onde a autocracia existe sem qualquer democracia, a derrota de Trump teve menos consequências. Países como a Rússia e a Coreia do Norte preferiram ativamente as posições mais simpáticas de Trump com relação a eles e, no caso da primeira, até tentaram ao máximo afetar os resultados da eleição de 2020 (como, aliás, podem também ter feito em 2016) – mas esses autocratas foram os menos afetados pela queda de Trump. Outros países, como o Irã, uma teocracia ditatorial em que as eleições são restringidas pelo poder da autoridade religiosa, podem ter ficado mais felizes com a saída de Trump, mas isso não afetou de maneira alguma a estabilidade de seus líderes autoritários. E o mesmo se aplica a ditaduras como a da Síria. Na verdade, as posições de confronto e muitas vezes erráticas de Trump serviram para fortalecer esses tipos de autocratas, permitindo que eles usassem o nacionalismo e o anti-imperialismo para esconder seus problemas estruturais de repressão, desigualdade e pobreza. A China, o país não democrático mais poderoso do mundo, pode se encontrar na mesma situação.

A China, a Coreia do Norte e o Vietnã são autocracias comunistas há décadas, e suas políticas não mudaram significativamente após 2020. Entre outros autocratas não muito afetados mundo afora pela queda do trumpismo, ou do fascismo aspirante como um todo, provavelmente deveríamos contar aqueles que Trump apoiou fervorosamente e até mesmo viabilizou, como no caso dos líderes da Arábia Saudita e do Egito.[5]

O mesmo pode ser dito a respeito de países onde a vida democrática é mínima. Para regimes híbridos como os da Turquia, Etiópia, Ruanda e Venezuela, onde existem certas liberdades em um ambiente extremamente repressivo, a queda do trumpismo significou mudanças geopolíticas, mas não uma grande mudança interna. Líderes autocráticos como Recep Tayyip Erdoğan, Nicolás Maduro, Daniel Ortega e Vladimir Putin fundiram repressão, nacionalismo e medo para se manterem no poder.

Trump tinha um relacionamento ambivalente com Erdoğan, que era impulsionado pela geopolítica complicada no Oriente Médio, mas nunca afetado pela natureza repressiva de Trump. Por outro lado, Trump frequentemente usava Maduro como um contraste, prometendo ações agressivas contra sua ditadura que nunca aconteceram. Isso sempre fazia lembrar o fiasco da Invasão da Baía dos Porcos* e as memórias latino-americanas do imperialismo americano na região, e teve o duplo resultado de gerar apoio a Maduro dentro e fora de seu país, além de motivar os cidadãos americanos de origem venezuelana e cubana a votar em Trump, especialmente na eleição de 2020.

Já o relacionamento entre Trump e Putin permaneceu um mistério para muitos. Por que o presidente americano temia seu colega russo, quase nunca o criticando por suas atitudes contrárias aos interesses e às vidas dos americanos? Futuros historiadores com

---

* A Invasão da Baía dos Porcos foi uma tentativa fracassada de invadir a costa sudoeste de Cuba, em abril de 1961, por um grupo paramilitar de exilados cubanos anticastristas que haviam sido treinados e dirigidos pela CIA, com apoio das Forças Armadas dos Estados Unidos, mas sem envolvimento aberto daquele país. O objetivo da operação era derrubar o governo socialista de Fidel Castro. As forças armadas cubanas, treinadas e equipadas pelas nações do Bloco Comunista, derrotaram os combatentes em três dias e a maior parte dos agressores se rendeu. [N.T.]

acesso a mais informações de arquivo poderão responder a essas perguntas, mas, de qualquer forma, é possível argumentar que, embora Putin certamente sentisse falta de Trump, seu governo não foi afetado pela saída de Trump.

Autocratas na África, como João Manuel Gonçalves Lourenço, em Angola, Paul Kagame, em Ruanda, e Emmerson Mnangagwa, no Zimbábue, também não foram muito afetados pelo trumpismo. Esse também foi o caso dos líderes autocráticos da Etiópia, Congo, Camarões e Mali. O trumpismo teve uma semelhante ausência de relevância em autocracias asiáticas como Uzbequistão, Tailândia, Cazaquistão, Malásia e, mais recentemente, Mianmar. Em resumo, os governos autocráticos com pouca ou nenhuma democracia não foram muito afetados pela desgraça do caudilho americano. Os efeitos generalizados do trumpismo em todo o mundo e a política de fascismo aspirante que eles legitimaram em escala global estão especialmente ligados a lugares onde a democracia ainda existe. Os efeitos da passagem de Trump foram mais presentes nos líderes das democracias, e talvez os países democráticos possam considerar que a ausência daquele líder do poder seja uma situação positiva.

Esta é uma lição histórica importante: quando a democracia ainda existe e suas características essenciais (eleições livres, pluralismo, igualdade, antirracismo, imprensa livre) são atacadas de cima para baixo, o legado do fascismo continua sendo uma ameaça. Esse foi exatamente o caso de Trump, mas não era um caso original ou essencialmente americano.

Na verdade, o trumpismo faz parte de um ataque global à democracia a partir de dentro da própria democracia. É isso que liga o trumpismo a uma nova tendência de movimentos autocráticos globais. Essa destruição autocrática da democracia de dentro para fora ecoa ideologias históricas passadas, como o fascismo. O populismo de Trump é o capítulo mais recente de uma longa história.

O paradoxo do populismo é que ele geralmente identifica problemas reais, mas procura substituí-los por algo pior.

O fascismo aspirante representa a mais recente tentativa de criar uma terceira posição entre a democracia liberal e as formas mais tradicionais de ditadura.[6]

Com sua característica falta de humildade, Donald Trump tentou definir o novo estado do mundo como "a era de Trump". Mas, no período que antecedeu a eleição presidencial de 2024, ficou claro para qualquer pessoa de fora dos Estados Unidos que, mesmo que seja verdade que o trumpismo tenha dado um impulso global à legitimidade de autocratas em todo o mundo, autocratas desse tipo já existiam antes de Trump e continuarão existindo depois que o trumpismo desaparecer ou se transformar em outra coisa. Os quatro pilares do fascismo são construídos sobre fatores sociais que fornecem apoio e legitimidade. Mesmo sem Trump no poder, ainda teremos o trumpismo por outros meios. O trumpismo faz parte de uma tendência global do século XXI em direção à autocracia que reformulou a história do populismo, transformando-o na aspiração ao fascismo.

O populismo, especialmente após a derrota do fascismo em 1945, foi além dos quatro elementos-chave do fascismo: mentira totalitária, ditadura, xenofobia, glorificação da violência e militarização da política. Mas os aspirantes a fascistas retomaram esses quatro elementos-chave e, em diferentes graus, voltaram o populismo mais uma vez para os trilhos do fascismo.

Sem dúvida, a ascensão do trumpismo e sua ignominiosa retirada quatro anos depois por meio de uma eleição perdida e de um golpe fracassado foram altamente influentes para o destino das democracias em escala global. Mas os autocratas e fascistas já existiam antes de Trump.

Os problemas políticos, sociais e econômicos que apoiaram a ascensão desses líderes autoritários ainda existem e precisam ser resolvidos. Especialmente nos Estados Unidos, há sinais de esperança de que a política antifascista e antirracista possa ser mais igualitária, protegendo o meio ambiente e gerando empregos. Mas mesmo que isso seja um otimismo prematuro, é importante pensar que uma América mais inclusiva – ou a Europa, ou a Ásia, ou a África, ou a América Latina – pode ser um exemplo para outras partes do mundo, ajudando-as a enfrentar seus próprios agentes antidemocráticos. Essa não é uma questão exclusiva dos americanos. Mas está claro que uma diplomacia americana menos conflituosa pode desempenhar um papel importante na reversão desse quadro.

No passado, quando as forças antifascistas deixaram de lado suas diferenças e resistiram juntas, a democracia prevaleceu. Os fascistas autocráticos que agem dentro da democracia só tiveram sucesso quando a mídia independente foi atacada e não defendida, quando a separação de poderes e o Estado de Direito foram minimizados ou destruídos, quando a esquerda radical não se importou com a democracia liberal, quando os conservadores reproduziram os argumentos dos autocratas e quando as forças armadas e a polícia ficaram do lado do líder autoritário e não da constituição. Quando isso aconteceu, a democracia foi perdida e começaram as ditaduras terroristas. Por outro lado, quando o fascismo foi combatido e a democracia defendida, o fascismo não surgiu ou não pôde ser mantido. É difícil saber o que vai acontecer, mas muito depende das ações dos governos e dos cidadãos que se opõem a esses autocratas.

O fascismo perdeu legitimidade quando as pessoas se engajaram ativamente na política, atribuindo ao Estado um papel importante na abordagem de questões de desigualdade, como a reversão da tributação desigual e o combate à pobreza. No presente, essa poderia ser uma estratégia mais democrática para uma fuga do populismo e do fascismo. Mas ainda precisamos ver se essa estratégia seria bem-sucedida – se poderia convencer os eleitores a se voltarem contra as opções autoritárias.

Ao retornar às histórias do fascismo e do populismo, este livro apresentou uma explicação histórica de um novo desenvolvimento na história e o perigo de inspiração fascista que o trumpismo e os autocratas globais representam.

A principal contribuição de Trump para a legitimidade da autocracia global foi tornar a tóxica política fascista viável novamente. Mas Trump é um entre muitos. A política que ele representa está longe de terminar. Talvez sua influência duradoura seja a normalização global de aspirantes a fascistas.

■ AGRADECIMENTOS

EM NOVEMBRO DE 2021, fui convidado a participar de um painel organizado pelo presidente do Supremo Tribunal Federal do Brasil, Luiz Fux. Esse contexto tão significativo me deu a oportunidade de trocar pontos de vista e aprender com outros membros do painel, incluindo o juiz Alexandre de Moraes, membro daquele mesmo STF, que foi uma figura-chave na defesa da democracia brasileira contra os ataques de Bolsonaro, incluindo o combate ao seu golpe fracassado. Aquele painel, intitulado "Encontro virtual sobre liberdade de expressão: Desinformação como ameaça aos direitos humanos e à democracia", proporcionou uma oportunidade de apresentar meus argumentos acerca da necessidade de aprender com a história para obter uma compreensão dos perigos fascistas do presente. Nesse contexto, gostaria de agradecer aos outros participantes, especialmente a Jean Wyllys e Daniela Mercury.

Em 2022, fui entrevistado por uma equipe de consultores investigativos e especialistas do Select Committee to Investigate the January 6th Attack on the United States Capitol (Comissão para Investigação do Ataque de 6 de Janeiro ao Capitólio dos Estados Unidos). Sua principal preocupação era determinar as causas fundamentais e as implicações de longo prazo daquele ataque contra a democracia americana, que é, em grande parte, o tema deste livro.

Pediram-me então que apresentasse uma declaração por escrito para a comissão do Congresso. Escrevi um relatório em parceria com meu amigo, colega e especialista em fascismo, o professor Jason Stanley. O título do relatório era "O perigo fascista para a democracia representado pelos eventos de 6 de janeiro de 2021". Nos últimos anos, escrevi vários artigos opinativos ao lado de Jason para muitos jornais e sites, incluindo o Project Syndicate, o *Los Angeles Times* e o *New Republic*. Aprendi muito com essa colaboração e quero agradecer a Jason por nossas conversas e sua amizade.

Também gostaria de agradecer aos seguintes colegas e amigos por nossas conversas e colaborações: Melissa Amezcua, Carlos de la Torre, Luis Herrán Ávila, Antonio Costa Pinto, Emmanuel Guerisoli, Andrea Mammone e Pablo Piccato, bem como Enzo Traverso, Angelo Ventrone e Nadia Urbinati.

Apresentei alguns dos meus principais argumentos em palestras e *workshops* em universidades e institutos acadêmicos em muitos países, incluindo Estados Unidos, México, Índia, Israel, Espanha, Suíça, Reino Unido, Costa Rica, Portugal, Itália, Brasil e Uruguai. Também os apresentei em contextos públicos, incluindo artigos em jornais como *Washington Post*, *New York Times*, *Clarín* (Argentina), *Folha de S.Paulo* (Brasil), *Domani giornale* (Itália), *El faro* (El Salvador) e *El país* (Espanha). Gostaria de mencionar especialmente minha colaboração com a excelente plataforma de mídia latino-americana Latinoamérica21.

Na primavera de 2023, fui professor de um seminário de pós-graduação sobre história e teoria da ditadura com meu querido amigo e colega da New School for Social Research, Andreas Kalyvas. Foi uma oportunidade ideal para aprender com ele e também para terminar de escrever o capítulo 4 deste livro, enquanto ensinava e discutia esses tópicos. Andreas sabe mais do que ninguém a respeito das teorias da ditadura, e meu pensamento é profundamente grato a ele.

Meus agradecimentos também a Giulia Albanese, José Alves Neto, Andrew Arato, Luis Fernando Beneduzi, Ruth Ben-Ghiat, Mabel Berezin, Bruno Bimbi, Fabián Bosoer, Odilon Caldeira Neto, Renato Camurri, Claudia Costin, Carolyn Dean, Paula Diehl, Patrizia Dogliani, Oz Frankel, Maximiliano Fuentes Codera, Valeria Galimi, Fabio Gentile, Jerónimo Giorgi, Jacob Glick, Nicolas Goldbart, Susanne Hillman, Natalia Jacovkis, Dominick LaCapra, Simon Levis Sullam, George Lucas, Oscar Mazzoleni, Sandra McGee Deutsch, José Moya, Julia Ott, José Ragas, Raanan Rein, Sven Reichardt, Javier Rodrigo, Hector Raul Solis Gadea, Alberto Spektorowski, Alan Steinweis, Maria Bonaria Urban, Benjamin Zachariah e Fulvia Zega.

Meus profundos agradecimentos a Kate Marshall, minha excelente editora na UC Press. Na UC Press, minha gratidão também vai para Chad Attenborough, bem como para Brian Hurley, por seu trabalho de edição, e Linda Gorman, pela revisão de textos.

Meus agradecimentos aos meus pais, Norma e Jaime, e aos meus irmãos, Diego e Inés. *Mi agradecimiento más profundo* à minha esposa, Laura, e às minhas filhas, Gabriela e Lucia. Este livro é dedicado a elas.

■ NOTAS

Introdução

1 Federico Finchelstein. "What the History of Coups Tells Us about Trump's Refusal to Concede". *Washington Post*, 16 nov. 2020. https://www.washingtonpost.com/outlook/2020/11/16/what-history-coups-tells-us-about-trumps-refusal-concede.

2 Ver Federico Finchelstein. "Biden Called Trumpism 'Semi-fascism': The Term Makes Sense, Historically". *Washington Post*, 1 set. 2022. https://www.washingtonpost.com/made-by-history/2022/09/01/biden-called-trumpism-semi-fascism-term-makes-sense-historically; e também "Jair Bolsonaro's Model Isn't Berlusconi: It's Goebbels". *Foreign Policy*, 5 out. 2018. https://foreignpolicy.com/2018/10/05/bolsonaros-model-its-goebbelsfascism-nazism-brazil-latin-america-populism-argentina-venezuela.

3 Federico Finchelstein. "An Argentine Dictator's Legacy," *New York Times*, 28 maio 2013. https://www.nytimes.com/2013/05/28/opinion/global/an-argentine-dictators-legacy.html.

4 Benito Mussolini. *La nuova politica dell'Italia: Discorsi e dichiarazioni*. Milão: Alpes, 1925, 222. Sobre o semifascismo na época do fascismo, ver Gustavo Barroso. *O integralismo e o mundo*. Rio de Janeiro: Civilização Brasileira, 1936, 112.

5 Sobre a aspiração ao fascismo, ver William E. Connolly. *Aspirational Fascism: The Struggle for Multifaceted Democracy under Trumpism*. Minneapolis: University of Minnesota Press, 2017.

6 Walter Benjamin. "On the Concept of History". In: *Selected Writings, 1938-1940*. ed. Howard Eiland e Michael W. Jennings. Cambridge, MA: Harvard University, 2006, 4:392.

[7] Para um exemplo bem distinto, ver Corey Robin. "Triumph of the Shill: The Political Theory of Trumpism". *n+1*, n. 29 (2017), https://nplusonemag.com/issue-29/politics/triumph-of-the-shill.

[8] Para algumas palavras-chave a respeito do fascismo, ver Zeev Sternhell. *The Birth of Fascist Ideology: From Cultural Rebellion to Political Revolution*, com Mario Sznajder e Maia Asheri. Princeton, NJ: Princeton University Press, 1994; Ruth BenGhiat, *Fascist Modernities*. Berkeley: University of California Press, 2001; Emilio Gentile. *Fascismo: Storia e interpretazione*. Roma-Bari: Laterza, 2002; Robert Paxton. *The Anatomy of Fascism*. Nova York: Knopf, 2004; Mabel Berezin. *Making the Fascist Self: The Political Culture of Interwar Italy*. Ithaca, NY: Cornell University Press, 1997; Geoff Eley. *Nazism as Fascism: Violence, Ideology, and the Ground of Consent in Germany, 1930-1945*. Nova York: Routledge, 2013; Antonio Costa Pinto. *The Nature of Fascism Revisited*. Boulder, CO: Social Science Monographs, 2012; e Sandra McGee Deutsch. *Las Derechas: The Extreme Right in Argentina, Brazil, and Chile, 1890-1939*. Stanford, CA: Stanford University Press, 1999.

[9] Para algumas palavras-chave a respeito do populismo, ver Nadia Urbinati. *Democracy Disfigured: Opinion, Truth, and the People*. Cambridge, MA: Harvard University Press, 2014; Carlos de la Torre. *Populist Seduction in Latin America*. Athens: Ohio University Press, 2010; Ernesto Laclau. *On Populist Reason*. Londres: Verso, 2005; Andrew Arato. *Post Sovereign Constitution Making: Learning and Legitimacy*. Oxford: Oxford University Press, 2016; e Andrew Arato e Jean L. Cohen. *Populism and Civil Society: The Challenge to Constitutional Democracy*. Nova York: Oxford University Press, 2022.

[10] Franz L. Neumann. "Notes on the Theory of Dictatorship," no livro do próprio autor *The Democratic and Authoritarian State*. Nova York: Free Press, 1964, 245.

[11] Entre os melhores críticos, ver Bruce Kuklick. *Fascism Comes to America: A Century of Obsession in Politics and Culture*. Chicago: Chicago University Press, 2022.

[12] Já existem vários livros excelentes sobre as conexões entre o trumpismo e o fascismo, ou entre o trumpismo e o populismo. Em alguns casos, esses livros são escritos por especialistas seja em populismo, seja em fascismo. Enquanto os autores que enfatizam a hipótese do fascismo destacam as características fascistas ou pós-fascistas dos

autocratas atuais, outros autores omitem totalmente o fascismo do quadro atual. Por exemplo, *How Fascism Works* (Nova York: Random House, 2018), de Jason Stanley, e *On Tyranny* (Nova York: Tim Duggan Books, 2017), de Tim Snyder, explicam com lucidez as dimensões fascistas do populismo. Do outro lado, especialistas em populismo como Pippa Norris e Ronald Inglehart em *Cultural Backlash: Trump, Brexit, and Authoritarian Populism* (Nova York: Cambridge University Press, 2019), 239, minimizam as dimensões fascistas do trumpismo enquanto enfatizam as populistas. Para uma análise incisiva, ver Mabel Berezin. "Fascism and Populism: Are They Useful Categories for Comparative Sociological Analysis?". *Annual Review of Sociology* 45 (2019): 345-61. Em meu próprio trabalho a respeito do fascismo transnacional, explorei as bifurcações do fascismo para o neofascismo, para a ditadura e também para o populismo e vice-versa. Outros historiadores importantes do fascismo e do neofascismo, como Andrea Mammone, também explicaram, de forma semelhante, por que não se pode parar de analisar o fascismo após a derrota de Hitler e Mussolini. Andrea Mammone. *Transnational Neofascism in France and Italy*. Nova York: Cambridge University Press, 2015. Veja também Ruth Ben-Ghiat. *Mussolini to the Present*. Nova York: Norton, 2020; Enzo Traverso. *The New Faces of Fascism: Populism and the Far Right*. Nova York: Verso, 2019; Javier Rodrigo e Maximiliano Fuentes Codera. *Ellos, los fascistas*. Barcelona: Deusto, 2022; Carlos de la Torre e Treethep Srisa-nga. *Global Populisms*. Londres: Routledge, 2021; John Foot. *Blood and Power: The Rise and Fall of Italian Fascism*. Londres: Bloomsbury, 2022. Outros livros de autores proeminentes, de especialistas em direito ou vindos de políticos muitas vezes equiparam o fascismo à situação presente, mas sem oferecer uma visão historicamente matizada da natureza global do fascismo, suas conexões com o populismo ou suas mudanças ao longo do tempo. Em resumo, eles apresentam um fascismo sem história e, em geral, sem exemplos não europeus. Entre essas obras, eu mencionaria *Fascism: A Warning* (Nova York: Harper Perennial, 2018), de Madeleine Albright. Como especialista em fascismo e populismo na Europa e no hemisfério sul, faço um esforço no sentido de combinar esses mundos.

[13] Citado em de la Torre e Srisa-nga. *Global Populisms*, 2-3.

[14] Michael D. Shear. "Trump Asked Aide Why His Generals Couldn't Be Like Hitler's, Book Says". *New York Times*, 8 ago. 2022. https://www.nytimes.com/2022/08/08/us/politics/trump-book-mark-milley.html.

[15] Ao analisar essa declaração de Hitler, Theodor Adorno disse o seguinte: "Por sua lógica intrínseca, essa declaração equivale a um desprezo pela própria verdade." Vide Hitler conforme citado em Theodor W. Adorno, Else Frenkel-Brunswik, Daniel J. Levinson e R. Nevitt Sanford. *The Authoritarian Personality*. Nova York: Verso, 2019 [1950], 733.

[16] Philip Bump. "A New Peak in Trump's Efforts to Foster Misinformation". *Washington Post*, 25 jul. 2018. https://www.washingtonpost.com/news/politics/wp/2018/07/25/a-new-peak-in-trumps-efforts-to-foster-misinformation/.

Capítulo 1: a violência e a militarização da política

[1] David Smith. "US Under Siege from 'Far-Left Fascism,' says Trump in Mount Rushmore Speech". *Guardian*, 4 jul. 2020. https://www.theguardian.com/us-news/2020/jul/04/us-under-siege-from-far-left-fascism-saystrump-in-mount-rushmore-speech.

[2] A história da violência fascista pertence a um campo mais amplo que pesquisa suas dimensões práticas e simbólicas. Como explica Pablo Piccato, a violência é um assunto sério de pesquisa histórica e não pode ser essencializada. Ao estudar as causas e os efeitos da violência, os historiadores abordam não apenas as principais dimensões dos efeitos materiais e comunicativos da violência, mas também a história de suas conceitualizações ao longo do tempo. Ver Pablo Piccato, *Historia mínima de la violencia en México*. México: El Colegio de México, 2022, 16. Consulte também Hannah Arendt, *On Violence*. Nova York: Harcourt, 1970. Benjamin Brower explica, em relação à abordagem de Arendt sobre a violência, que "a violência se revela melhor em suas dimensões locais e contingentes. Todo assassinato, tumulto, linchamento, batalha, chacina, greve ou fome carrega em si um conjunto de causas sobredeterminadas. O mesmo se aplica a ocasiões de violência que ocorrem fora do evento em si, como a violência da poluição, da pobreza, da fome e da doença. O historiador que passa um pente fino nas fontes capta melhor a lógica específica de cada instância e como ela está incorporada em sistemas econômicos e estruturas sociais que, de outra forma, seriam invisíveis". Ver em Benjamin

Brower, "Genealogies of Modern Violence, Arendt and Imperialism in Africa, 1830-1914", em *The Cambridge History of Violence*, ed. Louise Edwards, Nigel Penn e Jay Winter. Cambridge: Cambridge University Press, 2020, 4:246. Sobre violência, veja também Étienne Balibar, "Outlines of a Topography of Cruelty: Citizenship and Civility in the Era of Global Violence", *Constellations* 8, n. 1. 2001, 15-29; Étienne Balibar, *Violence and Civility.* Nova York: Columbia University Press, 2015; Gema Kloppe-Santamaría, *In the Vortex of Violence: Lynching, Extralegal Justice, and the State in Post-Revolutionary Mexico.* Oakland: University of California Press, 2020; e Philip Dwyer, *Violence: A Very Short Introduction.* Nova York: Oxford University Press, 2022.

[3] Yitzhak Arad, Yisrael Gutman e Abraham Margaliot, eds. *Documents on the Holocaust.* Lincoln: University of Nebraska Press, 1999, 134.

[4] Smith. "US Under Siege from 'Far-Left Fascism'".

[5] Ver Arad, Gutman e Margaliot. *Documents on the Holocaust*, 134.

[6] Adolf Hitler. *Mein Kampf.* Nova York: Mariner, 1999, 357-58, 172.

[7] "Io ho fatto l'apologia della violenza per quasi tutta la mia vita." Ver Benito Mussolini. "Il discorso dell'Ascensione". In: *Opera omnia.* ed. Edoardo Susmel e Duilio Susmel. Florença: La Fenice, 1951-1962, 22:381.

[8] Federico Finchelstein. *From Fascism to Populism in History.* Oakland: University of California Press, 2017, 78.

[9] Paul Corner. *The Fascist Party and Popular Opinion in Mussolini's Italy.* Nova York: Oxford University Press, 2012, 69.

[10] Plínio Salgado. *Palavra nova dos tempos novos.* Rio de Janeiro: Olympio, 1936, 99.

[11] Ver Phillips Talbot. "The Khaksar Movement". *Indian Journal of Social Work* 2, n. 2 (1941): 187.

[12] Pablo Antonio Cuadra. *Breviario imperial.* Madri: Cultura Española, 1940, 73.

[13] Ver Benito Mussolini. "Discorso di Udine". In: *Opera omnia.* ed. Edoardo Susmel e Duilio Susmel. Florença: La Fenice, 1951-1962, 18:411-19.

[14] Corner. *The Fascist Party*, 69.

[15] Os precedentes das ideias fascistas podem ser encontrados na tradição do anti-iluminismo, em particular uma revisão total dos princípios

fundamentais da democracia, da razão e do liberalismo político. Para o grande historiador do fascismo Zeev Sternhell, o fascismo sempre teve dois componentes essenciais: (1) um tipo de nacionalismo tribal antiliberal e antiburguês baseado no darwinismo social e, muitas vezes, no determinismo biológico; e (2) uma revisão radical do marxismo, que era anteriormente de esquerda e antimaterialista. Assim, o fascismo combinou pensadores antirracionalistas como o chauvinista católico francês Charles Maurras e também Georges Sorel – um filósofo antimarxista de esquerda que propôs o mito e a violência como um roteiro para a política revolucionária –, e reformulou temas nacionalistas e sociais em um formato de extrema direita. O fascismo tinha uma visão alternativa do mundo, que era política e moralmente diferente de outras ideologias. Ver Zeev Sternhell, *The Birth of Fascist Ideology: From Cultural Rebellion to Political Revolution*, com Mario Sznajder e Maia Asheri. Princeton, NJ: Princeton University Press, 1994; e Zeev Sternhell, *Neither Right nor Left: Fascist Ideology in France*. Berkeley: University of California Press, 1986.

[16] Como explicou o historiador Robert Paxton, os ciclos do fascismo tiveram cinco estágios: (1) a fundação de movimentos, (2) sua expansão política, (3) a tomada do poder pelo fascismo, (4) o fascismo como poder governante e (5) "finalmente, a longa duração, durante a qual o regime fascista escolhe a radicalização ou a entropia". Como Paxton argumentou, "ainda que cada estágio seja um pré-requisito para o próximo, nada exige que um movimento fascista complete todos eles, ou mesmo que se mova em apenas uma direção. A maioria dos fascismos parou no meio do caminho, alguns retrocederam, e, às vezes, características de vários estágios permaneceram operantes ao mesmo tempo. Embora a maioria das sociedades modernas tenha gerado *movimentos* fascistas no século XX, apenas algumas tiveram *regimes* fascistas. Somente na Alemanha nazista um regime fascista se aproximou dos limites externos da radicalização". A violência estava no centro dessa radicalização. Como explica Paxton, "a violência fascista não era aleatória nem indiscriminada. Ela carregava um conjunto bem calculado de mensagens codificadas: que a violência comunista estava aumentando, que o Estado democrático estava respondendo a ela de forma inepta e que somente os fascistas eram fortes o suficiente para salvar a nação dos terroristas antinacionais.

Uma etapa essencial na marcha fascista rumo à aceitação e ao poder foi persuadir os conservadores ligados à lei e à ordem e os membros da classe média a tolerar a violência fascista como uma necessidade severa diante da provocação da esquerda. Ajudou, é claro, o fato de que muitos cidadãos comuns nunca tenham precisado temer a violência fascista contra si mesmos, pois tinham a certeza de que ela era reservada para inimigos nacionais e 'terroristas' que a mereciam". Como disse Paxton, "a legitimação da violência contra um inimigo interno demonizado nos aproxima do coração do fascismo". Robert Paxton. *The Anatomy of Fascism.* Nova York: Vintage, 2005, 23, 84.

[17] Norberto Bobbio. *Dal fascismo alla democrazia.* Milão: Baldini Castoldi, 1997, 40.

[18] Ver Hannah Arendt. *The Origins of Totalitarianism.* Nova York: Meridian, 1959, 468. A respeito de ideologia, ver Zeev Sternhell, "How to Think about Fascism and Its Ideology". *Constellations* 15, n. 3. 2008): 280-90; e Jason Stanley. *How Propaganda Works.* Princeton, NJ: Princeton University Press, 2015, 178-22.

[19] Finchelstein. *From Fascism to Populism in History*, 17.

[20] Ver Mussolini. "Discorso di Udine". 411-19.

[21] M. S. Golwalkar, *We or Our Nationhood Defined.* Nagpur, Índia: Bharat, 1939, 53. Assim como Golwalkar, o líder fascista indomuçulmano Mashriqi, no Punjab, admirava o exemplo violento do nazismo, mas também argumentava que seu próprio fascismo era mais legítimo porque era sagrado e uma fonte de inspiração para o nazismo. Ver Markus Daechsel. "Scientism and Its Discontents: The Indo-Muslim 'Fascism' of Inayatullah Khan al-Mashriqi". *Modern Intellectual History* 3, n. 3 (2006): 452-53. Ver também Talbot. "The Khaksar Movement", p. 189-90. Sobre o fascismo indiano, veja os principais trabalhos de Benjamin Zachariah: "At the Fuzzy Edges of Fascism: Framing the Volk in India". *South Asia: Journal of South Asian Studies*, 38, n. 4 (2015): 639-55; e "A Voluntary Gleichschaltung? Indian Perspectives towards a Non-Eurocentric Understanding of Fascism". *Transcultural Studies* 2 (2014): 63-100.

[22] Ver o Conselho Geral Judaico, *Father Coughlin: His "Facts" and Arguments.* Nova York: Conselho Geral Judaico, 1939, 7, 49; e Albin Krebs, "Charles Coughlin, 30's 'Radio Priest'", *New York Times*, 28

out. 1979. https://www.nytimes.com/1979/10/28/archives/charles-coughlin-30s-radio-priest-dies-fiery-sermons-stirred-furor.html. Sobre o fascismo americano, ver Sarah Churchwell, *Behold America: The Entangled History of "America First" and "the American Dream"*. Nova York: Basic Books, 2018, e, da mesma autora, "The Return of American Fascism", *New Statesman*, 2 set. 2020. https://www.newstatesman.com/long-reads/2020/09/return-american-fascism; e Richard Steigmann-Gall, "Star-Spangled Fascism: American Interwar Political Extremism in Comparative Perspective", *Social History* 42, n. 1 (2017): 94-119.

[23] Ver Virgilio Filippo, "Quiénes tienen las manos limpias?", em *Estudios sociológicos*. Buenos Aires: Tor, 1939, p. 92-93, 136. Essas argumentações envolvendo Deus e inimigos políticos seriam apresentadas mais tarde em uma troca chocante de mensagens entre a esposa de um juiz da Suprema Corte dos Estados Unidos e o chefe de gabinete de Trump. A violência teria sido necessária na batalha entre Deus e o Mal durante a tentativa de golpe de 6 de janeiro de 2021. Meadows enviou uma mensagem de texto: "O mal sempre parece sair vencedor até que o Rei dos Reis triunfe. Não se cansem". Greg Sargent, "'Morning Joe' Shock over Ginni Thomas Points to a Hidden Jan. 6 Truth", *Washington Post*, 25 mar. 2022, https://www.washingtonpost.com/opinions/2022/03/25/joe-scarborough-ginni-thomas-mark-meadows-texts.

[24] Mussolini. "Il discorso dell'Ascensione". 381-82.

[25] Ver Dominick LaCapra, *History and Memory after Auschwitz*. Ithaca, NY: Cornell University Press, 1998, 27-30, e também *Writing History, Writing Trauma*. Baltimore: Johns Hopkins University Press, 2001,166-69.

[26] Ver documento 161 em Arad, Gutman e Margaliot. *Documents on the Holocaust*, 344.

[27] Ver documento 161 em Arad, Gutman e Margaliot, 344.

[28] Documento 161 em Arad, Gutman e Margaliot, 344-45. Para uma análise da "moralidade" do nazismo, ver Claudia Koonz. *The Nazi Conscience*. Cambridge, MA: Harvard University Press, 2003.

[29] Benito Mussolini. "La violenza è immorale quando è fredda e calcolata, non già quando è istintiva e impulsiva". In: *Opera omnia*. ed.

Edoardo Susmel e Duilio Susmel. Florença: La Fenice, 1951-1962, 12:7. Ver também Curzio Malaparte, *Kaputt*. Nova York: New York Review Books, 2005, 266.

[30] O chefe da SS disse: "É bom que nós tenhamos sido durões o suficiente para exterminar os judeus na nossa área". Himmler, citado em Peter Longerich, *Heinrich Himmler: A Life*. Nova York: Oxford University Press, 2012, 695.

[31] Ver Benito Mussolini. "Popolo italiano! Corri alle armi". In: *Opera omnia*. ed. Edoardo Susmel e Duilio Susmel. Florença: La Fenice, 1951-1962, 29:404.

[32] Hitler. *Mein Kampf*, 454-55.

[33] Hitler. *Mein Kampf*, 455. Como argumentou Sternhell, "a brutalidade de um regime certamente não é critério suficiente para julgar seu caráter fascista; o importante é a ideologia, a visão do homem e da sociedade, os objetivos que um movimento estabelece para si mesmo e o que é comumente conhecido como sua filosofia da história. O fascismo, tanto na Itália como em outros países, incluindo a França, tinha uma visão da sociedade: ele lutava contra a herança do Iluminismo, a democracia e o conteúdo intelectual (embora não econômico) do liberalismo". Zeev Sternhell, "How to Think about Fascism", 283.

[34] A respeito de Marx e a violência, ver Hannah Arendt. *Essays in Understanding, 1930-1954*. Nova York: Harcourt Brace, 1994, 375, e também seu *Origins of Totalitarianism*. Mao disse: "Todo poder político vem do cano de uma arma", conforme citado em Arendt, *On Violence*, 11.

[35] Norberto Bobbio. *Dal fascismo alla democrazia*, 39-40, 50; e Bobbio. *De senectute e altri scritti autobiografici*. Turim, Itália: Einaudi, 1996, 157-58. Hannah Arendt também acreditava que o poder real e legítimo não pode ser alcançado por meio da violência radical, e é por isso que a democracia é a melhor opção contra a violência. Ver Arendt, *On Violence*.

[36] Sem dúvida, historiadores como Paxton minimizaram a centralidade das ideias que desencadeiam a ação fascista, mas essas ações, e especialmente a violência, não podem ser facilmente separadas uma da outra.

[37] Ver Benito Mussolini. "La dottrina del fascismo". In: *Opera omnia*. ed. Edoardo Susmel e Duilio Susmel. Florença: La Fenice, 1951-1962, 34:119-21.

[38] Mussolini, conforme citado em Giulia Albanese. *The March on Roma: Violence and the Rise of Italian Fascism*. Nova York: Routledge, 2019, 41.

[39] Enzo Traverso. *The Origins of Nazi Violence*. Nova York: New Press, 2003, 93.

[40] Ver Isabel V. Hull. *Absolute Destruction: Military Culture and the Practices of War in Imperial Germany*. Ithaca, NY: Cornell University Press, 2005, 135.

[41] Sven Reichardt. "Fascism's Stages: Imperial Violence, Entanglement, and Processualization". *Journal of the History of Ideas* 82, n. 1 (2021): 86; Mark Mazower, *Hitler's Empire: How the Nazis Ruled Europe*. Nova York: Penguin, 2009; e Shelley Baranowski. *Nazi Empire: German Colonialism and Imperialism from Bismarck to Hitler*. Nova York: Cambridge University Press, 2010.

[42] Arendt. *Origins of Totalitarianism*. 137, 331.

[43] Traverso. *Origins of Nazi Violence*. 93. Isso é o que o historiador Angelo Ventrone chamou de "a sedução totalitária" do fascismo. Ver Angelo Ventrone. *La seduzione totalitaria*. Roma: Donzelli, 2003.

[44] Sven Reichardt. *Camicie nere, camicie brune*. Bolonha: Il Mulino, 2009; e George L. Mosse. *Fallen Soldiers: Reshaping the Memory of the World Wars*. Nova York: Oxford University Press, 1990.

[45] Walter Benjamin. "The Work of Art in the Age of Mechanical Reproduction". In: *Illuminations*. ed. Hannah Arendt. Nova York: Schocken, 1969, 241. Sobre as ideias de Benjamin acerca do fascismo, ver também Walter Benjamin, "Theories of German Fascism". *New German Critique* 17 (1979): 120-28. Sobre esse tópico, ver ainda Simonetta Falasca-Zamponi. "Fascism and Aesthetics". *Constellations* 15, n. 3 (2008): 351-65; e Mabel Berezin. *Making the Fascist Self: The Political Culture of Interwar Italy*. Ithaca, NY: Cornell University Press, 1997.

[46] "A militarização se tornou, assim, no fascismo, uma redefinição da identidade do cidadão – uma antítese evidente da civilização burguesa, que havia se desenvolvido com base na diferenciação entre as dimensões civil e militar". Ver Emilio Gentile, "A Provisional Dwelling: The Origin and Development of the Concept of Fascism in Mosse's Historiography". In: *What History Tells: George L. Mosse and the Culture of Modern Europe*. ed. Stanley G. Payne, David J.

Sorkin e John S. Tortorice. Madison: University of Wisconsin Press, 2004, 102-3.

[47] Como Arendt observou, com alguma ironia, com relação aos nazistas, "a propaganda militarista era mais popular na Alemanha do pós-guerra do que o treinamento militar, e os uniformes não aumentavam o valor militar das tropas paramilitares, embora fossem úteis como uma indicação clara da abolição dos padrões e da moral civis; de certa forma, esses uniformes aliviaram consideravelmente a consciência dos assassinos e também os tornaram ainda mais receptivos a uma obediência inquestionável e à autoridade inquestionada". Arendt, *Origins of Totalitarianism*, 370.

[48] Daechsel. "Scientism and Its Discontents". 451.

[49] O líder supremo declarou: "O movimento Khaksar reiterou mais uma vez, após 1350 anos, a verdade de que o verdadeiro exemplo adequado de um Profeta do Verdadeiro Islã – a religião original de Deus – significa uma e somente uma coisa: uma vida de soldado!" Ver Talbot. "The Khaksar Movement". 190-92, 195.

[50] Finchelstein. *From Fascism to Populism in History*. 77-78.

[51] "Ele é um militar perfeito. O comandante Khaksar não é um comandante apenas no título. É um comandante militar. A linha de Khaksars não é uma filazinha de brinquedos reluzentes em trajes alegres; é uma linha de soldados intrépidos e destemidos". Veja Talbot, "The Khaksar Movement", 197. Os membros do fascismo romeno eram chamados de "legionários", pois o líder Codreanu dizia que a atitude deles era marcial e que seus "olhos não mentem". A violência era apresentada como algo intuitivo, mas totalmente codificada dentro de um conjunto mutável de preceitos, regras ou manuais. Corneliu Zelea Codreanu, *Manual del jefe*. Munique: Europa, 2004, 73.

[52] Como disse um fascista ucraniano, seu nacionalismo "tenta cultivar um alto nível espiritual de pensamento acrítico, ao despertar instintos, paixão, ódio contra os inimigos, a mais avançada rapacidade, e ao ativar uma elite vigorosa que, por meio da violência e do terror inescrupuloso, 'com faca e sangue', imporá sua vontade às massas". Veja Grzegorz Rossoliński-Liebe, "The Fascist Kernel of Ukrainian Genocidal Nationalism". *Carl Beck Papers in Russian and East European Studies*, n. 2.402 (2015): 33.

[53] Gostaria de agradecer a Gema Kloppe-Santamaria por seus comentários sobre essa dimensão de gênero da prática fascista.

[54] José Antonio Primo de Rivera. "Una bandera que se alza". *Acción Española*, 1 nov. 1933, 368.

[55] Essas tribulações eram as seguintes: (1) O sectarismo religioso que era corrigido porque "entre os Khaksars não há debates, apenas ação". (2) O uso de uniformes corrigia a "falta de igualdade. Entre os Khaksars, todos usam um só uniforme e ficam em fila". (3) A perda do senso de obediência era corrigida pela aceitação de que "a obediência é a essência dos Khaksars". (4) A falta de capacidade de liderança era corrigida dando aos líderes de bairros "poder ditatorial". (5) A ausência de apoio público para as reformas era de alguma forma resolvida porque os Khaksars "dão esse apoio". (6) A falta de condicionamento físico era corrigida porque os "Khaksars desenvolvem o condicionamento físico". (7) Por fim, a falta de firmeza era corrigida porque "os Khaksars estão incutindo isso em uma nação que, depois de muitos movimentos malsucedidos, agora [...] está sobrecarregada e enferma como um velho depois de copular". Citado em Talbot, "The Khaksar Movement", 190-92.

[56] Ver Ernesto Giménez Caballero. *La nueva catolicidad: Teoría general sobre el fascismo en Europa*. Madri: La Gazeta Literaria, 1933, 178. Ver também "Puntos de partida". *El fascio* 1 (1933): 3.

[57] José Ortega y Gasset. "Sobre el fascismo". In: *Obras completas: El espectador (1916-34)*. Madri: Revista de Occidente, 1963, 2:502.

[58] José Pemartín. "España como pensamiento". *Acción Española*, mar. 1937, 370.

[59] Ver Benito Mussolini. "Disciplina assoluta!". In: *Opera omnia*. ed. Edoardo Susmel e Duilio Susmel. Florença: La Fenice, 1951-1962, 18:392.

[60] Salgado. *Palavra nova dos tempos novos*, 104-5.

[61] Jorge González von Marées, *El mal de Chile (sus causas y sus remedios)*. Santiago: Talleres gráficos "Portales", 1940, 17. Como demonstrou a historiadora Giulia Albanese, "a violência constituía a pedra angular da ação fascista". Ela era o resultado de um projeto político claro de tomar o poder e realizar uma transformação antidemocrática radical das instituições do Estado: "O objetivo era adquirir um tipo de poder

que, como era típico naqueles anos, não estaria sujeito à limitação constante dos adversários políticos e, principalmente, da lei. A violência política fascista era impulsionada por um plano que, muito longe de ter sido necessário devido a circunstâncias históricas específicas, poderia ter sido evitado. Ao mesmo tempo, esse plano – tanto como um todo quanto em relação aos incidentes individuais a que conduziu – não pode ser considerado exclusiva ou principalmente de natureza reativa. A estratégia fascista para tomar o poder e seus principais objetivos provam claramente que se trata do oposto". Albanese. *March on Rome*, xiii, 44. Ver também John Foot. *Blood and Power: The Rise and Fall of Italian Fascism*. Londres: Bloomsbury, 2022, 4.

[62] Daechsel. "Scientism and Its Discontents", 466-71.

[63] Ver a entrevista de Partha Chakrabartty com Benjamin Zachariah, "India Has the Longest Running Fascist Movement in the World – the RSS". *The Wire*, 22 jan. 2020. https://thewire.in/politics/benjamin-zachariah-fascism-sangh-parivar.

[64] Parvis Ghassem-Fachandi. *Pogrom in Gujarat: Hindu Nationalism and Anti-Muslim Violence in India*. Princeton, NJ: Princeton University Press, 2012, 4.

[65] Finchelstein. *From Fascism to Populism in History*, 171.

[66] Juan Domingo Perón. *Obras completas*. Buenos Aires: Docencia, 1998, 18:208.

[67] Juan Domingo Perón. *Obras completas*. Buenos Aires: Docencia, 1998, 14:168. Em contraste, como explicou o historiador antifascista Gaetano Salvemini, os fascistas adotaram a convicção de que a obediência cega a Mussolini era "essencial para a existência do fascismo". Como ele explicou ainda, "cada fascista deve obediência inquestionável ao seu superior. O novo recruta faz o seguinte juramento: 'Juro obedecer sem discussão às ordens de meu chefe e servir à causa da Revolução Fascista com todo o meu poder e, se necessário, com meu sangue'". Ver Gaetano Salvemini. *The Origins of Fascism in Italy*. Nova York: Harper Torchbooks, 1973, 408, 410.

[68] Getúlio Vargas. *Discursos: Janeiro-junho 1951*. Rio de Janeiro: Agência Nacional, 1951, 35.

[69] José María Velasco Ibarra. *Meditaciones y luchas*. Quito: Lexigrama, 1974, 2:196.

[70] Ver *Discurso de Eva Perón en el acto inaugural de la primera asamblea nacional del Movimiento Peronista Femenino* (Subsecretaría de Informaciones de la Presidencia de la Nación), 1949, 20, 29.

[71] (Do espanhol) "Que o barulho das metralhadoras e o estouro das bombas cessaram, em uma guerra criminosa que foi provocada pelo voraz ímpeto conquistador do nazi-fascismo, que se tornou possível graças à atitude míope e paternalista em relação a Berlim e Roma assumida pelos líderes das decadentes democracias capitalistas ocidentais". Ver Rómulo Betancourt. *Selección de escritos políticos* (1929-1981). Caracas: Fundación Rómulo Betancourt, 2006, 162.

[72] "O fascismo, devido a essa realidade do vitalismo biológico que é sua base primordial, não apenas não repudia a guerra, mas a ama, a enobrece e a aceita como um dos componentes essenciais da sociedade. Por quê? Porque, se a vida é luta, e se na luta o forte deve vencer o fraco a fim de alcançar a raça superior, de modo que o homem superior eleve a espécie por sua própria superioridade, então a guerra, que é o momento culminante dessa purificação sociológica e biológica, não só não é repulsiva, não só não é repudiável, mas, ao contrário, é aconselhável como um dos elementos culminantes para alcançar esse fim biológico e sociológico que o fascismo persegue". Ver Jorge Eliécer Gaitán. *Los mejores discursos: 1919-1948*. ed. Jorge Villaveces. Bogotá: Editorial Jorvi, 1968, 366, 480-81. Ele também implorou ao Senhor, em seu famoso discurso de 1948, que "evitasse a violência"; "queremos a defesa da vida humana, que é o mínimo que um povo pode pedir" (507). Ver também Jorge Eliécer Gaitán. *Discurso-programa del Doctor Jorge Eliécer Gaitán en la proclamación de su candidatura a la presidencia de la República*. Bogotá, 1945, 8.

[73] Ver Enrique Pavón Pereyra. *Perón tal como fue/2*. Buenos Aires: CEAL, 1986, 201.

[74] Getúlio Vargas. *A política trabalhista no Brasil*. Rio de Janeiro: Olympio, 1950, 30.

[75] Finchelstein. *From Fascism to Populism in History*, 24.

[76] Ver "Desde los balcones de la casa de gobierno despidiéndose de los trabajadores concentrados en la Plaza de Mayo: Octubre 17 de 1945". In: Coronel Juan Perón, *El pueblo ya sabe de qué se trata: Discursos*. Buenos Aires, 1946, 186.

[77] "No se vence con violencia: Se vence con inteligencia y organización". Perón. *Obras completas*, 18:208.

[78] "Discurso pronunciado por el vicepresidente y Ministro de Guerra, Coronel Juan Perón, en representación de las 'alas de la Patria'". *Retaguardia*, 8 jul. 1945, 6.

[79] "Florilegio del Sr. Presidente". *La vanguardia*, 8 jul. 1947.

[80] "El último decálogo". *La vanguardia*. 21 set. 1948, 2.

[81] "El ultimo decálogo", 2.

[82] Perón. *Obras completas*, 24:14. Na verdade, Perón acusou os antipopulistas de terem adotado a "tática política" de "terrorismo e violência". Eugenio P. Rom. *Así hablaba Juan Perón*. Buenos Aires: A. Peña Lillo Editor, 1980, 127.

[83] "Matar como a víboras". *La vanguardia*, 8 jul. 1947.

[84] Finchelstein. *From Fascism to Populism in History*, 6, 24, 28.

[85] Como Arendt explicou, "a criação artificial de condições para a guerra civil por meio da qual os nazistas usaram de chantagem para chegar ao poder tem muito mais do que apenas a vantagem óbvia de incitar problemas. Para o movimento, a violência organizada é o mais eficiente dos muitos muros de proteção que cercam seu mundo fictício, cuja "realidade" é comprovada quando um membro tem mais medo de deixar o movimento do que das consequências de sua cumplicidade em ações ilegais, e assim se sente mais seguro como membro do que como oponente. Essa sensação de segurança, resultante da violência organizada com a qual as formações de elite protegem os membros do partido do mundo exterior, é tão importante para a integridade do mundo fictício da organização quanto o medo de seu terror". Ver Arendt. *Origins of Totalitarianism*, 373.

[86] Ver Paul Preston. *La Guerra Civil Española*. Madri: Debate, 2017, 319, e também 320-30. Ver também Francisco Espinosa Maestre. "La represión franquista: Un combate por la historia y la memoria". In: *Violencia roja y azul: España, 1936-1950*. ed. Francisco Espinosa Maestre. Barcelona: Crítica, 2010; Francisco Sevillano Calero. *Exterminar: El terror con Franco*. Madri: Oberon, 2004; Julián Casanova, ed. *Morir, matar, sobrevivir: La violencia en la dictadura de Franco*. Barcelona: Crítica, 2002; e Javier Muñoz Soro, José Luis Ledesma e Javier Rodrigo, eds. *Culturas y políticas de la violencia España Siglo XX*.

Madri: Siete Mares, 2005. Há um debate entre os historiadores da Guerra Civil Espanhola com relação ao número de vítimas, mas a maioria concorda que os assassinatos de Franco triplicaram os da República. A justificativa desses assassinatos em nome do sagrado e do líder colocou Franco em um patamar de fascismo totalmente próprio.

[87] R. J. B. Bosworth explicou que o regime fascista, "em uma estimativa mínima, com suas políticas repressivas internas e suas guerras agressivas em seu império e na Europa, deve ter sido responsável pela morte prematura de um milhão de pessoas". Ver R. J. B. Bosworth. *Mussolini's Italy: Life under the Fascist Dictatorship, 1915-1945*. Nova York: Penguin, 2007, 4.

[88] Ver Raul Hilberg. *The Destruction of the European Jews*. Nova York: Holmes & Meier, 1985. Ver também Federico Finchelstein. "The Holocaust Canon: Rereading Raul Hilberg". *New German Critique*, n. 96 (outono 2005): 3-48.

[89] Ver Hilberg. *Destruction of the European Jews*.

[90] Sobre a noção de fascismo como "um conjunto de relações com a política", ver Geoff Eley. *Nazism as Fascism: Violence, Ideology, and the Ground of Consent in Germany 1930-1945*. Nova York: Routledge, 2013, 214; e também seu "What Is Fascism and Where Does It Come From?". *History Workshop Journal* 91, n. 1 (2021): 1-28.

[91] Alex Ward. "US Park Police Denies Using Tear Gas on Peaceful Protesters: Evidence Suggests Otherwise". *Vox*, 2 jun. 2020. https://www.vox.com/2020/6/2/21278559/tear-gas-white-house-protest-park-police; e também "Trump Campaign Statement on Media 'Tear Gas' Lie". American Presidency Project. 2 jun. 2020. https://www.presidency.ucsb.edu/documents/trump-campaign-statement-media-tear-gas-lie.

[92] Lisa Lerer e Nicholas Fandos. "Already Distorting Jan. 6, G.O.P. Now Concocts Entire Counternarrative". *New York Times*, 31 jul. 2021. https://www.nytimes.com/2021/07/31/us/politics/jan-6-capitol-riot-pelosi.html.

[93] "President Trump's Speech in AZ July 24, 2021". C-SPAN, 26 jul. 2021, video, 56:30. https://www.c-span.org/video/?c4971162/user-clip-president-trumps-speech-az-july-24-2021.

94 Ver os artigos em João Roberto Martins Filho, ed. *Os militares e a crise brasileira, organizado.* São Paulo: Alameda, 2021; em particular 9-10, 124. https://olavodecarvalho.org/sobre-a-violencia-e-as-armas.

95 "Bolsonaro lança programa para implementar escolas cívico-militares". *UOL*, 5 set. 2019. https://educacao.uol.com.br/noticias/2019/09/05/bolsonaro-lanca-programa-para-implementar-escolas-civico-militares.htm.

96 Ciara Nugent e Billy Perrigo. "Facebook Owner Meta Is Failing to Prevent Repeat of Jan. 6 in Brazil, Report Warns". *Time*, 5 set. 2022. https://time.com/6210985/brazil-facebook-whatsapp-election-disinformation.

97 Tom C. Avendaño. "Bolsonaro: Amenaza ultra en Brasil". *El país.* 28 set. 2018. https://elpais.com/internacional/2018/09/28/actualidad/1538153452_095290.html.

98 Ghassem-Fachandi. *Pogrom in Gujarat*, 62, 64.

99 Ghassem-Fachandi, 32.

100 Ghassem-Fachandi, 64; e Martin Gilbert. *Kristallnacht: Prelude to Destruction.* Londres: Harper Perennial, 2007, 29.

101 Libby Cathey e Meghan Keneally. "A Look Back at Trump Comments Perceived by Some as Inciting Violence". *ABC News*, 30 maio 2020. https://abcnews.go.com/Politics/back-trump-comments-perceivedencouraging-violence/story?id=48415766.

102 Christophe Jaffrelot. *Modi's India: Hindu Nationalism and the Rise of Ethnic Democracy.* Princeton, NJ: Princeton University Press, 2021, 446. Como explica Jaffrelot, "a promoção do nacionalismo hindu em detrimento do secularismo assumiu a forma de ataques contra os liberais (incluindo ONGs, intelectuais e universidades como a JNU) e a *açafranização* da educação [grupos extremistas hindus são representados pela cor do açafrão]. Ao mesmo tempo, as minorias foram submetidas a violência física e simbólica por grupos de vigilantes hindus, que exerceram uma nova forma de policiamento cultural. Esses grupos, geralmente sob a égide do Sangh Parivar, começaram a formar um Estado paralelo – com a aprovação tácita do Estado oficial – ao lançarem sucessivas campanhas, como a luta contra a jihad do amor e a jihad da terra, suas tentativas de reconverter aqueles cujos antepassados haviam abraçado o islamismo ou o cristianismo e seus ataques contra pessoas

acusadas de abater vacas – uma questão de forte cunho emocional que foi a causa principal de uma série de linchamentos. Os vigilantes estavam ativos não apenas nas ruas, mas também *online*, como fica evidente pela violência psicológica exercida pelos *trolls* de internet – novamente com as bênçãos dos governantes do país".

[103] Jaffrelot explica que o populismo indiano de Modi atingiu níveis até então inéditos. Ver Jaffrelot. *Modi's India*, 148.

[104] Ver Jaffrelot, 314.

[105] Ver Jaffrelot, 451.

[106] Ver Jaffrelot, 85. [Nota do tradutor] Trata-se de uma cena do Ramayana, o épico indiano que retrata a jornada do príncipe Rama para resgatar sua esposa das garras do rei dos demônios, Ravana.

[107] Duterte enterrou o antigo ditador Ferdinand Marcos no Cemitério dos Heróis Nacionais. Ver Walden Bello. "Rodrigo Duterte: A Fascist Original". In: *A Duterte Reader: Critical Essays on Rodrigo Duterte's Early Presidency*. ed. Nicole Curato. Ithaca, NY: Cornell University Press, 2017, 80.

[108] Como explicam de la Torre e Srisa-nga, "Duterte nunca deixou de ostentar sua masculinidade, que ele acreditava ser muito superior à de qualquer outra pessoa. Ele falava favoravelmente sobre estupros, assédio, sua vida sexual ou até mesmo sobre o tamanho de seu pênis em comícios públicos. Contando a história de sua adolescência, quando morava na Associação Cristã de Moços de Manila, ele disse que seus amigos de infância sempre o admiravam por ser extraordinariamente 'altamente bem-equipado' com seu pênis túrgido 'que aponta para cima' até o umbigo. Também se gabou de que sua primeira experiência sexual teria ocorrido quando, ainda adolescente, violou sua empregada várias vezes durante o sono dela". Ver Carlos de la Torre e Treethep Srisa-nga. *Global Populisms*. Nova York: Routledge, 2022, p. 82. Sobre o populismo machista, ver também Finchelstein. *From Fascism to Populism in History*, 240-45. Duterte disse: "Quando eu me tornar presidente, ordenarei que a polícia e os militares encontrem (criminosos e traficantes de drogas) e os matem. As funerárias ficarão lotadas. Eu fornecerei os cadáveres". Citado em Richard Javad Heydarian. *The Rise of Duterte: A Populist Revolt against Elite Democracy*. Cingapura: Palgrave Macmillan, 2018, 94.

[109] Citado em de la Torre e Srisa-nga. *Global Populisms*, 82, 83. Ver também Javad Heydarian. *Rise of Duterte*, 32-33; e Bello, "Rodrigo Duterte: A Fascist Original", 78.

[110] Karen Lema e Manuel Mogato. "Philippines' Duterte Likens Himself to Hitler, Wants to Kill Millions of Drug Users". *Reuters*, 1 out. 2016. http://www.reuters.com/article/us-philippines-duterte-hitler-idUSKCN1200B9.

[111] Conrado Hübner Mendes. "21 técnicas de matar em silêncio". *Folha*, 2 fev. 2022. https://www1.folha.uol.com.br/colunas/conrado-hubner-mendes/2022/02/21-tecnicas-de-matar-em-silencio.shtml.

[112] Ver Federico Finchelstein e Jason Stanley. "A Covid Genocide in the Americas?". *Project Syndicate*, 18 jan. 2021. https://www.project-syndicate.org/commentary/trump-bolsonaro-covid-genocide-politically-motivatedneglect-by-federico-finchelstein-and-jason-stanley-2021-01?barrier= accesspaylog. Stanley vê elementos fascistas subjacentes na história americana e enfatiza como eles foram fortalecidos sob o trumpismo: "A mídia dedicou anos de atenção ao desastre que foram as políticas que emergiram dos movimentos de 'duro combate ao crime' das décadas de 1970, 1980 e 1990, o que resultou em grande apoio bipartidário no sentido da mudança de políticas punitivas contra o crime para programas sociais. No entanto, a conscientização geral não acompanhou essa mudança; não se tornou claro que as motivações subjacentes à retórica e às políticas de combate ao crime eram fascistas, criadas para estabelecer uma dicotomia 'nós contra eles' e reforçar estereótipos hierárquicos preexistentes" (Jason Stanley. *How Fascism Works*. Nova York: Random House, 2018, 179). Sobre deportação, ver Adam Goodman. *The Deportation Machine*. Princeton, NJ: Princeton University Press, 2020. Ver também os artigos em Kathleen Belew e Ramon Gutiérrez, eds. *A Field Guide to White Supremacy*. Oakland: University of California Press, 2021.

CAPÍTULO 2: AS MENTIRAS E A PROPAGANDA FASCISTA

[1] Victor Klemperer. *I Shall Bear Witness: The Diaries of Victor Klemperer, 1933-41*. Londres: Weidenfeld & Nicolson, 1998, 13.

[2] Klemperer. *I Shall Bear Witness*, 13-14. Com relação à conexão intrínseca entre violência e propaganda, Arendt observou:

"Somente quando o terror tem a intenção de coagir não apenas vindo de fora, mas, por assim dizer, também vindo de dentro, quando o regime político deseja ter mais do que apenas poder, o terror precisa de propaganda. É nesse sentido que o teórico nazista Eugen Hadamovsky pôde afirmar, em *Propaganda und nationale Macht, 1933*, que 'Propaganda e violência nunca são contradições. O uso da violência pode ser parte da propaganda'". Hannah Arendt. *The Origins of Totalitarianism*. Nova York: Meridian, 1959, 341.

[3] Victor Klemperer. *The Language of the Third Reich*. Nova York: Bloomsbury Academic, 2020, 92-93.

[4] Wendell Husebø. "Trump: Democrats Spreading 'Disinformation' That GOP Defunded Police". *Breitbart*, 3 jul. 2021. https://www.breitbart.com/politics/2021/07/03/trump-democrats-spreading-disinformation-that-gopdefunded-police.

[5] "Donald Trump: 'What You're Seeing and What You're Reading Is Not What's Happening'". *BBC News*, 25 jul. 2018. https://www.bbc.com/news/av/world-us-canada-44959340.

[6] Peter Longerich. *Goebbels: A Biography*. Nova York: Random House, 2015, 71.

[7] Longerich. *Goebbels: A Biography*, 70-71, 145, 696.

[8] Jason Stanley. *How Propaganda Works*. Princeton, NJ: Princeton University Press, 2015, 43, 57, 178.

[9] Benito Mussolini. "Il dovere dell'Italia". In: *Opera omnia*. ed. Edoardo Susmel e Duilio Susmel. Florença: La Fenice, 1951-1962, 7:98.

[10] Longerich. *Goebbels: A Biography*, 510.

[11] Klemperer. *Language of the Third Reich*, 15. "Será que a culpa teria sido dos discursos individuais de Hitler e Goebbels, de seus pronunciamentos sobre esse ou aquele tema, de sua agitação contra os judeus, contra o bolchevismo? Certamente que não, porque boa parte deles nem sequer era compreendido pelas massas, ou então as entediava com sua interminável repetição. Em muitas ocasiões, nos *pubs* – quando ainda me era permitido entrar neles sem usar uma estrela – e também depois, em muitas ocasiões na fábrica, durante as simulações de proteção contra ataques aéreos – quando os arianos tinham sua própria sala e os judeus a deles, e o rádio ficava na sala ariana (junto

com o aquecimento e a comida) – em muitas ocasiões ouvi o carteado sendo batido ruidosamente na mesa, e também discussões acaloradas sobre o racionamento de carne e tabaco e sobre cinema, enquanto o Führer ou um de seus capangas falava interminavelmente. E, no dia seguinte, os jornais sempre afirmavam que toda a população estava atenta a cada uma de suas palavras". (Klemperer. *Language of the Third Reich*, 15.) Sobre esse tópico, ver também Mabel Berezin. "Cultural Form and Political Meaning: State-Subsidized Theater, Ideology, and the Language of Style in Fascist Italy". *American Journal of Sociology* 99, n. 5 (março 1994): 1237-86.

[12] Stephen Collinson. "Trump Seeks a 'Miracle' as Virus Fears Mount". *CNN*, 28 fev. 2020. https://www.cnn.com/2020/02/28/politics/donald-trump-coronavirus-miracle-stock-markets/index.html; e também Philip Bump. "Most Americans Agree with Measures to Fight the Pandemic That Trump Claims 'Real People' Want to See End". *Washington Post*, 25 mar. 2020. https://www.washingtonpost.com/politics/2020/03/25/most-americans-agree-with-measures-fight-pandemic-that-trump-claims-real-people-wantsee-end

[13] Greg Walters. "Trump's Judge Is Getting Threats, While Trump Calls NY Officials 'Perverts'". *Vice News*, 6 abr. 2023. https://www.vice.com/en/article/qjvp9v/trump-calls-ny-officials-perverts-judge-merchan-gag-order.

[14] Bess Levin. "Donald Trump Celebrates Mother's Day in the Most Donald Trump Way Possible". *Vanity Fair*, 15 maio 2023. https://www.vanityfair.com/news/2023/05/donald-trump-melania-trump-mothers-day.

[15] David Klepper. "Trump Arrest Prompts Jesus Comparisons: 'Spiritual Warfare'". *AP News*, 5 abr. 2023. https://apnews.com/article/donald-trump-arraignment-jesus-christ-conspiracy-theory-670c45bd71b3466dcd6e8e188badcd1d.

[16] Arendt. *Origins of Totalitarianism*, 471.

[17] Goebbels, conforme citado na "Introdução" de Louis Lochner a *The Goebbels Diaries*. ed. Louis P. Lochner. Londres: Hamish Hamilton, 1948, xxii.

[18] Klemperer. *Language of the Third Reich*, 223-24.

[19] Klemperer, 229.

[20] Finchelstein. *Brief History of Fascist Lies*, 13.

[21] Adolf Hitler. *Mein Kampf.* Nova York: Mariner, 1999, 232.

[22] Stephen Collinson. "'Sore Loser' Trump Reaps Fruits of Election Lies in Arizona". *CNN*, 25 jul. 2021. https://www.cnn.com/2021/07/25/politics/donald-trump-arizona-audit-fraud-lies-election/index.html.

[23] "Brazil's Bolsonaro Reaffirms Trump Ties, Cites Baseless Vote Fraud Claims". *Reuters*, 6 jan. 2021. https://www.reuters.com/article/us-usa-election-brazil/brazils-bolsonaro-reaffirms-trump-ties-cites-baseless-vote-fraud-claims-idUSKBN29C01X. Ele reiterou tais mentiras antes de se encontrar com Biden em junho de 2022: "Quem diz (sobre fraude nas eleições dos Estados Unidos) é o povo americano. [...] Agora, o Trump estava muito bem". "Brazil's Bolsonaro Casts Doubt on Biden's 2020 Election Win Ahead of Meeting Him". *Reuters*, 7 jun. 2022. https://www.reuters.com/world/americas/brazils-bolsonaro-casts-doubt-bidens-2020-election-win-ahead-meeting-him-2022-06-07. Agradeço a Javier Rodrigo por sua sugestão da ideia de fascismo como vocação.

[24] Jack Nicas, Flávia Milhorance e Ana Ionova. "How Bolsonaro Built the Myth of Stolen Elections in Brazil". *New York Times*, 25 out. 2022. https://www.nytimes.com/interactive/2022/10/25/world/americas/brazil-bolsonaro-misinformation.html.

[25] "Bolsonaro Says He Will Be Arrested, Killed or Declared Winner". *Reuters*, 28 ago. 2021. https://www.reuters.com/world/americas/bolsonaro-says-he-will-be-arrested-killed-or-declared-winner-2021-08-28.

[26] "'Fake news faz parte da nossa vida,' diz Bolsonaro em defesa da alteração do Marco Civil". *Diário do nordeste*, 15 set. 2021. https://diariodonordeste.verdesmares.com.br/pontopoder/fake-news-faz-parte-da-nossa-vida-dizbolsonaro-em-defesa-da-alteracao-do-marco-civil-video-1.3136209.

[27] Pablo Antonio Cuadra. *Breviario imperial.* Madri: Cultura Española, 1940, 150.

[28] Hitler. *Mein Kampf*, 242.

[29] Richard J. Evans. "Whiter Washing". *London Review of Books*, 6 jun. 2019. https://www.lrb.co.uk/the-paper/v41/n11/richard-j.-evans/whiter-washing.

30 Hans V. Kaltenborn e Adolf Hitler. "An Interview with Hitler, August 17, 1932". In: "Unpublished Documents on Nazi Germany from the Mass Communications History Center". *Wisconsin Magazine of History* 50, n. 4 (verão 1967): 283-90.

31 Kaltenborn e Hitler. "An Interview with Hitler", 283-90.

32 J. M. Espigares Moreno. *Lo que me dijo el Gral. Uriburu.* Buenos Aires: Durruty y Kaplan, 1933, 54.

33 Emil Ludwig. *Colloqui con Mussolini.* Verona: Mondadori, 1932, 73-75.

34 Simon Levis Sullam. *I carnefici Italiani: Scene dal genocidio degli ebrei, 1943-1945.* Milão: Feltrinelli, 2015.

35 John Wagner. "Trump Abruptly Ends NPR Interview after He Is Pressed on Baseless Election Fraud Claims". *Washington Post,* 12 jan. 2022. https://www.washingtonpost.com/politics/trump-npr-interview/2022/01/12/a2d0a26e-7397-11ec-bc13-18891499c514_story.html.

36 M. S. Golwalkar. *We or Our Nationhood Defined.* Nagpur, India: Bharat, 1939, 120-21.

37 Ruth Ben-Ghiat. "Response to Matteo Millan: Mapping Squadrist Violence". *Contemporary European History* 22, n. 4 (nov. 2013): 579-83.

38 Ver Jason Stanley. *How Fascism Works.* Nova York: Random House, 2018, 3-6.

39 Sobre o fascismo birmanês, ver Matthew J. Bowser. "'Buddhism Has Been Insulted. Take Immediate Steps': Burmese Fascism and the Origins of Burmese Islamophobia, 1936-38". *Modern Asian Studies* 55, n. 4 (2021): 1.112-50.

40 Dan Mangan. "'MAGA Bomber' Cesar Sayoc Sentenced to 20 Years in Prison for Trying to Kill Trump Critics, Including Obama, Clinton, Biden, Booker, Harris". *CNBC,* 5 ago. 2019. https://www.cnbc.com/2019/08/05/cesar-sayoc-sentenced-to-20-years-for-sending-bombs-to-trump-critics.html.

41 Federico Finchelstein. *From Fascism to Populism in History.* Oakland: University of California Press, 2017, 17. Acerca do fascismo como uma religião política, ver Mabel Berezin. *Making the Fascist Self:*

The Political Culture of Interwar Italy. Ithaca, NY: Cornell University Press, 1997, 50; George L. Mosse. *The Nationalization of the Masses: Political Symbolism and Mass Movements in Germany from the Napoleonic Wars through the Third Reich.* Ithaca, NY: Cornell University Press, 1991; Emilio Gentile. *The Sacralization of Politics in Fascist Italy.* Cambridge, MA: Harvard University Press, 1996; e Richard Steigman-Gall. *The Holy Reich: Nazi Conceptions of Christianity, 1919-1945.* Cambridge: Cambridge University Press, 2003.

[42] Hans Frank, citado em Hannah Arendt. *Eichmann in Jerusalem.* Nova York: Viking Press, 1965, 136.

[43] "Abascal amenaza con 'animar' a sus simpatizantes a defenderse de las agresiones". *La vanguardia*, 22 abr. 2021. https://www.lavanguardia.com/politica/20210422/6990811/abascal-simpatizantes-agresiones-campana.html.

[44] Juan Domingo Perón. *Conferencia pronunciada en el acto de clausura del Primer Congreso Nacional de Filosofía, Mendoza, 9 de abril de 1949.* Buenos Aires: Subsecretaria de Informaciones de la Presidencia de la Nación, 1949.

[45] Siegfried Kracauer. *Selected Writings on Media, Propaganda, and Political Communication.* ed. Jaeho Kang, Graeme Gilloch e John Abromeit. Nova York: Columbia University Press, 2022, 52. Ver também John Foot. *Blood and Power: The Rise and Fall of Italian Fascism.* Londres: Bloomsbury, 2022, 4.

[46] Sendo assim, apesar das crescentes alegações a respeito de sua má conduta como presidente e como instigador de um golpe, o ex-presidente Trump continua sendo idolatrado por muitos de seus apoiadores e continua a ser apoiado pela maioria dos membros do Partido Republicano. Seus comícios contam com fãs cuja devoção é inabalável. Uma participante desses comícios, Ashli Babbitt, escreveu em seu último tuíte: "Nada nos deterá [...] eles podem tentar e tentar e tentar, mas a tempestade está aqui e está caindo sobre DC em menos de 24 horas [...] da escuridão à luz!". Como explicou a mãe de Babbitt, a filha "tinha sentimentos fortes o suficiente por ele para dar a vida por ele e, mesmo na morte, acredito que ela ainda o ama. Eu sei que ainda o ama". Trump, por sua vez, apresentou Babbitt como "uma mulher inocente, maravilhosa e incrível, uma militar" e disse que seu assassinato foi "uma coisa terrível". Trump reduziu a morte dela

a uma pergunta ritual que ele passou a fazer o tempo inteiro: "Quem atirou em Ashli Babbitt? Todos nós vimos a mão. Vimos a arma. Se isso tivesse acontecido a alguém do outro lado, a pessoa que atirou seria amordaçada e enforcada. Certo? E agora eles não querem dar um nome. É uma coisa terrível, não? Morta. Bum. E é uma coisa terrível". Mas essa não era uma pergunta real, e sim parte de um novo catecismo com respostas baseadas apenas na fé. Assim, para líderes e seguidores, a resposta não é empírica, mas mítica. A morte de Babbitt é o resultado das ações de forças obscuras e malignas cujo nome elas próprias não nos permitem saber. A versão propagandística de Trump de "Who Framed Who" (quem incrimina quem) tem claras conotações fascistas precisamente porque, no fascismo, a violência e a repressão, assim como suas lembranças falsas, são apresentadas como a maneira de criar mudanças transcendentais na história da humanidade. Ver Wajahat Ali. "Why Trump Is Anointing Ashli Babbitt as MAGA's First Martyr". *Daily Beast*, 8 jul. 2021. https://www.thedailybeast.com/why-trump-is-anointing-ashli-babbitt-as-magas-first-martyr; Daniel Trotta, Gabriella Borter e Jonathan Allen. "Woman Killed in Siege of U.S. Capitol Was Veteran Who Embraced Conspiracy Theories". *Reuters*, 7 jan. 2021. https://www.reuters.com/article/uk-usa-election-death-idUKKBN29C2NX; e Paul Schwartzman e Josh Dawsey "How Ashli Babbitt Went from Capitol Rioter to Trump-Embraced Martyr". *Washington Post*, 30 jul. 2021. https://www.washingtonpost.com/dc-md-va/2021/07/30/ashli-babbitt-trump-capitol-martyr.

[47] Melissa Fares e Gina Cherelus. "Trump Loves 'the Poorly Educated'... and Social Media Clamors". *Reuters*, 24 fev. 2016. https://www.reuters.com/article/us-usa-election-trump-socialmedia/trump-loves-thepoorly-educated-and-social-media-clamors-idUSKCN0VX26B; e também Maggie Haberman e Eileen Sullivan. "After Trump Body Shames Him, Supporter Says 'I Love the Guy,'" *New York Times*, 16 ago. 2019. https://www.nytimes.com/2019/08/16/us/politics/trump-fat-shames-frank-dawson.html. Trump tem entre seus fãs não apenas eleitores, mas também outros líderes mundiais. Jair Bolsonaro, ex-presidente do Brasil, também disse explicitamente a Trump, em inglês, "I love you" ("eu te amo"), quando ambos se encontraram nas Nações Unidas. Ver Lauro Jardim. "Bolsonaro para Trump: 'I Love You'". https://blogs.oglobo.globo.com/lauro-jardim/post/bolsonaro-paratrump-i-love-you.html.

[48] Ver Longerich. *Goebbels: A Biography*, 68.

[49] Sobre o nazismo e seu uso de símbolos e linguagem cristãos, ver Ian Kershaw. *The "Hitler Myth": Image and Reality in the Third Reich*. Oxford: Oxford University Press, 1987. Ver também Steigmann-Gall, *The Holy Reich*.

[50] Benito Mussolini. *Scritti e discorsi di Benito Mussolini*. Milão: Hoepli, 1934, 5:322; e Claudia Koonz. *Mothers in the Fatherland: Women, the Family, and Nazi Politics*. Nova York: St. Martin's Press, 1987, 268.

[51] Hitler. *Mein Kampf*, 65.

[52] Diante de ações controversas de Bolsonaro, como acusar quilombolas de serem gordos e preguiçosos e defender o castigo físico de crianças para evitar que sejam gays, os apoiadores mais fanáticos do ex-presidente acreditam que, como ele próprio disse, ele está "cumprindo uma missão de Deus". Ou seja, ele se apresenta como um herói épico, um guerreiro cristão do patriotismo e dos valores familiares que nunca deve ser questionado. Ver Javier Lafuente e Felipe Betim. "Bolsonaro: 'Esta misión de Dios no se escoge, se cumple'". *El país*, 29 out. 2018. https://elpais.com/internacional/2018/10/29/america/1540772967_083447.html. A socióloga Mabel Berezin destaca a celebração fascista de sentimentos e emoções como uma celebração do não racional. Ver Berezin. *Making the Fascist Self*, 29.

[53] Maggie Haberman e Shane Goldmacher. "Trump, Vowing 'Retribution,' Foretells a Second Term of Spite". *New York Times*, 7 mar. 2023. https://www.nytimes.com/2023/03/07/us/politics/trump-2024-president.html.

[54] Carl Hoffman. *Liar's Circus: A Strange and Terrifying Journey into the Upside Down World of Trump's MAGA Rallies*. Nova York: Custom House, 2020, 45.

[55] Hoffman. *Liar's Circus*, 45.

[56] Hitler. *Mein Kampf*, 351.

[57] Gustavo Barroso. *Integralismo e catolicismo*. Rio de Janeiro: ABC, 1937, 5; e, do mesmo autor, *O integralismo em marcha*. Rio de Janeiro: Schmidt, 1933, 112.

[58] Hitler. *Mein Kampf*, 349-51.

[59] Hitler, 680.

[60] Benito Mussolini. *Diuturna*. Milão: Imperia, 1924, 253.

[61] Benito Mussolini. *Opera omnia*. ed. Edoardo Susmel e Duilio Susmel. Florença: La Fenice, 1951-1962, 18:84.

[62] Golwalkar. *We or Our Nationhood Defined*, 53.

[63] Leopoldo Lugones. *Acción: Las cuatro conferencias patrióticas del Coliseo*. Buenos Aires: Círculo Tradición Argentina, 1923, 25. Em 1916, Lugones já havia falado sobre três guerras fundamentais que criaram o país: "A guerra de independência que nos emancipou; a guerra civil que nos constituiu; a guerra com os índios que suprimiu a barbárie em todo o território". Leopoldo Lugones. *El payador*. Buenos Aires: Otero, 1916, 71.

[64] (Do espanhol) "Aliás, os próprios marxistas não querem abolir a guerra internacional, mas, sim, transformá-la em guerra civil. Esse é o próprio objetivo de sua propaganda. E devemos lembrar ainda que, para eles, 'o pacifismo é um preconceito'". Ver Leopoldo Lugones. *La patria fuerte*. Buenos Aires: Circulo Militar Biblioteca del Oficial, 1930, 88. Lugones também advertiu que (do espanhol) "o estrangeirismo é a pior das fraquezas, não apenas porque constitui um estado de alma indiferente, quando não hostil, à nação – ou seja, o estado de guerra civil defendido pelo comunismo – mas também porque abriga o inimigo mais pernicioso na forma do hóspede insatisfeito ou agitador". Leopoldo Lugones. *Política revolucionaria*. Buenos Aires: Anaconda, 1931, 57.

[65] Ver Plínio Salgado. *A doutrina do sigma*. Rio de Janeiro: Schmidt, 1937, 118, 120. Barroso argumentou de forma semelhante que o liberalismo e o socialismo produziram guerras civis. Barroso. *O integralismo em marcha*, 75, 76.

[66] Christophe Jaffrelot. *Modi's India: Hindu Nationalism and the Rise of Ethnic Democracy*. Princeton, NJ: Princeton University Press, 2021, 111, 393.

[67] Todas as citações aqui são provenientes de Ken Bensinger e Sheera Frenkel. "After Mar-a-Lago Search, Talk of 'Civil War' Is Flaring Online". *New York Times*, 5 out. 2022. https://www.nytimes.com/2022/10/05/us/politics/civil-war-social-media-trump.html.

[68] Kiko Nogueira. "Sou a favor da tortura. Através do voto, você não muda nada no país. Tem que matar 30 mil". *Diário do centro do*

mundo. 5 out. 2017. https://www.diariodocentrodomundo.com.br/video-sou-favor-da-tortura-atraves-do-voto-voce-nao-muda-nada-no-pais-tem-que-matar-30-mil-diz-bolsonaro.

[69] Juan Domingo Perón. "Aspiramos a una sociedad sin divisiones de clase: En el Cine Park, 12 de agosto de 1944". In: Juan Perón. *El pueblo quiere saber de qué se trata*. Buenos Aires, 1944, 149.

[70] "Transcript: Donald Trump's Speech Responding to Assault Accusations". *NPR*, 13 out. 2016. https://www.npr.org/2016/10/13/497857068/transcript-donald-trumps-speech-responding-to-assault-accusations.

[71] "President Donald J. Trump Is Protecting America's Founding Ideals by Promoting Patriotic Education". Casa Branca. 2 nov. 2020. https://trumpwhitehouse.archives.gov/briefings-statements/president-donald-jtrump-protecting-americas-founding-ideals-promoting-patriotic-education/.

[72] "Proclamation on Columbus Day, 2020". Casa Branca. 9 out. 2020. https://trumpwhitehouse.archives.gov/presidential-actions/proclamationcolumbus-day-2020/.

[73] Maximiliano Fuentes Codera e Federico Finchelstein. "Defensores de un pasado fantástico". *El país*, 18 nov. 2021. https://elpais.com/opinion/2021-11-19/defensores-de-un-pasado-fantastico.html. Da mesma forma, o "mini-Trump" argentino, Javier Milei, afirmou que a violência do Estado durante a década de 1970, embora excessiva, teria sido justificada, e que seus efeitos salvaram o país de uma ditadura comunista. Ele repetiu os argumentos dos ditadores e a ideologia do fascismo na Argentina. Minimizar o assassinato, a tortura e o estupro sistemáticos de milhares de pessoas; o sequestro, a detenção e a comercialização de bebês e filhos de desaparecidos; e a construção de uma rede clandestina de campos de concentração – e chamar isso de "ação excessiva" é, na melhor das hipóteses, ignorância e, na pior, acobertamento. É a mesma lógica de Trump nos Estados Unidos e de Bolsonaro no Brasil. Veja meu artigo com o sociólogo Emmanuel Guerisoli. "A propaganda golpista volta à campanha eleitoral na Argentina". *Folha de S.Paulo*. 26 set. 2023. https://www1.folha.uol.com.br/colunas/latinoamerica21/2023/09/a-propaganda-golpista-volta-a-campanhaeleitoral-na-argentina.shtml. Sobre Milei como um "mini-Trump", vide minha entrevista ao *New York Times*: Jack

Nicas. "Javier Milei, a 'Mini-Trump,' Could Be Argentina's Next President". *New York Times*, 20 out. 2023. https://www.nytimes.com/2023/10/20/world/americas/javier-milei-argentina-election.html. Ver também meu artigo "Javier Milei Is the World's Latest Wannabe Fascist". *Foreign Policy*, 9 dez. 2022. https://foreignpolicy.com/2023/12/09/javier-milei-is-the-worlds-latest-wannabe-fascist/.

[74] Benito Mussolini. "Dal malinconico tramonto liberale all'aurora fascista della nuova Italia". In: *Opera omnia*. ed. Edoardo Susmel e Duilio Susmel. Florença: La Fenice, 1951-1962, 18:432-33.

[75] Constantin Iordachi. "God's Chosen Warriors". In: *Comparative Fascist Studies*. ed. Constantin Iordachi. Londres: Routledge, 2010, 345-47.

[76] Ver Augusto Pinochet. *Chile enciende la llama de la libertad*. Santiago: Editora Nacional Gabriela Mistral, 1975, 65, 67.

[77] Ver Carlos de la Torre e Treethep Srisa-nga. *Global Populisms*. Londres: Routledge, 2021, 35-36, 158-71. Como observam de la Torre e Srisa-nga, "a *web* e as mídias sociais, por um lado, democratizaram a comunicação. Entretanto, ao mesmo tempo, abriram a porta para a circulação de informações que não têm qualquer intenção de ser guiadas por fatos ou pela verdade. Teorias da conspiração e comentários baseados em opiniões fortes que reforçam as opiniões já existentes das pessoas circulam livremente como se fossem informação. A abertura de canais de comunicação fora do controle de profissionais favorece o populismo, que prospera em contextos em que as vozes dos especialistas são desvalorizadas como sendo 'a opinião do *establishment*'. Os populistas politizam a comunicação como um espaço antagônico no qual as elites e o povo lutam para impor sua versão e narrativa da verdade" (158). Ver também Paolo Gerbaudo. *The Digital Party*. Londres: Pluto Press, 2019; e Silvio Waisbord. "Why Populism Is Troubling for Democratic Communication". *Communication, Culture and Critique* 11, n. 1 (2018): 21-34.

[78] Ruth Ben-Ghiat. *Strongmen: Mussolini to the Present*. Nova York: Norton, 2020, 117. Tal como os líderes fascistas do passado, os aspirantes a fascistas acusam outros, de maneira infame, pela violência que eles próprios criam. Por exemplo, Trump argumentou em 2018 que "as *fake news* estão fazendo tudo o que podem para culpar os Republicanos, os conservadores e a mim pela divisão e pelo ódio

que vem ocorrendo há tanto tempo em nosso país". Em sua opinião, não foi ele quem criou a agitação – teriam sido os jornalistas. Ele escreveu: "Na verdade, são as reportagens falsas e desonestas deles que estão causando problemas muito maiores do que eles poderiam entender!". "Trump on Twitter (October 28) – FBI, Democrats, Fake News". *Reuters*, 28 out. 2018. https://www.reuters.com/article/us-usa-trump-tweet-factbox/trump-on-twitter-fbi-democrats-fake-news-idUSKCN1N306G.

[79] Michael D. Shear. "Trump Asked Aide Why His Generals Couldn't Be Like Hitler's, Book Says". *New York Times*, 8 ago. 2022. https://www.nytimes.com/2022/08/08/us/politics/trump-book-mark-milley.html.

[80] Rosie Gray. "Trump Defends White-Nationalist Protesters: 'Some Very Fine People on Both Sides'". *The Atlantic*, 15 ago. 2017. https://www.theatlantic.com/politics/archive/2017/08/trump-defends-white-nationalist-protesters-some-very-fine-people-on-both-sides/537012.

[81] Alex Solnik. "Bolsonaro preferia ser comparado a Hitler que a gay". Blog, 5 set. 2018. https://www.brasil247.com/blog/bolsonaro-preferia-ser-comparado-a-hitler-que-a-gay.

[82] Norman Tebbit. "A History Lesson for Those Who Would Smear the Moderate Right: The Nazis Were Socialists". *Telegraph*, 24 set. 2018. https://www.telegraph.co.uk/politics/2018/09/24/history-lesson-would-smear-moderate-right-nazis-socialists.

[83] Como sustenta Ben-Ghiat, tais distorções do histórico da violência fascista têm o objetivo de encobrir a história da direita. "We Need to Talk about Alex Jones". CNN, atualizado em 2 maio 2019. https://www.cnn.com/2018/08/06/opinions/infowars-opinion-roundup/index.html.

[84] De maneira infame, o secretário de Cultura do Brasil, Roberto Alvim, fez um discurso nazista ao anunciar o prêmio enquanto a música de uma ópera de Wagner tocava ao fundo: "A arte brasileira na próxima década será heroica e nacional. Será dotada de grande capacidade de envolvimento emocional e será igualmente imperativa, posto que profundamente vinculada às aspirações urgentes de nosso povo, ou então não será nada". Goebbels, o notório ideólogo de Hitler, disse aos diretores de teatro durante o regime nazista que "a arte alemã na próxima

década será heroica, firme, mas romântica, factual sem sentimentalismo; será nacionalista com uma grande profundidade de sentimento; será vinculante e unirá, ou deixará de existir". Sam Cowie. "Brazil Culture Secretary Fired after Echoing Words of Nazi Goebbels". *Guardian*, 17 jan. 2020. https://www.theguardian.com/world/2020/jan/17/brazil-culture-minister-goebbels-roberto-alvim-nazi.

[85] Kracauer. *Selected Writings on Media*, 52, 53.

[86] Klemperer. *I Shall Bear Witness*, 136.

CAPÍTULO 3: A POLÍTICA DA XENOFOBIA

[1] (Do italiano) "Em toda sociedade – respondeu Mussolini calmamente – há uma parte dos cidadãos que deve ser odiada". Emil Ludwig. *Colloqui con Mussolini*. Verona: Mondadori, 1932, 129.

[2] Adolf Hitler. *Mein Kampf.* Nova York: Mariner, 1999, 351.

[3] Aimé Césaire. *Discourse on Colonialism.* Nova York: Monthly Review Press, 2000, 37.

[4] Ver Federico Finchelstein. *Fascismo, liturgia e imaginario: El mito del general Uriburu y la Argentina nacionalista.* Buenos Aires: Fondo de Cultura Económica, 2002, 144.

[5] Hitler. *Mein Kampf,* 351,

[6] Victor Klemperer. *The Language of the Third Reich.* Nova York: Bloomsbury Academic, 2020, 185.

[7] Leopoldo Lugones. *Acción: Las cuatro conferencias patrióticas del Coliseo.* Buenos Aires: Círculo Tradición Argentina, 1923, 26.

[8] Jason Stanley. *How Fascism Works: The Politics of Us and Them.* Nova York: Random House, 2018, 24, 106.

[9] Enrique Osés. *Cuando la patria grite: ¡Ahora yo!.* Buenos Aires: La Mazorca, 1940, 8.

[10] "Que se proclame que, diante dessa conspiração criminosa entreguista que quer nos arrastar para a guerra a fim de servirmos à demoplutocracia ianque-judaica de Wall Street, Roosevelt e Churchill, nós, argentinos, dizemos não. E mil vezes não!" Enrique Osés. *Medios y fines del nacionalismo.* Buenos Aires: La Mazorca, 1941, 43. Ver também o argumento acerca do antissemitismo sustentado por Ernesto Palacio. "Enemigos del país". *Nuevo orden*, 25 jul. 1940, 1.

[11] José Vasconcelos. "En defensa propia: Los protocolos de los sabios de Sión". *Timón*, 25 maio 1940. Reimpresso em Itzhak M. Bar-Lewaw, ed. *La revista "Timón" y José Vasconcelos*. Cidade do México: Edimex, 1971, 146.

[12] Hannah Arendt. *The Origins of Totalitarianism*. Nova York: Meridian, 1959, 469.

[13] *Nurnberg Military Tribunals: Indictments* (Nuremberg: Office of Military Government for Germany [US], 1946-1948), 12:362. https://www.loc.gov/item/2011525463.

[14] "Father Coughlin's Answer to Critics". *Social Justice*, 20 abr. 1942, 8.

[15] Gustavo Franceschi. "El problema judío VI". *Criterio*, 13 jul. 1939, 245-50.

[16] Sobre esse tópico, ver David S. Wyman. *The Abandonment of the Jews: America and the Holocaust, 1941-1945*. Nova York: Pantheon, 1984; e também Daniel Lvovich e Federico Finchelstein. "L'Holocauste et l'Eglise Argentine: Perceptions et réactions". *Bulletin trimestriel de la Fondation Auschwitz*, n. 76-77 (2002): 9-30.

[17] Gustavo Franceschi. "Como se prepara una revolución". *Criterio*, 14 set. 1933, 30. Ver também outro artigo do autor, "Antisemitismo". *Criterio*, 7 dez. 1933, 321.

[18] Julio Meinvielle. *Los tres pueblos bíblicos en su lucha por la dominación del mundo*. Buenos Aires: Adsum, 1937, 7, 27, 49, 55, 62.

[19] Gustavo Barroso. *O integralismo e o mundo*. Rio de Janeiro: Civilização Brasileira, 1936, 13-18.

[20] "Razzismo italiano". *Difesa della razza*, 5 ago. 1938, 1, 2; e "I 10 punti del Razzismo Fascista". *Difesa della razza*, março 1942, 3.

[21] James Q. Whitman. *Hitler's American Model: The United States and the Making of Nazi Race Law*. Princeton, NJ: Princeton University Press, 2017, 75, 110. Como observa Whitman, a história se complica pelo fato de o secretário de Estado Freisler ter respondido a Möbius: "Mas os americanos colocam suas próprias leis de forma ainda mais explícita!".

[22] Matthew F. Delmont. *Half American: The Epic Story of African Americans Fighting World War II at Home and Abroad*. Nova York: Viking, 2022, xii.

[23] Langston Hughes, conforme citado em Delmont. *Half American*, 4.

[24] Sobre o antifascismo global, ver Joseph Fronczak. *Everything Is Possible: Antifascism and the Left in the Age of Fascism*. New Haven, CT: Yale University Press, 2023. Ver também Sandra Mcgee Deutsch. *Gendering Anti-fascism: Women Activism in Argentina and the World, 1918-1947*. Pittsburgh: University of Pittsburgh Press, 2023; e ainda Kasper Braskén, Nigel Copsey e David J. Featherstone, eds. *Anti-fascism in a Global Perspective: Transnational Networks, Exile Communities, and Radical Internationalism*. Londres: Routledge, 2020.

[25] Alfredo L. Palacios. *El ideal de las democracias iberoamericanas*. La Plata, Argentina: Talleres Gráficos Olivieri y Domínguez, 1923, 30.

[26] Apesar de uns poucos momentos antissemitas, e ao contrário da maioria dos fascistas argentinos, Lugones era na verdade contra o antissemitismo, que ele via como uma importação. Seus inimigos raciais não eram os judeus, mas os índios, os negros e os *mestiços*. Ver, por exemplo, Leopoldo Lugones. *El imperio jesuítico*. Buenos Aires: Compañía Sudamericana de billetes de Banco, 1904, 316. Ver também Leopoldo Lugones. *El estado equitativo (Ensayo sobre la realidad Argentina)*. Buenos Aires: La Editora Argentina, 1932, 31, 83. Assim como Lugones, o fascista argentino Ernesto Palacio insistia que a Argentina moderna não incluía elementos indígenas, e sim era totalmente branca. A ideia de que os povos indígenas haviam contribuído para a cultura argentina era, para Palacio, "uma invenção" de "acadêmicos" das cidades. Ele disse: "Repito, essa invenção polêmica nunca foi verdadeiramente sentida pelo povo argentino do campo, que conheceu os índios antes de seu extermínio". Ernesto Palacio. *La historia falsificada*. Buenos Aires: Difusión, 1939, 63.

[27] Ver Jorge González von Marées. *Pueblo y estado*. Santiago: Antares, 1936, 4. Ver também MNS. *El Movimiento Nacional Socialista de Chile – Declaraciones fundamentales: Plan de acción – organización – programa*. Santiago: Imprenta la Tracción, 1932, 21.

[28] Maggie Clinton. *Revolutionary Nativism: Fascism and Culture in China, 1925-1937*. Durham, NC: Duke University Press, 2017, 111.

[29] Israel Gershoni e James Jankowski. *Confronting Fascism in Egypt: Dictatorship versus Democracy in the 1930s*. Stanford, CA: Stanford University Press, 2009, 149. Sobre Musa, e de maneira mais geral

a respeito da questão do fascismo no Oriente Médio, ver também Peter Wien. *Arab Nationalism: The Politics of History and Culture in the Modern Middle East.* Londres: Routledge, 2017, 176-77.

[30] Gershoni e Jankowski. *Confronting Fascism in Egypt,* 255.

[31] "Não apenas ela complementa seu exército em um grau cada vez maior com suas reservas de humanidade de cor advindas de seu enorme império, mas também racialmente, ela vem fazendo progresso tão grande na negrificação que podemos de fato falar de um estado africano surgindo em solo europeu. A política colonial da França atual não pode ser comparada à da Alemanha no passado. Se o desenvolvimento da França no estilo atual fosse continuado por mais trezentos anos, os últimos remanescentes do sangue franco se veriam submersos no estado mulato euroafricano ora em desenvolvimento. Seria uma imensa área autônoma de assentamento, do Reno ao Congo, repleta de uma raça inferior produzida gradualmente pela bastardização contínua". Hitler. *Mein Kampf,* 644.

[32] Hitler. *Mein Kampf,* 624.

[33] Ver Yosef Hayim Yerushalmi. *Assimilation and Racial Anti-Semitism: The Iberian and the German Models.* Nova York: Leo Baeck Institute, 1982.

[34] Streicher, conforme citado em Hans Habe. "The Nazi Plan for Negroes". *The Nation,* 1 mar. 1941, 232.

[35] Whitman. *Hitler's American Model,* 135.

[36] Giacomo Lumbroso. "I monarchici francesi ed il fascismo". *Gerarchia* (outubro 1923): 1271-80.

[37] Silvio Villegas. *No hay enemigos a la derecha.* Manizales, Colômbia: Arturo Zapata, 1937, 80.

[38] Ver Norman A. Stillman. "Anti-Judaism and Antisemitism in the Arab and Islamic World Prior to 1948". In: *Antisemitism: A History.* ed. Albert S. Lindemann e Richard S. Levy. Oxford: Oxford University Press, 2010, 219. Ver também Israel Gershoni. "Introduction: An Analysis of Arab Responses to Fascism and Nazism in Middle Eastern Studies". In: *Arab Responses to Fascism and Nazism: Attraction and Repulsion.* ed. Israel Gershoni. Austin: University of Texas Press, 2014, 21, 23.

[39] Barroso. *O integralismo e o mundo*, 102.

[40] Por exemplo, o fascista espanhol Giménez Caballero, que argumentou que o nazismo era "muito racista e *excludente*". Ver Ernesto Giménez Caballero. *La nueva catolicidad: Teoría general sobre el fascismo en Europa*. Madri: La Gaceta Literaria, 1933, 174.

[41] Ver Gustavo Barroso. *Reflexões de um bode*. Rio de Janeiro: Gráf. Educadora, 1939, 80.

[42] Terri E. Givens. *The Roots of Racism*. Bristol, Inglaterra: Bristol University Press, 2022, 1.

[43] Ver Leonard Dinnerstein. *Anti-Semitism in America*. Nova York: Oxford University Press, 1994, 83.

[44] Benito Mussolini. "Anche nella questione della razza noi tireremo diritto". In: *Opera omnia*. ed. Edoardo Susmel e Duilio Susmel. Florença: La Fenice, 1951-1962, 29:126.

[45] Benito Mussolini. "Fascismo e 'pus'". In: *Opera omnia*. ed. Edoardo Susmel e Duilio Susmel. Florença: La Fenice, 1951-1962, 16:131.

[46] Benito Mussolini. "Il programma fascista". In: *Opera omnia*. ed. Edoardo Susmel e Duilio Susmel. Florença: La Fenice, 1951-1962, 17:219.

[47] Sobre esse tópico, ver Michele Sarfatti. *Gli ebrei nell'Italia fascista: Vicende, identità, persecuzione*. Turim: Einaudi, 2000; Renzo De Felice. *Storia degli ebrei italiani sotto il fascismo*. Turim: Einaudi, 1993; Marie-Anne Matard-Bonucci. *L'Italie fasciste et la persécution des Juifs*. Paris: Perrin, 2007; Valeria Galimi. "Politica della razza, antisemitismo, Shoah". *Studi Storici* 1 (2014): 169-82; Valeria Gallimi. *Sotto gli occhi di tutti: La società italiana di fronte alle persecuzioni antiebraiche*. Florença: Le Monnier, 2018; e Simon Levis Sullam. *I carnefici italiani: Scene dal genocidio degli Ebrei, 1943-1945*. Milão: Feltrinelli, 2015.

[48] (No original em italiano) "Il problema razziale non è scoppiato all'improvviso come pensano coloro i quali sono abituati ai bruschi risvegli perché sono abituati ai lunghi sonni poltroni. È in relazione con la conquista dell'Impero, poiché la storia ci insegna che gli Imperi si conquistano con le armi, ma si tengono col prestigio. E per il prestigio occorre una chiara, severa, coscienza razziale, che stabilisca non soltanto

delle diferenze, ma delle superiorità nettissime. Il problema ebraico non è dunque che un aspetto di questo fenomeno. La nostra posizione è stata determinata da questi incontestabili dati di fatto. L'ebraismo mondiale è stato, durante sedici anni, malgrado la nostra politica, un nemico irreconciliabile del Fascismo." Benito Mussolini. "Discorso di Trieste". In: *Opera omnia*. ed. Edoardo Susmel e Duilio Susmel. Florença: La Fenice, 1951-1962, 29:146.

[49] Sobre o antissemitismo como um código cultural, ver Shulamit Volkov. "Anti-Semitism as a Cultural Code: Reflections on the History and Historiography of Anti-Semitism in Imperial Germany". *Leo Baeck Institute Year Book* 23 (1978): 25-46.

[50] Angelo Ventrone. *Il nemico interno: Immagini, parole e simboli della lotta politica nell'Italia del novecento.* Roma: Donzelli, 2005, 3.

[51] M. S. Golwalkar. *We or Our Nationhood Defined.* Nagpur, Índia: Bharat, 1939, 54-55.

[52] Goebbels, conforme citado no Departamento de Estado Norte-Americano, Divisão de Assuntos Europeus. *National Socialism: Basic Principles, Their Application by the Nazi Party's Foreign Organization, and the Use of Germans Abroad for Nazi Aims*, preparado por Raymond E. Murphy, Francis B. Stevens, Howard Trivers e Joseph M. Roland. Washington, DC: US Government Printing Office, 1943, 63.

[53] Robert Paxton. *The Anatomy of Fascism.* Nova York: Knopf, 2004, 196, 259.

[54] Paxton. *Anatomy of Fascism*, 36-37.

[55] George Mosse. *The Fascist Revolution: Toward a General Theory of Fascism.* Nova York: Howard Fertig, 1999, 65.

[56] George L. Mosse. *The Image of Man: The Creation of Modern Masculinity.* Nova York: Oxford University Press, 1996, 178. "A ideia de luta era básica. Afinal de contas, esses regimes haviam chegado ao poder, mesmo que legitimamente, primeiro criando condições de guerra civil e depois, já no poder, continuando a batalha contra inimigos internos e externos reais ou imaginários. O fascismo italiano e os movimentos que seguiram seu modelo tiveram certa dificuldade em identificar o inimigo depois que o comunismo e o socialismo foram derrotados, e o ataque continuou principalmente como retórica

contra todos aqueles que ainda mantinham crenças oposicionistas, e não contra um grupo de pessoas claramente definido e distinto". Como argumenta Mosse, isso mudou com a guerra na Etiópia, "quando os negros eram frequentemente escolhidos para ser ridicularizados e a mistura de raças era estritamente proibida para preservar a chamada dignidade da raça branca italiana. De fato, a declaração do Grande Conselho Fascista – que, em outubro de 1938, sancionou a exclusão dos judeus da vida italiana – começa afirmando que o império, com sua população negra, havia feito da conscientização racial uma prioridade. O inimigo negro, entretanto, estava longe. Os judeus, por outro lado, eram uma comunidade claramente definida dentro da nação e poderiam servir para identificar inimigos que, de outra forma, não seriam tão fáceis de detectar. Mais uma vez, o racismo simplificava o reconhecimento do inimigo. Assim, os nazistas e os fascistas italianos, após suas próprias leis raciais de 1938, equipararam os judeus aos comunistas, e os próprios nazistas também identificaram os judeus com a República de Weimar (*Judenrepublic*). O inimigo racial era a causa de toda a tribulação da Alemanha, o obstáculo à utopia. O judeu não podia ser completamente separado do ariano, pois ariano e judeu estavam ligados um ao outro pela luta que o ariano tinha de travar para justificar sua própria existência. Sem dúvida, se Hitler tivesse vencido a guerra, a Europa não teria judeus, mas outro inimigo ou outra contraparte teriam, sem dúvida, tomado seu lugar". Mosse, *Image of Man*, 178.

[57] Ver Phillips Talbot. "The Khaksar Movement". *Indian Journal of Social Work* 2, n. 2 (1941): 193.

[58] "Caliban é o espírito materialista do século. Caliban é a negação de Deus. Caliban é a violência de Sorel [do teórico francês Georges Sorel] e a opressão dos plutocratas, a lei do ódio dos comunistas, a grosseria de uma sociedade governada pelo sexo e pelo estômago. Caliban é o imperialismo financeiro. Caliban são os golpes de Estado dos ambiciosos do Poder. Caliban é a bandeira dos instintos desfraldada". Plínio Salgado. *Palavra nova dos tempos novos*. Rio de Janeiro: José Olympio, 1936, 157.

[59] Giovanni Schiavi. "Ritorno alle origini del razzismo fascista". *Difesa della razza*, junho 1943, 17.

[60] *Clarinada*. 31 dez. 1941, 1.

[61] Ver *Clarinada*, abril 1941, 23, citado em Fulvia Zega. *Il mondo sotto la svastica: Migrazioni e politica in Argentina e in Brasile (1930-1960)*. Canterano, Itália: Aracne Editrice, 2018, 50.

[62] Alberto D. Faleroni. "Los grandes enemigos del pueblo". *Clarinada*, 30 abr. 1941, 6.

[63] Daniel Lvovich. "Un vocero antisemita en Buenos Aires: La revista Clarinada (1937-1945)". *Nuestra memoria* 7, n. 16 (2000): 24-25; e Zega. *Il mondo sotto la svastica*, 38-50. Ver também Norman Cohn. *El mito de la conspiración judía mundial*. Buenos Aires: Milá, 1988, 266.

[64] "Judas, siempre es Judas!". *Clarinada*, 31 jul. 1941.

[65] Ver *Clarinada*, 30 set. 1941. Para um tema convergente, consulte "El rapto de America Latina". *Clarinada*, out-nov. 1941, primeira página. Ver também Sandra McGee Deutsch. "Contra 'el gran desorden sexual': Los nacionalistas y la sexualidad, 1919-1940". *Cuadernos del Cish*, n. 17-18 (2005): 127-50; Archivo General de la Nación. "Archivo Agustín P. Justo". Caja 49, Doc. 29; Sandra McGee Deutsch. *Las Derechas: The Extreme Right in Argentina, Brazil, and Chile, 1890-1939*. Redwood City, CA: Stanford University Press, 1999, 234-38; e também Finchelstein. *Fascismo, liturgia e imaginario*, 113-30. Sobre o antissemitismo na Argentina, ver também Daniel Lvovich. *Nacionalismo y antisemitismo en la Argentina*. Buenos Aires: Vergara, 2003.

[66] Ver Santiago Diaz Vieyra. "La mujer y el nacionalismo". *Bandera Argentina*, 6 set. 1933. Ver também Juan Carulla. "El voto femenino". *La nueva república*, 28 abr. 1928; "Encuesta de los principios: Sra ¿Quiere ud. votar?". *Los principios*, 6 set. 1932, 3; Tomas D. Casares. *Catolicismo y acción Católica*. Buenos Aires: Junta Parroquial del Santísimo Redentor, 1932; Una mujer Argentina. "La palabra de una mujer Argentina". *Abrojos*, novembro 1933, 12; "El mitin feminista". *Bandera Argentina*, 25 set. 1932, 1; "Ha muerto una marimacho famosa". *Bandera Argentina*, 22 jun. 1932, 1; "Oscarwildeanos de 'amigos del arte'", *Crisol*, 8 out. 1936; "Regreso de la U.R.S.S por Andre Gide". *Bandera Argentina*, 22 dez. 1936; e Enrique Osés. "La patria ante todo". *El federal*, 8 fev. 1944, 1.

[67] Ruth Ben-Ghiat. *Strongmen: Mussolini to the Present*. Nova York: Norton, 2020, 119, 120, 129.

[68] Ver Maria Pia Casalena. "Le donne: Le nuove italiane". In: *Il fascismo nella storia italiana*. ed. Salvatore Lupo e Angelo Ventrone. Roma: Donzelli, 2022, 334, 337. Ver também Victoria De Grazia. *How Fascism Ruled Women: Italy, 1922-1945*. Berkeley: University of California Press, 1992; Claudia Koonz. *Mothers in the Fatherland: Women, the Family, and Nazi Politics*. Nova York: St. Martin's Press, 1987; Lorenzo Benadusi. *The Enemy of the New Man: Homosexuality in Fascist Italy*. Madison: University of Wisconsin Press, 2012; e Jorge Dagnino, Matthew Feldman e Paul Stocker, eds. *The "New Man" in Radical Right Ideology and Practice, 1919-45*. Londres: Bloomsbury Academic, 2018.

[69] Ver Patrizia Dogliani. *Il fascismo degli italiani: Una storia sociale*. Turim: UTET, 2008, 118; e Casalena. "Le donne", 337.

[70] José Santos Chocano. *Idearium tropical: Apuntes sobre las dictaduras organizadas y la farsa democrática*. Lima: Casa Editora la Opinión Nacional, 1922, 79.

[71] Clinton. *Revolutionary Nativism*, 152, 149.

[72] FSB. *La Falange Socialista Boliviana y las elecciones del 17 de junio*. Santiago: Publicación del Departamento de Informaciones de FSB, 1956, 8.

[73] Leopoldo Lugones. *Prometeo (Un proscripto del sol)*. Buenos Aires: Otero, 1910, 334.

[74] Leopoldo Lugones. *El problema feminista*. San José, Costa Rica: Imprenta Greñas, 1916, 9.

[75] Ver "Proclamas del Partido Fascista Argentino". *Bandera Argentina*, 20 ago. 1932, 3.

[76] Agradeço ao jornalista Jean Guerrero, do *Los Angeles Times*, por compartilhar comigo uma cópia do manifesto.

[77] Mussolini alertou sobre a iminente "morte da raça branca". Il Duce declarou que havia "um declínio fatal" e que era por isso que (traduzido do italiano) "gritos de alarme estão surgindo em todas as partes do mundo. Na Hungria, é lamentável o ora difundido costume do filho único; na República Argentina, dez vezes maior que a Itália, e onde poderiam viver confortavelmente 80 a 100 milhões de pessoas, a baixa natalidade está causando estragos". Ver Benito Mussolini. "La razza bianca muore?". *Il messaggero*, 5 set.

1934. Ver também *Opera omnia di Benito Mussolini.* Florença: La Fenice, 1960, 26:312-15.

[78] Kyle Burke. *Revolutionaries for the Right: Anticommunist Internationalism and Paramilitary Warfare in the Cold War.* Chapel Hill: University of North Carolina Press, 2018, 71-77; e Federico Finchelstein e Emmanuel Guerisoli. "La storia globale del fascismo che precede la strage di Buffalo". *Domani giornale*, 24 maio 2022. https://www.editorialedomani.it/idee/fascismo-bianco-strage-buffalo-jwq35ojt. Ver também Luis Herrán-Ávila. "The Reinvention of the Latin American Right". NACLA, 11 abr. 2023. https://nacla.org/reinvention-latinamerican-right; e ainda Patrice McSherry. *Predatory States: Operation Condor and Covert War in Latin America.* Lanham, MD: Rowman and Littlefield, 2005.

[79] Ver Federico Finchelstein. *The Ideological Origins of the Dirty War.* Nova York: Oxford University Press, 2014, 135.

[80] Hitler, *Mein Kampf,* 562. Como discuti com o filósofo Jason Stanley, "a WRT [*white replacement theory*, ou "teoria da substituição branca"] e seus predecessores ideológicos foram fundamentais para os movimentos fascistas na Europa, na Ásia, nos Estados Unidos e em outros lugares. A teoria é fundamental, por exemplo, para as ideologias de governo explícitas de Orbán e também para as mensagens emitidas por figuras públicas poderosas, como [o jornalista] Tucker Carlson, da Fox. Poucos dias antes de discursar no Comitê de Ação Política Conservadora (CPAC), que optou por se reunir em Budapeste, capital da Hungria, Orbán colocou a WRT no centro da ideologia do Estado, declarando: 'Vejo a grande troca de população europeia como uma tentativa suicida de substituir a falta de crianças europeias e cristãs por adultos de outras civilizações – imigrantes'. Normalizar algo é legitimá-lo, é torná-lo um tópico de discordância pública legítima. Essas figuras importantes normalizaram a WRT". Ver Jason Stanley e Federico Finchelstein. "White Replacement Theory Is Fascism's New Name". *Los Angeles Times*, 24 maio 2022. https://www.latimes.com/opinion/story/2022-05-24/white-replacement-theory-fascism-europe-history.

[81] Frederic J. Frommer. "MLK Gave His Last Sermon 55 Years Ago – and Warned of a Fascist Takeover". *Washington Post*, 31 mar. 2023. https://www.washingtonpost.com/history/2023/03/31/mlk-final-sermon-cathedral-fascism.

[82] Ver Cynthia Miller-Idris. "Formulating Policy Responses to the Right-Wing Threat". In: *Fascism in America: Past and Present*. ed. Gavriel D. Rosenfeld e Janet Ward. Nova York: Cambridge University Press, 2023, 518.

[83] Ver Javier Rodrigo e Maximiliano Fuentes Codera. *Ellos, los fascistas*. Barcelona: Deusto, 2022, 174.

[84] Ver Stanley e Finchelstein. "White Replacement Theory".

[85] Ver Linda Gordon. "The American Fascists". In: *Fascism in America: Past and Present*. ed. Gavriel D. Rosenfeld e Janet Ward. Nova York: Cambridge University Press, 2023, 217. Sobre o fascismo norte-americano, ver também Sarah Churchwell. "American Fascism: It Has Happened Here". *New York Review of Books*, 22 jun. 2020. https://www.nybooks.com/daily/2020/06/22/american-fascism-it-has-happened-here; e também Richard Steigmann-Gall. "Star-Spangled Fascism: American Interwar Political Extremism in Comparative Perspective". *Social History* 42, n. 1 (2017): 94-119.

[86] Ver Stanley e Finchelstein. "White Replacement Theory".

[87] Coronel Juan Perón. *El pueblo ya sabe de qué se trata: Discursos*. Buenos Aires, 1946, 186.

[88] Juan Perón. *El pueblo a través del pensamiento de Perón*. Buenos Aires: Presidencia de la Nación, Secretaria de Prensa y Difusión, 1955, 196. Ver também Juan Domingo Perón. *La fuerza es el derecho de las bestias*. Montevidéu, Uruguai: Cicerón, 1958, 23.

[89] Sobre a distinção entre amigo e inimigo, ver o clássico texto de Carl Schmitt, *The Concept of the Political*. New Brunswick, NJ: Rutgers University Press, 1976; mais especificamente a respeito de sua distinção entre amigo e inimigo, ver seu livro *Theory of the Partisan: Intermediate Commentary on the Concept of the Political*. Nova York: Telos Press, 2007.

[90] Juan Domingo Perón. *Los vendepatria: Las pruebas de una traición*. Buenos Aires: Liberación, 1958, 127, 228.

[91] Juan Domingo Perón. *Obras completas*. Buenos Aires: Docencia, 1998, 2:536. Ver também Perón. *La fuerza es el derecho de las bestias*, 47-48.

[92] Juan Domingo Perón. *Discurso del excelentísimo señor Presidente de la Nación Argentina, general Juan Perón, pronunciado en la comida anual*

de camaradería de las Fuerzas Armadas de la Nación. Buenos Aires: Subsecretaria de Informaciones, 1950, 7.

[93] Jorge Eliécer Gaitán. *Obras selectas.* Bogotá: Imprenta Nacional, 1979, 1:234. Da mesma forma, o líder populista equatoriano Velasco Ibarra declarou: "Para o fascismo e o nazismo, a pessoa é, acima de tudo, algo mecânico e biológico". José María Velasco Ibarra. *Estudios de derecho constitucional.* Quito: Editorial Santo Domingo, 1974, 2:220.

[94] Getúlio Vargas. *O governo trabalhista no Brasil.* Rio de Janeiro: José Olympio, 1952, 457.

[95] Rodrigo e Fuentes Codera. *Ellos, los fascistas*, 18.

[96] Kim Lane Scheppele. "How Viktor Orbán Wins". *Journal of Democracy* 33, n. 3 (2022): 49; e Shaun Walker. "George Soros: Orbán Turns to Familiar Scapegoat as Hungary Rows with EU". *Guardian*, 5 dez. 2020. https://www.theguardian.com/world/2020/dec/05/george-soros-orban-turns-to-familiar-scapegoat-as-hungary-rows-with-eu.

[97] Jonathan Weisman e Andrew Higgins. "Behind Trump Indictment, the Right Wing Finds a Familiar Villain in Soros". *New York Times*, 4 abr. 2023. https://www.nytimes.com/2023/04/04/us/politics/george-soros-bragg-trump.html; e "Statement by Donald J. Trump, 45th President of the United States of America". No *site* oficial de Donald Trump, 30 mar. 2023. https://www.donaldjtrump.com/news/33268000-32c9-4f5b-87f8- fb0d1583e44b. Ver também a análise de George Conway, "Trump Is Out for Vengeance". *Washington Post*, 15 nov. 2022. https://www.washingtonpost.com/opinions/2022/11/15/george-conway-trump-2024-prosecution.

[98] Golwalkar. *We or Our Nationhood Defined*, 100.

[99] Paxton. *Anatomy of Fascism*, 174.

[100] Catie Edmondson, Jonathan Martin e Nicholas Fandos. "Top House Republican Condemns Marjorie Taylor Greene's Comments, but Stands by Her". *New York Times*, 3 fev. 2021. https://www.nytimes.com/2021/02/03/us/politics/kevin-mccarthy-marjorie-taylor-greene.html.

[101] Sinclair Lewis. *It Can't Happen Here.* Nova York: Signet Classics, 2014, 358. Sarah Churchwell explica a respeito da ideia de que o fascismo apareceria nos Estados Unidos envolto na bandeira americana: "Como o romance de Lewis é o mais lembrado entre as muitas

advertências contra o fascismo americano nos anos entreguerras, a ele tem sido creditada essa advertência – mas as palavras não são de Lewis. O adágio provavelmente se originou com James Waterman Wise, filho do eminente rabino americano Stephen Wise [...] 'A América do poder e da riqueza', advertiu Wise, 'é uma América que precisa do fascismo'. O fascismo americano pode surgir de 'ordens patrióticas, como a Legião Americana e as Filhas da Revolução Americana, e pode chegar até nós envolto na bandeira americana ou em um jornal do grupo Hearst'. Em outra palestra naquele ano, ele colocou a questão de forma ligeiramente diferente: o fascismo americano provavelmente viria 'embrulhado na bandeira americana e anunciado como um apelo à liberdade e à preservação da constituição'". Ver Churchwell. "American Fascism".

[102] John Hayward. "Exclusive – Donald Trump: 'I Am the Messenger'". *Breitbart*, 28 out. 2016. https://www.breitbart.com/radio/2016/10/28/exclusive-donald-trump-messenger; Annie Karni. "5 Takeaways from Trump's Inaugural Address". *Politico*, 20 jan. 2017. https://www.politico.com/story/2017/01/2017-trump-inauguration-5-takeaways-233925; e Nick Wing. "Donald Trump Says 'Police Are the Most Mistreated People' in America". *HuffPost*, 14 jan. 2016. https://www.huffpost.com/entry/donald-trump-police_n_569869d1e4b0b4eb759df9b8.

[103] Linda Qiu. "Trump's False Claim That 'Nobody Has Ever Done' More for the Black Community than He Has". *New York Times*, 5 jun. 2020. https://www.nytimes.com/2020/06/05/us/politics/trump-black-african-americans-fact-check.html; e Dan Mangan. "Trump Suggests Lincoln's Legacy Is 'Questionable,' Brags about His Own Work for Black Americans". *CNBC*, 12 jun. 2020. https://www.cnbc.com/2020/06/12/trump-criticizes-lincoln-brags-he-has-done-a-lot-to-help-black-americans.html.

[104] Hitler. *Mein Kampf*, 326; e Rosalind Hedelind. "Trump Attacks American Jews, Posting They Must 'Get Their Act Together' on Israel". *Washington Post*, 16 out. 2022. https://www.washingtonpost.com/politics/2022/10/16/trump-jews-israel.

[105] Ver Federico Finchelstein. *The Origins of the Dirty War*. Nova York: Oxford University Press, 2014, 86.

106 Postagem no Twitter, 27 jan. 2021. https://mobile.twitter.com/bbimbi/status/1354575410848260097. A noção de "fake news" (termo que Trump declarou certa vez ser uma de suas maiores invenções) remonta ao termo nazista *"imprensa mentirosa"*, que também está sendo recuperado atualmente pelos neonazistas alemães. Alexander Griffing. "A Brief History of 'Lügenpresse,' the Nazi-Era Predecessor to Trump's 'Fake News'". *Haaretz*, 8 out. 2017. https://www.haaretz.com/us-news/2017-10-08/ty-article/the-ominous-nazi-era-precedent-to-trumps-fakenews-attacks/0000017f-e83e-d62c-a1ff-fc7ff8d50000; e também Rick Noack. "The Ugly History of 'Lügenpresse,' a Nazi Slur Shouted at a Trump Rally". *Washington Post*, 24 out. 2016. https://www.washingtonpost.com/news/worldviews/wp/2016/10/24/the-ugly-history-of-luegenpresse-a-nazi-slur-shouted-at-a-trump-rally.

107 Mira Kamdar. "What Happened in Delhi Was a Pogrom". *The Atlantic*, 28 fev. 2020. https://www.theatlantic.com/ideas/archive/2020/02/what-happened-delhi-was-pogrom/607198; e Patrick Cockburn. "While Muslims Are Being Murdered in India, the Rest of the World Is Too Slow to Condemn". *The Independent*, 28 fev. 2020. https://www.independent.co.uk/voices/delhi-riots-news-narendra-modi-muslims-hindus-jammu-kashmir-trump-a9365376.html.

108 "Philippines' Teodoro Locsin's 'Nazi' Tweets Spark Outrage". *BBC News*, 7 out. 2016. https://www.bbc.com/news/world-asia-37582498; e Martin Pengelly. "Trump Told Chief of Staff Hitler 'Did a Lot of Good Things,' Book Says". *Guardian*, 7 jul. 2021. https://www.theguardian.com/us-news/2021/jul/06/donald-trump-hitler-michael-bender-book.

109 Hitler. *Mein Kampf*, 660-61.

110 Clinton. *Revolutionary Nativism*, 117.

111 Lugones. *Acción: Las cuatro conferencias patrióticas del Coliseo*, 58.

112 Hitler. *Mein Kampf*, 661.

113 Golwalkar. *We or Our Nationhood Defined*, 64-65.

114 Christophe Jaffrelot. *Modi's India: Hindu Nationalism and the Rise of Ethnic Democracy.* Princeton, NJ: Princeton University Press, 2021, 447.

115 Josh Dawsey. "Trump Derides Protections for Immigrants from 'Shithole' Countries". *Washington Post*, 11 jan. 2018. https://www.washingtonpost. com/politics/trump-attacks-protections-for-immigrants-from-shithole-countries-in-oval-office-meeting/2018/01/11/bfc0725c-f711-11e7-91af-31ac729add94_story.html.

116 Ver Trip Gabriel. "Trump Escalates Anti-Immigrant Rhetoric with 'Poisoning the Blood' Comment". *New York Times*, 5 out. 2023. https://www.nytimes.com/2023/10/05/us/politics/trump-immigration-rhetoric.html; e Hitler. *Mein Kampf*, 296, 289.

117 Gustavo Segré. "10 frases que hicieron famoso al candidato presidencial brasileño Jair Bolsonaro". *Infobae*, 10 set. 2018. https://www.infobae.com/america/america-latina/2018/09/10/10-frases-que-hicieron-famoso-alcandidato-presidencial-brasileno-jair-bolsonaro/; Pedro Henrique Leal. "Bolsonaro and the Brazilian Far Right". *Open Democracy*, 24 abr. 2017. https://www.opendemocracy.net/en/democraciaabierta/bolsonaro-and-brazilian-far-right/; e Federico Finchelstein. "Jair Bolsonaro's Model Isn't Berlusconi. It's Goebbels". *Foreign Policy*, 5 out. 2018. https://foreignpolicy.com/2018/10/05/bolsonaros-model-its-goebbels-fascism-nazism-brazil-latin-america-populism-argentina-venezuela/.

118 "Don't Take the President Literally, Aide Says, after Women Deride 'Macho-Fascist' Duterte". *Reuters*, 13 fev. 2018. https://www.reuters.com/article/us-philippines-duterte/dont-take-the-president-literally--aidesays-after-women-deride-macho-fascist-duterte-idUSKBN1FX-1FQ; e Walden Bello. "Rodrigo Duterte: A Fascist Original". In: *A Duterte Reader: Critical Essays on Rodrigo Duterte's Early Presidency*. ed. Nicole Curato. Ithaca, NY: Cornell University Press, 2017, 80.

119 Para Bolsonaro e outros aspirantes a líderes populistas fascistas em todo o mundo, Trump é um ícone de sucesso, uma projeção de seus desejos mais extremos, destrutivos e violentos. Em 2017, Bolsonaro se identificou com a autodenominação de Trump como sendo uma vítima. Disse: "Trump enfrentou os mesmos ataques que eu estou enfrentando – que ele era um homofóbico, um fascista, um racista, um nazista – mas as pessoas acreditavam em sua plataforma, e eu estava torcendo por ele". Brad Brooks. "A Trump-Bolsonaro Bromance Could Be Brewing after Brazilian's Big Win". *Reuters*, 29 out. 2018. https://www.reuters.com/article/brazil-election-trump-idINKCN1N31BR.

[120] Gustavo Segré. "10 frases que hicieron famoso al candidato presidencial Brasileño Jair Bolsonaro". *Infobae*, 10 set. 2018. https://www.infobae.com/america/america-latina/2018/09/10/10-frases-que-hicieron-famoso-al-candidato-presidencial-brasileno-jair-bolsonaro; Da Redação. "Bolsonaro diz que eleição de 2022 para a presidência será uma 'luta do bem contra o mal'". *Universo Online*, 27 mar. 2022. https://cultura.uol.com.br/noticias/47527_bolsonaro-diz-que-eleicao-de-2022-para-a-presidencia-serauma-luta-do-bem-contra-o-mal.html; e Jon Lee Anderson. "Jair Bolsonaro's Southern Strategy". *New Yorker*, 25 mar. 2019. https://www.newyorker.com/magazine/2019/04/01/jair-bolsonaros-southern-strategy.

[121] Postagem no Twitter, 11 abr. 2023. https://twitter.com/atrupar/status/1645943664626003969.

[122] "'Mussolini fue un buen político' y otros 4 episodios polémicos de Giorgia Meloni". *CNN Español*, 26 set. 2022. https://cnnespanol.cnn.com/2022/09/26/giorgia-meloni-polemicas-orix.

[123] Postagens no Twitter, ambas de 30 set. 2022. https://twitter.com/carlosbolsonaro/status/1575947880178733056?lang=en, e https://twitter.com/BolsonaroSP/status/1575996865166082048. Em 2019, Eduardo Bolsonaro zombou de Estanislao Fernández, filho do presidente argentino Alberto Fernández (2019-2023). Ele postou duas fotos: em uma, Fernández, que se apresenta como *drag queen* e *cosplayer*, está vestido como Pikachu, do animê *Pokémon*; na outra, Bolsonaro filho está segurando uma arma de combate e vestindo uma camiseta com a imagem de um cachorro fazendo suas necessidades sobre o símbolo da foice e do martelo. Sylvia Colombo. "Filho de Alberto Fernández responde a provocação de Eduardo Bolsonaro". *Universo Online*, 30 out. 2019. https://www1.folha.uol.com.br/mundo/2019/10/filho-de-alberto-fernandez-responde-a-provocacao-de-eduardo-bolsonaro.shtml.

[124] Hitler. *Mein Kampf*, 327.

[125] Klemperer. *Language of the Third Reich*, 136.

Capítulo 4: ditadura

[1] Pierre Drieu La Rochelle. *Socialisme fasciste*. Paris: Gallimard, 1934, 129.

[2] Para Andreas Kalyvas, a ditadura é "uma modalidade especial de poder político, que se considera temporariamente desobrigada de vários limites, com o objetivo de garantir a preservação e a sobrevivência durante uma aparente (real ou suposta) situação urgente e excepcional de ameaça existencial, geralmente entendida em termos de guerra (externa) e sedição (interna)". Kalyvas observa que a forma romana antiga original se tornou "o protótipo" de todas as formas modernas de instituições de emergência. Ver Andreas Kalyvas. "Dictatorship". *Political Concepts: A Critical Lexicon* 6 (2022). https://www.politicalconcepts. org/dictatorship-andreas-kalyvas/. Ver também Andreas Kalyvas. "The Sublime Dignity of the Dictator: Republicanism and the Return of Dictatorship in Political Modernity". *Annual of European and Global Studies* 2 (2015); e ainda seu "The Logic of Dictatorship: Republicanism, Democracy, and the Enemy Within" (no prelo). Sobre ditaduras, ver também Andrew Arato. "Conceptual History of Dictatorship (and Its Rivals)". In: *Critical Theory and Democracy: Civil Society, Dictatorship, and Constitutionalism in Andrew Arato's Democratic Theory.* ed. Enrique Peruzzoti e Martín Plot. Nova York: Routledge, 2013, 208-80; e Norberto Bobbio. *Democracy and Dictatorship.* Cambridge: Polity, 2006, 133-66.

[3] Dionísio de Halicarnasso. *The Roman Antiquities.* Cambridge, MA: Harvard University Press, 1940, V-VI:48, 211; e Marco Túlio Cícero. *Laws.* Cambridge, MA: Harvard University Press, 1994, III:469. Ver também Políbio. *The Rise of the Roman Empire.* Londres: Penguin, 1979, 254; Livy. *The Early History of Rome.* Londres: Penguin, 2002, 128-29; e Andreas Kalyvas. "The Tyranny of Dictatorship: When the Greek Tyrant Met the Roman Dictator". *Political Theory* 35, n. 4 (2007), 412-42.

[4] V. I. Lênin. "The Dictatorship of the Proletariat". In: *The Lenin Anthology.* ed. Robert C. Tucker. Nova York: Norton, 1975, 450-56, 489.

[5] Ver Kalyvas. "Dictatorship"; e Hannah Arendt. *Thinking without a Banister.* Nova York: Schocken, 2018, 4.

[6] Ver Carl Schmitt. *Dictatorship: From the Origin of the Modern Concept of Sovereignty to Proletarian Class Struggle* (1921). Cambridge: Polity, 2014, cap. 4; e Carl Schmitt. *The Crisis of Parliamentary Democracy.* Cambridge, MA: MIT Press, 1988, 51.

[7] Juan Donoso Cortés. "Discurso pronunciado en el Congreso el 4 de enero de 1849". In: *Obras de Don Juan Donoso Cortés*. Madri: Tejado, 1854, 3:263-74.

[8] Benito Mussolini. "Non esiste una dottrina sulla dittatura: Quando la dittatura è necessaria, bisogna attuarla". In: *Opera omnia*. ed. Edoardo Susmel e Duilio Susmel. Florença: La Fenice, 1951-1962, 20:79.

[9] Subhas Chandra Bose. *Netaji's Life and Writings, Part Two: The Indian Struggle*. Calcutta: Thacker, Spink, 1948, 2:431. Bose esperava uma síntese ideológica entre o fascismo e o comunismo, e escreveu a um amigo: "É necessário nada menos que um ditador para corrigir nossos costumes sociais". Ver Roman Hayes. *Subhas Chandra Bose in Nazi Germany: Politics, Intelligence, and Propaganda, 1941-43*. Nova York: Columbia University Press, 2011, 14.

[10] Hans Kelsen. "The Party-Dictatorship". *Politica* 2 (1936): 20-21, 32.

[11] Kelsen. "The Party-Dictatorship". 28.

[12] Schmitt afirma a esse respeito: "Na prática, essa é uma ditadura educacional. Mas, se a história mundial deve sempre seguir em frente, se o irreal precisar ser continuamente derrotado, então, por necessidade, a ditadura se tornará permanente". Carl Schmitt. *Crisis of Parliamentary Democracy*, 57.

[13] Franz Neumann. "Notes on the Theory of Dictatorship". In: *The Democratic and the Authoritarian State*. Nova York: Free Press, 1957, 248.

[14] Ver Clinton Rossiter. *Constitutional Dictatorship: Crisis Government in the Modern Democracies*. New Brunswick, NJ: Transaction, 2004, 8.

[15] Benito Mussolini. "Al popolo: Di Roma per il 28 ottobre". In: *Opera omnia*. ed. Edoardo Susmel e Duilio Susmel. Florença: La Fenice, 1951-1962, 22:242.

[16] Ver Benito Mussolini. *Discorsi politici*. Milão: Tipografia del Popolo d'Italia, 1921, 75.

[17] José Santos Chocano. *Idearium tropical: Apuntes sobre las dictaduras organizadas y la farsa democrática*. Lima: Casa Editora La Opinión Nacional, 1922, 38. Ver também José Santos Chocano. *El libro de mi proceso*. Lima: Imprenta Americana, 1927, 1:109, 157, 326.

[18] Ver a revisão de Bainville feita por Jesús Marañón em "Lecturas". *Acción Española*, abril 1936, 190; e *Les dictateurs*, por Jacques

Bainville. Paris, 1935 – ou, em inglês, *Dictators*. Londres: Jonathan Cape, 1940. Embora não o tenha citado nominalmente, Bainville provavelmente foi influenciado pelo conceito de cesarismo democrático do escritor venezuelano Vallenilla. Ver Laureano Vallenilla Lanz. *Cesarismo democrático: Estudios sobre las bases sociológicas de la constitución efectiva de Venezuela*. Caracas: Empresa El Cojo, 1919.

[19] Pablo Antonio Cuadra. "Hacia la cruz del sur". *Acción Española*, fev. 1936, 277-79.

[20] Leopoldo Lugones. *Acción: Las cuatro conferencias patrióticas del Coliseo*. Buenos Aires: Círculo Tradición Argentina, 1923, 46. Ver também Silvio Villegas. *No hay enemigos a la derecha*. Manizales, Colômbia: Arturo Zapata, 1937, 91, 94, 103.

[21] Departamento de Informações de Guerra. *Hitler's War Time Speeches*. Washington, DC: Bureau of Overseas, 1943, 79. Sobre o relacionamento entre Hitler e Mussolini, ver o excelente livro de Christian Goeschel, *Mussolini and Hitler: The Forging of the Fascist Alliance*. New Haven, CT: Yale University Press, 2018.

[22] Luigi Sturzo. *Popolarismo e fascismo*. Turim: P. Gobetti, 1924, 254.

[23] (Do italiano) "A atual ditadura, mais cedo ou mais tarde, realizará uma reforma constitucional. Melhor cedo do que tarde. A reforma deve respeitar as formas existentes tanto quanto possível e renovar a substância. Exemplos: Roma Antiga; Inglaterra". Vilfredo Pareto. "Pochi punti di un futuro ordinamento costituzionale". *La vita italiana*, set-out, 1923, 165, 166.

[24] Kelsen. "The Party-Dictatorship". 22.

[25] Fraenkel disse: "Por Estado Prerrogativo, entendemos aquele sistema governamental que exerce arbitrariedade e violência ilimitadas, sem o controle de quaisquer garantias legais; e, por Estado Normativo, um órgão administrativo dotado de poderes elaborados para salvaguardar a ordem legal, conforme expresso em estatutos, decisões dos tribunais e atividades dos órgãos administrativos". Ernst Fraenkel. *The Dual State: A Contribution to the Theory of Dictatorship*. Nova York: Oxford University Press, 1941, xiii, xvi, 5, 37, 39.

[26] Ver Arendt. *Thinking without a Banister*, 106.

[27] Gustavo J. Franceschi. *Totalitarismos: Nacionalismo y fascismo*. Buenos Aires: Difusíon, 1945, 151, 160, 161-73, 178, 180-81, 187, 191,

209, 248, 364. Ver também de Franceschi, "Estado totalitario, estado cristiano". *Criterio*, junho 29, 1933, 296-99.

[28] Sergio Panunzio. *Teoria generale dello stato fascista: Appunti di lezioni*. Pádua, Itália: CEDAM, 1937, 104, 243, 246, 247.

[29] Sergio Panunzio. "Teoria generale della dittatura (prima parte)". *Gerarchia*, abril 1936, 229; e Panunzio. *Teoria generale dello stato fascista*, 243.

[30] Ver Robert Michels. *Corso di sociologia politica*. Milão: Istituto Editoriale Scientifico, 1927, 93; e Schmitt. *Dictatorship*.

[31] Panunzio. *Teoria generale dello stato fascista*, 248.

[32] Panunzio. *Teoria generale dello stato fascista*, 243, 250.

[33] "Dittatura" in Partito Nazionale Fascista. *Dizionario di politica*. Roma: Istituto della Enciclopedia Italiana, 1940, 1:808-9.

[34] Bainville. *Dictators*, 50.

[35] Emil Ludwig. *Colloqui con Mussolini*. Verona: Mondadori, 1932, 130-31.

[36] Adolfo Agorio. *Ataraxia*. Madri, 1923, 112. Ver também Adolfo Agorio, "La resurrección de los muertos". *La mañana*, 8 set. 1935, 1.

[37] A esse respeito, ver Neumann, "Notes on the Theory of Dictatorship". 253.

[38] Ver Benito Mussolini. "Il progamma fascista". In: *Opera omnia*. ed. Edoardo Susmel e Duilio Susmel. Florença: La Fenice, 1951-1962, 17:217; Benito Mussolini. "Il 'babau' della dittatura militare". In: *Discorsi politici*. Milão: Esercizio Tipografico del Popolo D'italia, 1921, 84; e Adolf Hitler. *Mein Kampf*. Nova York: Mariner, 1999, 11. Tipicamente, Hitler mentiu sobre o parlamento, que ele destruiu, e sobre a ditadura, que ele criou: "Como um homem que ama a liberdade, eu não poderia sequer conceber qualquer outra possibilidade de governo, pois a ideia de qualquer tipo de ditadura teria me parecido um crime contra a liberdade e toda a razão" (524). Para outro exemplo do uso negativo da ditadura pelos fascistas, veja Camillo Pellizzi, *Fascismo – Aristocrazia*. Milão: Alpes, 1925, 178.

[39] Departamento de Estado, Divisão de Assuntos Europeus. *National Socialism: Basic Principles, Their Application by the Nazi Party's Foreign Organization, and the Use of Germans Abroad for Nazi Aims*, preparado por Raymond E. Murphy, Francis B. Stevens, Howard Trivers e Joseph

M. Roland. Washington, DC: US Government Printing Office, 1943, 40.

[40] Eberhard Jäckel. *Hitler's World View: A Blueprint for Power*. Cambridge, MA: Harvard University Press, 1981, 79, 80-82.

[41] Em Carl Schmitt. *Principii politici del nazionalsocialismo*. Florença: Sansoni, 1935; e Carl Schmitt. *Un giurista davanti a se stesso: Saggi e interviste, a cura di G. Agamben*. Vicenza, Itália: Neri Pozza, 2005.

[42] Ver Carl Schmitt. "El fuhrer defiende el derecho" [1934]. In: *Teólogo de la política*. ed. Héctor Orestes Aguilar. Cidade do México: Fondo de Cultura Económica, 2001, 114-18; também em seu *Glossarium*. Sevilha, Espanha: El Paseo, 2021, 125, 342, 560.

[43] Goebbels, conforme citado em Peter Longerich. *Goebbels: A Biography*. Nova York: Random House, 2015, 63.

[44] "Movimiento Español JON (Juntas de Ofensiva Nacional-sindicalista) que son las JONS". *El Fascio* (Madri), março 16, 1933, 14; Avolio. "I limiti del fascismo". *Gerarchia* I (1922): 501.

[45] Foi assim que um fascista espanhol viu a discussão entre o fascismo e a ditadura de Primo de Rivera, que eles haviam apoiado anteriormente. Ver "El fascio no es un régimen esporádico". *El Fascio* (Madri), março 16, 1933, 4.

[46] James Strachey Barnes. *The Universal Aspect of Fascism*. Londres: Williams and Norgate, 1928, 25.

[47] Essa era uma das preocupações do intelectual fascista francês Drieu La Rochelle. Sem crise, a ditadura se tornava moderada e um "fardo" para o regime. Drieu La Rochelle. *Socialisme fasciste*, 124. Ver também José Pemartín. *Qué es lo nuevo*. Madri: Espasa-Calpe, 1940, 71.

[48] Arendt. *Thinking without a Banister*, 110.

[49] Antonio Renda. "La dittatura per la libertà". *Critica Fascista*, 1 nov. 1923, 192.

[50] Roberto Forges Davanzati. "Lo stato militante". *Costruire: Rivista mensile fascista* (julho 1927): 35-36.

[51] Drieu La Rochelle. *Socialisme fasciste*, 129.

[52] Panunzio. *Teoria generale dello stato fascista*, 258.

[53] Aurelio Palmieri. "La stampa anglosassone e Benito Mussolini". *La vita italiana*, 15 ago. 1923, 82.

[54] Anne O'Hare McCormick. "The Swashbuckling Mussolini". *New York Times*, 22 jul. 1923, 1, 19.

[55] McCormick. "The Swashbuckling Mussolini", 1, 19.

[56] Ver Arendt. *Thinking without a Banister*, 491; e Finchelstein. *A Brief History of Fascist Lies*.

[57] "Dictaduras efímeras y dictaduras permanentes". *Bandera Argentina*, 5 abr. 1933, 1. Ver também "El pueblo contra la libertad". *Aduna*, 31 jan. 1935, 1.

[58] Maria Hsia Chang. *The Chinese Blue Shirts Society*. Berkeley, CA: Institute of East Asian Studies, 1985, 27, 19-20; e "El fascismo y la democracia". *El Fascio* (Madri), 16 mar. 1933, 5.

[59] Chocano. *Idearium tropical*, 61, 30.

[60] Sir Oswald Mosley. *Fascism: 100 Questions Asked and Answered*. Londres: B.U.F., 1936, questão 15.

[61] Ver Onésimo Redondo. *El estado nacional*. Valladolid, Espanha: Libertad, 1938, 118; e Onésimo Redondo. *Caudillo de Castilla*. Valladolid, Espanha: Libertad, 1937, 101.

[62] "Doctrina y acción". *Acción Española*, 16 maio 1933, 454.

[63] Libero Merlino. "Il fascismo come dottrina". *Gerarchia*, julho 1927, 537.

[64] Benito Mussolini. "Al popolo di Roma per il XXVIII". In: *Opera omnia*. ed. Edoardo Susmel e Duilio Susmel. Florença: La Fenice, 1951-1962, 22:242.

[65] Benito Mussolini. "I 'pensieri'". In: *Opera omnia*. ed. Edoardo Susmel e Duilio Susmel. Florença: La Fenice, 1951-1962, 34:280.

[66] Benito Mussolini. *Diuturna*. Milão: Imperia, 1924, 376.

[67] Lênin. "A Contribution to the History of the Question of Dictatorship". In: *Collected Works*. Moscou: Progress, 1974, 31:346-47. Ver também V. I. Lênin. "Theses on Bourgeois Democracy and Proletarian Dictatorship". In: *Against Revisionism*. Moscou: Foreign Languages, 1959, 494-95. Como observa Kalyvas, Lênin situou sua teoria e prática da ditadura dentro de uma estrutura de sobrevivência final. Lênin a concebeu como existente dentro de uma "zona de combate absoluto, sem normas e violenta, da revolução como 'uma guerra de extermínio', onde a própria vida se torna a

única finalidade da política, a tarefa central da ditadura proletária, como Lênin a definiu em termos altamente dramáticos, e sua 'tarefa principal e fundamental é salvar a vida dos trabalhadores, salvar os trabalhadores, pois os trabalhadores estão morrendo'". Ver Kalyvas. "Dictatorship".

[68] Benito Mussolini. "Discorso di trieste". In: *Opera omnia*. ed. Edoardo Susmel e Duilio Susmel. Florença: La Fenice, 1951-1962, 15:214-23.

[69] De fato, a pensadora e ativista de esquerda Rosa Luxemburgo havia feito uma crítica semelhante à Revolução Russa em 1918: "Umas poucas dezenas de líderes partidários de energia inesgotável e experiência ilimitada dirigem e governam. Entre eles, apenas uma dúzia de chefes excepcionais governa, e uma elite da classe trabalhadora é convidada de tempos em tempos para reuniões em que seus membros devem aplaudir os discursos dos líderes e aprovar as resoluções propostas por unanimidade. É uma ditadura, com certeza; mas não a ditadura do proletariado, e sim a de um punhado de políticos". Citado em Arendt. *Thinking without a Banister*, 381.

[70] Donoso Cortés. "Discurso pronunciado en el Congreso el 4 de enero de 1849". 3:263-74.

[71] José Pemartín. *Los valores históricos en la dictadura Española*. Madri: Publicaciones de la Junta Patriótica y Ciudadana, 1929, 19.

[72] Oliveira Salazar. *El pensamiento de la revolución nacional*. Buenos Aires e Lisboa, 1938, 81. Salazar também apresentava sua ditadura como uma "ditadura da razão". Henri Massis. *Jefes*. Buenos Aires: Sol y Luna, 1939, 82. Lugones também descreveu o governo autoritário como essencialmente antipolítico. Ver Leopoldo Lugones. *El estado equitativo (Ensayo sobre la realidad argentina)*. Buenos Aires: La Editora Argentina, 1932, 11.

[73] Adolf Hitler. *Hitler's Words: Two Decades of National Socialism, 1923-1944*. ed. Gordon W. Prange. Washington, DC: American Council on Public Affairs, 1944, 47, 76.

[74] Edgardo Sulis, ed. *Mussolini contro il mito di demos*. Milão: Hoepli, 1942, 107.

[75] Francisco Franco. *Palabras del caudillo: 19 abril 1937-31 de diciembre 1938*. Barcelona: Ediciones Fe, 1939, 149, 161, 276, 278; e Finchelstein. *A Brief History of Fascist Lies*, 83.

[76] Hitler. *Hitler's Words*, 111.

[77] Citado em Longerich. *Goebbels: A Biography*, 63.

[78] Hitler. *Hitler's Words*, 118.

[79] Departamento de Informações de Guerra. *Hitler's War Time Speeches*, 73.

[80] Ver Paul Corner. *The Fascist Party and Popular Opinion in Mussolini's Italy*. Oxford: Oxford University Press, 2012. Ver também Paul Corner. "Italian Fascism: Whatever Happened to Dictatorship?". *Journal of Modern History* 74 (2002): 325-51; e Alan E. Steinweis. *The People's Dictatorship: A History of Nazi Germany*. Cambridge: Cambridge University Press, 2023.

[81] Juan Perón. "En la ciudad de Santa Fe: 1 de enero de 1946". In: *Obras completas*. Buenos Aires: Docencia, 1998, 8:18.

[82] *Archivo Cedinci*. Panfleto "Dijo el Coronel Perón".

[83] Juan Domingo Perón. "Aspiramos a una sociedad sin divisiones de clase: En el cine park, 12 de agosto de 1944". In: *El pueblo quiere saber de qué se trata*. Buenos Aires, 1944, 149.

[84] Andrew Arato. "Dictatorship before and after Totalitarianism". *Social Research* 69, n. 2 (verão 2002): 473-503. Sobre a ideia de ditadura, ver do mesmo autor "Good-Bye to Dictatorship?". *Social Research* 67, n. 4 (2000): 926, 937.

[85] Juan Perón. "Política peronista". *Mundo Peronista*, 15 ago. 1951, 1. Ver também Descartes (Perón). "Las quintas columnas imperialistas". *Mundo Peronista*, 10 out. 1951; e Descartes (Perón). "La guerra popular". *Mundo Peronista*, 1 set. 1951.

[86] Eva Perón. *La razón de mi vida*. Buenos Aires: Peuser, 1951, 121-22, 225.

[87] "Los dictadores". *Mundo Peronista*, 15 maio 1952, 50.

[88] Ernesto Palacio. *Teoría del estado*. Buenos Aires: Editorial Política, 1949, 7-8, 25, 72, 74-75. Em 1939, Palacio enfatizou as conexões entre mito, fascismo e apoio popular. Ele afirmou que "adotar do fascismo apenas sua casca autoritária, quando sua essência é mística, e quando apenas isso constituir a arquitetura do Estado, será insanidade. O apoio popular é o que torna o fascismo forte, e ele perderá essa força quando o apoio estiver faltando". Um ano depois, Palacio negou que a democracia representativa pudesse representar a vontade "autêntica"

do povo. Ver Ernesto Palacio. *La historia falsificada*. Buenos Aires: Difusión, 1939, 151; e também seu artigo "El régimen y el fraude". *Nuevo orden*, 18 dez. 1940, 1. Ver também outros artigos do mesmo autor: "Enemigos del país". *Nuevo orden*, 25 jul. 1940, 1, e "El sentido oculto del parlamento". *Nuevo orden*, 4 out. 1940, 1.

[89] Palacio. *Teoría del estado*, 84-85.

[90] Palacio, 111.

[91] Juan Domingo Perón. "Discurso de J. D. Perón en el acto de proclamación de su candidatura (12 de febrero de 1946)". In: *Obras completas*. Buenos Aires: Docencia, 1998, 8:32.

[92] Ver Descartes (Perón). "El imperialismo y la guerra". In: *50 artículos de Descartes*. Buenos Aires, 1951, 98. Para argumentação semelhante de fascistas argentinos acerca da "democracia totalitária" ver "Hacia adelante". *Aduna*, 31 jan. 1935, 1.

[93] Descartes (Perón). "La libertad". In: *50 artículos de Descartes*. Buenos Aires, 1951, 20.

[94] Juan Domingo Perón. *La fuerza es el derecho de las bestias*. Montevidéu, Uruguai: Cicerón, 1958, 7.

[95] Juan Domingo Perón. "¿Por qué el gobierno argentino no es fascista?". In: *Obras completas*. Buenos Aires: Docencia, 1998, 6:571.

[96] (Do espanhol) "Em 24 de fevereiro de 1946, a Revolução foi convertida em um governo pela avalanche silenciosa de cidadãos em pleno exercício de seus direitos eleitorais." Juan Domingo Perón. *Mensaje del presidente la nación: Conceptos doctrinarios*. Buenos Aires: Presidencia de la Nación, 1955, 9.

[97] Perón. *La fuerza es el derecho de las bestias*, 44. Ver também Descartes (Perón). "Así paga el Diablo". *Mundo Peronista*, 1 nov. 1951, 8; e Descartes (Perón). "La guerra popular".

[98] José María Velasco Ibarra. *Conciencia o barbarie*. Buenos Aires: Claridad, 1938, 15, 16; e, do mesmo autor, *Obras completas: Democracia y constitcionalismo*. Quito: Lexigrama, 1973, 1:20-23, 122-23, 125, 131. Na Bolívia, na década de 1950, Paz Estenssoro ainda defendia essa "tentativa de libertação efetiva" da ditadura fascista de Villarroel, mas ficou irritado com a acusação de ser "totalitário". Contra a "pseudodemocracia", ele propôs a "democracia popular".

Víctor Paz Estenssoro. *Discursos y mensajes.* Buenos Aires: Meridiano, 1953, 364. Na Venezuela, Betancourt se opôs tanto às ditaduras fascistas quanto às comunistas. Outro líder populista, o colombiano Jorge Eliecer Gaitán, rejeitou a base ditatorial comum do fascismo e do comunismo, mas também observou suas distinções. Ver Jorge Eliecer Gaitán. "La UNIR no es fascista". In: *Los mejores discursos de Gaitán: 1919-1948.* ed. Jorge Villaveces. Bogotá: Editorial Jorvi, 1968, 117, 366, 374, 380.

[99] Rómulo Betancourt. *Selección de escritos políticos (1929-1981).* Caracas: Fundación Rómulo Betancourt, 2006, 179.

[100] Donald Trump. *Think Like a Champion: An Informal Education in Business and Life.* Nova York: Vanguard Press, 2009, 78.

[101] "Biología del fascismo". In: José Carlos Mariátegui. *La escena contemporánea.* Lima: Minerva, 1925, 45, 76. Para um livro essencial a respeito de Mariátegui, ver Juan De Castro. *Bread and Beauty: The Cultural Politics of José Carlos Mariátegui.* Chicago: Haymarket, 2021.

[102] Ver McCormick. "The Swashbuckling Mussolini", 1, 19; e Palmieri. "La stampa anglosassone e Benito Mussolini", 86.

[103] Ver Steinweis. *People's Dictatorship*, 55.

[104] Goebbels, conforme citado em Departamento de Estado, Divisão de Assuntos Europeus. *National Socialism*, 63.

[105] Mussolini. *Diuturna*, 404.

[106] Mussolini. *Diuturna*, 474. Ver também Georges Valois. *Il fascismo Francese.* Roma: G. Marino, 1926, 34.

[107] A respeito desse tópico, ver Maggie Clinton. *Revolutionary Nativism: Fascism and Culture in China, 1925-1937.* Durham, NC: Duke University Press, 2017; Reto Hofmann. *The Fascist Effect: Japan and Italy, 1915-1952.* Ithaca, NY: Cornell University Press, 2015; e Hayes. *Subhas Chandra Bose in Nazi Germany.*

[108] Curzio Malaparte. *Technique du coup d'état.* Paris: Glasset, 1931. Edição em inglês: *Coup d'État: The Technique of Revolution.* Londres: E. P. Dutton, 1932.

[109] Ver Ko Maeda. "Two Modes of Democratic Breakdown: A Competing Risks Analysis of Democratic Durability". *Journal of Politics* 72, n. 4 (outubro 2010): 1129-43.

[110] Paul McLeod. "Democratic Senators See Trump's Fight to Overturn the Election as a Tantrum, Not a Viable Threat". *BuzzFeed.News*, 12 nov. 2020. https://www.buzzfeednews.com/article/paulmcleod/democrat-senators-trump-election-tantrum.

[111] O caso da ditadura da Guerra Suja da Argentina (1976-1983) ilustra perfeitamente esse aspecto. A Guerra Suja não foi uma guerra real, mas uma militarização ilegal da repressão estatal. Essa violência extrema não foi exclusiva da Argentina durante a Guerra Fria, mas também apareceu no Chile, na Guatemala, na Indonésia e em muitas outras formações ditatoriais. Todas elas compartilhavam a rejeição aos procedimentos democráticos e envolviam repressão e assassinatos generalizados. Na ditadura argentina da década de 1970, a ideologia impulsionava os processos burocráticos de eliminação. Mediações tecnocráticas não limitaram a radicalização dos imperativos ideológicos. Como foi o caso de outros campos de concentração ao longo da história, o poder administrativo do Estado de fato os organizou como locais de violência ritualizada. Nos centros de detenção clandestinos argentinos, não havia limite para a violência ditatorial. Nesses campos, a ditadura estava totalmente escondida da vista do público e impunha "dominação total". Os campos tinham um *ethos* fascista. Eles eram um universo criado politicamente onde a violência reinava suprema. Eles representavam um mundo além da lei, criado para alcançar e reconfigurar os postulados ideológicos da teoria fascista e seu impulso total de vitimização anti-institucional. Ver Federico Finchelstein. *The Ideological Origins of the Dirty War: Fascism, Populism, and Dictatorship in Twentieth Century Argentina*. Nova York: Oxford University Press, 2014, 1-12.

[112] Annie Karni e Maggie Haberman. "At Once Diminished and Dominating, Trump Begins His Next Act". *New York Times*, 5 jun. 2021. https://www.nytimes.com/2021/06/05/us/politics/donald-trump-republican-convention-speech.html.

[113] Jack Nicas. "The Bolsonaro-Trump Connection Threatening Brazil's Elections". *New York Times*, 11 nov. 2021. https://www.nytimes.com/2021/11/11/world/americas/bolsonaro-trump-brazil-election.html.

[114] Laís Martins. "Brazil's Bolsonaro Gives Testimony to Police on Jan. 8 Riot". *AP News*, 26 abr. 2023. https://apnews.com/article/brazil-bolsonaro-police-testimony-riot-deposition-uprising-62604db69fa774c14fa3d9a6ac043d0f. Em 2023, o ex-secretário de Bolsonaro, tenente-coronel Mauro Cid, teria dito aos investigadores da Polícia Federal que Bolsonaro "se reuniu com os chefes do Exército, da Marinha e da Força Aérea do Brasil no final do ano passado para discutir um 'plano golpista' para um golpe militar". Conforme relatado pelo *Guardian* em relação a essa alegação de Mauro Cid, "o chefe do Alto Comando do Exército rejeitou a ideia", mas o comandante da Marinha informou a Bolsonaro que "suas tropas estavam prontas para agir [e] estavam apenas aguardando sua ordem". Ver Tom Phillips. "Bolsonaro Met with Army, Navy and Air Force Heads to Discuss Coup – Reports". *Guardian*, 21 set. 2023. https://www.theguardian.com/world/2023/sep/21/bolsonaro-military-coup-plans-former-secretary-reports.

[115] Mussolini. "I 'pensieri'", 278.

Epílogo

[1] Ver Alan E. Steinweis. *The People's Dictatorship: A History of Nazi Germany.* Cambridge: Cambridge University Press, 2023, 55.

[2] Trecho retirado do depoimento de Hans Frank, feito em Nuremberg, Alemanha, em 1 set. 1945. Citado em Gabinete do ConselheiroChefe dos Estados Unidos para a Acusação de Crimes do Eixo. *Nazi Conspiracy and Aggression, Supplement B.* Washington, DC: US Government Printing Office, 1948, 1359.

[3] John Kenneth Galbraith e George W. Ball. "The Interrogation of Albert Speer". *Life*, 17 dez. 1945, 66.

[4] Eugene Robinson. "It's Time for the Rats to Leave Trump's Sinking Ship". *Washington Post*, 19 nov. 2018. https://www.washingtonpost.com/opinions/its-time-for-the-rats-to-leave-trumps-sinking-ship/2018/11/19/1720f592ec3c-11e8-96d4-0d23f2aaad09_story.html; e Mary Papenfuss. "Dan Rather Explains How Actual Rats Are Better Than Trump-Supporting Republicans". *HuffPost*, 17 out. 2020. https://www.huffpost.com/entry/republican-rats-sinking-ship-dan-rather_n_5f8b6272c5b67da85d1ec208.

[5] Ainda assim, também testemunhamos o governo Biden acomodando as necessidades da *Realpolitik* e dando aos autocratas desses países um passe livre para suas violações das liberdades fundamentais.

[6] David Smith. "'I Am Your Retribution': Trump Rules Supreme at CPAC as He Relaunches Bid for White House". *Guardian*, 4 mar. 2023. https://www.theguardian.com/us-news/2023/mar/05/i-am-your-retribution-trump-rules-supreme-at-cpac-as-he-relaunches-bid-for-white-house.

Este livro foi composto com tipografia Adobe Garamond Pro e
impresso em papel Off-White 70 g/m² na Formato Artes Gráficas.